U0916922

◉诉讼法学文库 2011 (1)

总主编　樊崇义

减刑假释程序研究

STUDY ON PROCEDURES OF COMMUTATION AND PAROLE

孙　琳　著

中国人民公安大学出版社

·北　京·

图书在版编目（CIP）数据

减刑假释程序研究/孙琳著．—北京：中国人民公安大学出版社，2010.12
（诉讼法学文库/樊崇义总主编）
ISBN 978-7-5653-0233-6

Ⅰ．①减…　Ⅱ．①孙…　Ⅲ．①减刑—诉讼程序—研究—中国②假释—诉讼程序—研究—中国　Ⅳ．①D924.134

中国版本图书馆 CIP 数据核字（2010）第 222803 号

减刑假释程序研究

STUDY ON PROCEDURES OF COMMUTATION AND PAROLE

孙　琳　著

出版发行：中国人民公安大学出版社
地　　址：北京市西城区木樨地南里
邮政编码：100038
经　　销：新华书店
印　　刷：北京泰锐印刷有限责任公司

版　　次：2011 年 1 月第 1 版
印　　次：2011 年 1 月第 1 次
印　　张：14
开　　本：787 毫米×1092 毫米　1/16
字　　数：260 千字

书　　号：ISBN 978-7-5653-0233-6
定　　价：40.00 元

网　　址：www.cppsup.com.cn　www.porclub.com.cn
电子邮箱：zbs@cppsup.com　zbs@cppsu.edu.cn

营销中心电话：（010）83903254
读者服务部电话（门市）：（010）83903257
警官读者俱乐部电话（网购、邮购）：（010）83903253
教材分社电话：（010）83903259
公安图书分社电话：（010）83905672
法律图书分社电话：（010）83905745
公安文艺分社电话：（010）83903973
杂志分社电话：（010）83903239
电子音像与数字出版分社电话：（010）83905727

本社图书出现印装质量问题，由本社负责退换
版权所有　侵权必究

“诉讼法学文库”总序

诉讼法制是现代法治的重要内容和标志之一，也是依法治国的重要保障。我国法制建设的历程已经证明，诉讼制度是否健全与完善，直接决定着实体法律的实际效力：没有相应的诉讼制度作为依托，实体权利只能是“镜中花、水中月”；没有完善的诉讼制度予以保障，实体法律将无法如其所愿地实现其追求的立法目的。更为重要的是，诉讼法制的完善程度如何，还直接反映和体现着一个国家、一个民族进步、文明、民主和法治的程度，是区分进步与落后、民主与专制、法治与人治、文明与野蛮的标志。在现代法治国家，诉讼制度作为法治的一个重要环节，受到了前所未有的重视。美国联邦最高法院法官威廉·道格拉斯曾谈道，“权利法案的大多数规定都是程序性条款，这一事实绝不是无意义的。正是程序决定了法治与恣意的人治之间的基本区别”。①

我国1999年宪法修正案正式确立了“依法治国，建设社会主义法治国家”的治国方略，为推进我国社会主义民主、法制建设，完善我国司法体制，提出了新的纲领和目标。而社会主义市场经济的初步发展则培育了公众的权利观念，并由此对司法公正提出了更高的要求。在此大背景下，通过增设新的诉讼制度以充实公民实体权利的实现途径，通过完善现行诉讼制度以保障实体法律的公正实施，从而推进依法治国，加快社会主义民主与法制建设的步伐，已经成为我国法治建设的关键所在。

诉讼制度的构建，与人们对诉讼原理的认识和把握有着密切的关系。诉讼原理是人类在长期的诉讼实践中，在大量经验教训的基础上总结出来的、对有关诉讼活动的规律性认识。诉讼原理在诉讼制度的构建及运作中发挥着高屋建瓴的作用。只有正确认识和准确把握诉讼原理，才能构建较为完善的诉讼制度，才能推动诉讼活动向良性运作的状态发展。我国在改革与完善诉讼法律制度时，对于人类经过长期理论与实践探索获得的原理性认识，不能不予以重视，也不能不认真加以借鉴、吸收。

我国诉讼的立法和实践曾十分严重地受到“左”倾思潮和法律虚无主义的影响，诉讼规律和诉讼原理长期被忽视、被冷落。由此造成的后果之一：司法

① 转引自季卫东：《法律程序的意义》，载《比较法研究》总第25期。

机关和诉讼制度的功能被狭隘化。例如，刑事司法机关和刑事诉讼法律仅仅被视为镇压敌人、惩罚犯罪并通过镇压敌人、惩罚犯罪来维护社会秩序的功能单一的工具，忽视了司法机关和诉讼法制所具有的制约国家权力使之不被滥用和保护包括犯罪嫌疑人、被告人在内的公民基本人权的作用，忽视了刑事诉讼所具有的独立品格和价值。对诉讼原理、诉讼规律认识的片面和浅陋，已经严重地制约了我国诉讼法制发展的步伐，而且直接对公正、文明地进行诉讼活动产生了非常消极的影响。要扭转这一局面，必须在宏观法律观念上作一个大的转变，同时大力借鉴、吸收法治发达国家丰富的研究成果和宝贵的实践经验，加强对诉讼原理、诉讼规律的研究。

对诉讼原理的正确认识是诉讼立法科学化的前提条件。正确把握诉讼原理，可以帮助我们全面地认识司法机关的功能，并对各种不同的诉讼模式及规则进行正确的取舍，从而在一定的诉讼原理的指导下构建更为科学和更适合“本土资源”的诉讼模式及规则。由此制定的法律，将具有更强的民主性、文明性和科学性。反之，如果不能正确把握诉讼原理，对于存在着内在价值冲突的各种可供选择的立法方案就可能难以作出正确的选择，立法活动就可能要多走许多弯路，甚至要付出沉重的代价。

对诉讼原理的正确认识对于司法活动同样具有重要的积极价值。对诉讼原理的正确把握可以在一定程度上弥补立法的不足。法律永远是抽象的。要将抽象的法律适用于具体的案件，就必须有科学的观念作为指导。对基本诉讼原理的正确认识，将有利于指导人们对司法活动中必然存在的种种法律适用问题作出科学的解释，从而使法律文本本身存在的不足得到补救。在现代社会，由于法律的稳定性与现实生活千变万化之间的落差只能通过赋予司法人员自由裁量权的途径予以调和，所以对基本诉讼原理的认识，还直接决定着司法人员在行使法律赋予的自由裁量权时，能否作出符合公正标准的决定或者裁判。

要贯彻“依法治国，建设社会主义法治国家”的治国方略，保障诉讼活动的公正进行，也必须认真研究诉讼原理，把握诉讼规律。当前，我国已有不少学者开始探索一些诉讼原理性的问题，如诉讼法律观、诉讼法哲学、诉讼目的、诉讼职能、诉讼价值、诉讼法律关系等，并已取得了一定的研究成果，这有力地推动了人们法律观念的变化，并对立法和司法活动发挥着积极的影响作用。但总的来看，我国诉讼法学界对诉讼原理问题的研究距离立法、司法实践的需求还有很大差距，还需要继续深入。尤其是现有的研究成果一般只是就诉讼的某一方面进行探讨，缺乏对一般性诉讼原理的全面和系统的探讨。因此，随着我国法治进程的推进，探讨一般性诉讼原理已经成为我国诉讼法学界必须研究的课题。

为吸引更多的诉讼法学者致力于诉讼原理的研究，同时也为了能够促使诉讼原理研究及时对立法、司法、学理研究等多个领域产生积极的影响，并对司法实践工作有所帮助，中国政法大学诉讼法学研究中心特意组织力量进行此项题为"诉讼法学文库"的大型丛书的编辑出版工作。"诉讼法学文库"是中心的一项长期出版项目，面向国内外专家、学者开放，凡以诉讼原理、诉讼规律为内容且有新意、有深度、有分量的专著、译著，以及对公安、司法工作有指导意义，对立法工作有参考价值的其他诉讼法学著作均可入选。

"诉讼法学文库"自 2001 年面世以来，得到了诉讼法学界专家、学者、实务工作者的热情支持，现已出版发行专著 60 多部，这些成果深受广大读者的青睐，已有多部著作获省部级以上的奖励，在这里特向广大读者和作者致以诚挚的谢意！由于编辑工作的需要，该文库从 2006 年起，每年以入选先后另行排序。特此说明。

中国政法大学诉讼法学研究中心名誉主任

樊崇义

2007 年元月于北京

序　言

《减刑假释程序研究》一书是孙琳修订其博士学位论文而写成的。

减刑假释程序是刑罚变更程序中的主要内容。由于确定刑事责任的诉讼程序已经完成，在刑罚执行阶段的变更问题，往往未受到充分重视，以致减刑假释的程序规范远不如案件诉讼阶段的程序规范发达。同时，基于对减刑假释本质和减刑假释权属性的不同认识，以及不同的刑罚执行传统的影响，减刑假释程序呈现出多样化状态，甚至有的国家将减刑假释程序定位为单纯的行政程序。一方面，由于减刑假释活动较易受到国家行政权力的影响及刑事政策的牵制，故定型化程度不太高，使减刑假释程序成为刑事司法中一个较为薄弱的环节。但另一方面，我们也应看到，减刑假释程序的设置与运行对于国家刑罚权的最终实现具有重要意义，它也关系到罪犯、被害人的人权保障，关系到罪犯能否有效地回归社会从而增加社会的和谐因素。基于上述两方面的情况，作者产生了对减刑假释进行研究探索的意愿，我也是赞同这个选题的。据我了解国内目前减刑假释程序的系统研究还很缺乏，作者以此写作博士学位论文，可以充实这方面的学理，并为制度完善与司法操作提供某些支持。

作者综合运用了比较研究、历史梳理、学理分析及实证研究等多种研究方法，从减刑假释程序的理论基础着手，论述减刑假释基本模式和运行状态，最终落脚到中国在减刑假释程序存在的问题及其对策。文章结构合理，系统构建了减刑假释程序理论体系，也提出了个人的立法改革建言，我认为较好地对接了理论与实践，值得肯定。

在研究过程中，作者表现出较强的问题意识，抓住制度与实践中有意义的问题，提出了自己的看法，体现出一种深入的理论思考。例如，就减刑假释与累进处遇制度之间的互动关系，减刑假释程序合议式特征，减刑与假释之间功能配套制度的差异性，减刑假释行政、司法、委员会制的三种基本模式，减刑假释五类权力主体类型，裁决、监督与撤销程序分摄的具体内容，我国减刑假释程序的产生发展脉络，完善本土化程序的具体进路等，都作了认真思考，提出了一些有价值的观点，并作了有根据的论证。

本书也存在着一些不足之处，如某些章节对减刑假释两个程序的论述结构安排还有待调整和改进，减刑假释模式的归纳上还略显粗略，改革建议中一些观点的论证也还不够充分有力等。但总体而言，本书具有的学术和实践价值仍应肯定。

作为她的指导老师，值本书面世之际，欣然为序，略作评介，更望作者在中国经济、社会转型这一特殊历史时期，结合司法实践深入研究相关法理，从而为中国法治的发展进步作出贡献。

龙宗智

2010 年 6 月于成都

目　　录

引　　言

一、问题的提出

减刑假释制度是现代行刑制度的重要内容。以矫正、教育和改造为核心的刑罚理念为导向，以受刑人的人身危险性变化为适用的依据，凸显行刑个别化和行刑社会化原则。减刑假释借助刑罚的弹性，集合社会力量有针对性地改造不同的罪犯。作为刑事权的最后一个环节，减刑假释施行的好坏影响到整个刑事诉讼的功能的实现评判。但现实中这一环节的制度运行过程和结果仍存在着许多差强人意之处，其重要原因就在于程序构建上出现了问题。

减刑假释程序是刑罚变更执行程序中的重要组成部分。但基于司法传统、诉讼观念、制度背景等因素的影响，相较于审前及审判程序，减刑假释程序远未受到应有的重视和深入研究。这并非个别现象，而几乎是许多国家刑事司法的通病。因此，减刑假释程序设置的完善度不高，程序运行的规范性不强成为各国刑事诉讼中的薄弱环节。特别是在我国，由于受到行刑制度不健全、行刑法律关系不顺畅等多方因素的掣肘，减刑假释程序的单薄尤剧，可以客观地说该领域的系统研究基本处于起步阶段。因此，程序理论的模糊和制度阙如，造成司法实务中的困惑与困难，直接影响到减刑假释制度的功能，甚至产生负面效应。所以，建立完整、全面的减刑假释程序体系成为加强我国刑事诉讼程序建设的急迫需要。

落脚到减刑假释程序本身。第一，减刑假释本质权属多有论争，减刑假释程序的价值内容呈现多元化的状态。第二，减刑假释程序是一个程序系统，以下有裁决、监督、撤销等程序体系的分支。第三，以比较和历史的视野审视，从横向上考察，英美法系国家与大陆法系国家的程序设置有极大的差异；同时，在回溯历史中可厘清我国减刑假释程序发端、发展的脉络，从中找到现实问题的剪影。因此，我国应立足于本土资源，借鉴域外有益经验，尽快建构出减刑假释程序体系成为本书将要讨论的核心问题。

二、研究的现状

我国学术界对减刑假释问题的讨论主要是从刑事实体法的视角在讨论实体制度层面上所进行的。柳忠卫教授所著的《假释制度比较研究》及陈敏博士所著的《减刑制度比较研究》是最具代表性的两本专著，在该两本书中对程序问题作了一定的分析论述。就论文而言，较有代表性的是宋世杰教授、彭海青博士共同撰写的《试论“减刑”、“假释”程序的重构》，王利荣教授撰写的《减刑运作与刑罚的合理弹性》，袁登明博士撰写的《减刑权归属之探讨》，于同志、陈伶俐撰写的《论减刑程序的正当化》等。总体而言，现今对减刑假释实施程序进行系统深入研究的专著和论文都较少。大多数著作和论文都停留在对减刑假释属性权力性质的分析讨论以及对减刑假释制度适用现状的问题揭示之上，鲜有对减刑假释程序的基本原理、模式分析、比较历史考察以及具体程序建构等方面进行的系统的研讨。

三、研究的方法

首先，本书运用了比较研究方法对域外的减刑假释程序进行了较为细致的考察研究。着重分析考察了英美法系国家和大陆法系国家减刑假释程序制度权力主体设置、参与人程序权利保障以及具体程序内容设计等方面的问题。

其次，采取历史研究的方法对我国减刑假释程序制度的发端发展进行了梳理。厘清了我国减刑假释程序的发展演进过程，归纳总结了各个发展阶段的特性和规律，并对减刑假释程序的整个历史发展轨迹进行了评述。

最后，采用实证分析方法进行了问卷调查数据分析和统计资料数据分析，以摸清我国的现实情况，对我国减刑假释程序制度的系统建构打好可行性基础。

第一章　减刑假释程序概论

近代第一个减刑制度是在英国学者约翰·霍华德、杰里米·边沁、美国学者威廉·佩恩等人提出增强囚犯人权进行监狱改良主张的背景下诞生的。源起于英国及其联邦内和美国掀起的近代监狱改良运动波及了欧洲大陆和全世界。西方第一个自由减刑案件起于荷兰。1597 年，一名罪犯被法院判处 12 年监禁。法官在判决中明确指出，如果他表现良好可以被减去 4 年徒刑，只需服 8 年刑就可以了。虽然此时的法官具有减刑或加刑的权力，但罪犯表现好可以得到减刑提早出狱，已可视做首例减刑案件。美国纽约州 1817 年的减刑法（commutation－law）是世界上第一个减刑法案。自其问世以来，减刑制度获得了飞速的发展。在近现代刑事实证学派提出刑罚目的论及防卫社会思想之后，出现了 19 世纪麦克诺奇的分数制，犯人基于进步分数获得减刑成为了基本方式。由此，善行折抵成为了狱分制的先导。此后在假释普遍适用的推动下，减刑（善行折抵）突破了单一的功能演变成为假释的根据之一。①

假释起源于 18 世纪英国法院将许多判处死刑的罪犯送到殖民地劳动。对死囚的赦免条件之一是承诺永远不再回家。一旦送到美洲，他们还必须同意更多的有关良好表现的条件。1787 年，澳大利亚变成了一个英国的刑罚殖民地，1790 年，总督被授予具有批准有条件赦免或发给释放证的权力。② 亚历山大·麦科诺基对诺福克岛监狱进行了改革，将释放证作为积分制的最终目标。罪犯们被严格监管，但被鼓励努力争取提升责任的等级，直到他们通过积累足够的分数来“购买”释放证。这就是著名的狱分制，也是假释制度的雏形。1854 年，瓦尔特·克罗夫顿发展了狱分制，制定了一项集中体现了所

① 储槐植：《美国监狱的善行折抵制度》，载中华人民共和国司法部编：《外国监狱资料选编》（下册），群众出版社 1988 年版，第 334 页。

② 也有观点认为早在 16 世纪，法国和西班牙释放犯人时就包含了改造和更新的萌芽。参见刘强：《美国社区矫正的理论与实务》，中国人民公安大学出版社 2003 年版，第 80 页。

有现代假释基本要素的制度，包括有条件释放、社区参与、监督和违反条件后撤销等内容，被称为爱尔兰制。1876 年美国纽约州的《爱尔密拉教养院法令》，既是第一个不定期刑立法，也是第一个假释制度的立法，标志着现代假释制度的完全建立。此外，假释制度迅速从美洲传回欧洲，法国学者博纳维尔·德·马尔桑吉对假释和不定期刑在法国及欧洲其他国家的发展作出了巨大的贡献。在其倡导下，法国于 1885 年 8 月 14 日制定了假释法，这一法案的诞生标志着假释制度在欧洲大陆的登陆。

第一节　减刑假释的含义与特征

一、减刑假释的含义

（一）减刑假释的概念

1. 减刑

（1）减刑的概念。

关于减刑的概念表述差别不大，总体而言较有代表性的观点有以下三种：减刑是指受刑人因在服刑期间的良好表现而减轻其刑的制度。[①]

减刑是根据罪犯在服刑期间的良好表现在法定限度内缩减尚需执行的刑罚的刑罚执行制度。[②]

减刑是指对于被判处管制、拘役、有期徒刑、无期徒刑的犯罪分子，由于他们在服刑期间确有悔改或者立功表现而依法适当减轻其原判刑罚的制度。[③]

以上三种定义均肯定了减刑中的几个核心要素：第一，减刑的基础是基于服刑人在服刑期间的良好表现；第二，减刑将减轻原判刑罚；第三，减刑是刑罚执行中的一项重要制度。但三种定义均具有一定的缺憾，表现在第一种定义未明确指明减刑基础良好表现背后的人身危险性变化之核心因素；第二种定义有关减刑“法定限度”是通常情况，但将基于减刑制度受行刑政策强烈影响而产生的政策减刑划于减刑的范围之外，使减刑概念不够全面；第三种定义系中国化的定义方式，对减刑适用的刑罚种类、实体条件的限制，

---

① 陈敏：《减刑制度比较研究》，中国方正出版社 2001 年版，第 1 页。

② 袁登明：《减刑权归属之探讨》，载《中国监狱学刊》2002 年第 1 期。

③ 康润森：《论减刑》，载《政法论坛》1987 年第 5 期。

不符合普适环境。此外，三种定义均未明确提出减刑系刑罚变更执行制度。

从减刑的机理上论述，可见罪刑相适应从报应的角度要求刑罚针对犯罪保持相应的力度和强度。从预防犯罪的角度看，刑罚力度则以控制犯罪为限，刑罚本身有了节余的概念，于是减刑得以适用。减刑的原理是利用受刑人渴望自由的强烈意愿，以罪犯遵守某种社会规范为交换，为其尽快改变现实境遇提供途径。[①] 将宣告刑绝对化是不科学的，因为犯罪包括行为的社会危害性和人的危险性两个方面，判决主要针对已然的犯罪，而不能预测犯罪人的人身危险性的变化，因此，可将宣告刑的本质归结为“虚拟刑”，实际执行的刑罚应在罪刑法定原则的制约下，由行刑机关根据受刑人的人身危险性的变化随时调整。[②]

此外，为了廓清减刑的概念，必须厘清减刑改变的究竟是原判刑期、刑期执行内容还是刑罚执行方式这些基本问题。

首先，改变刑期的问题涉及既判力。既判力概念起源于罗马法，是各国一事不再理、禁止双重危险等相关原则或规则的渊源。包括判决在实质上和形式上的确定力，前者指判决一经生效，当事人不得对判决认定的法律、事实提起诉讼或提出上诉；后者是指判决确定的实体权利和义务问题不容争执，不容改变。[③] 既判力通常具有拘束力、确定力、形成力和执行力。一经确立，为维护国家司法权的稳定和权威，节俭司法资源，不得轻易启动程序改变。因此，再审程序作为裁决错误的救济程序，其启动具有严格的条件与规则限制。减刑是否可以归为特殊的再审理由之一，以此来改变原判刑期？答案是否定的。由监管当局或假释委员会决定的减刑首先要排除在外。因为这是典型的执行行政权力，并非司法判断权，不论是针对定期刑或不定期刑，概莫能外，均与再审无关。而由法院裁定的减刑，仍然不可归为再审。因为减刑与再审改判在制度设计理念上有着迥异的差别，两者发动的原因、条件、程序、性质均不相同。因此，减刑与再审是两个独立的范畴，并不必然发生逻辑联系。同时，借助刑罚弹性减刑基于刑罚报应性和功利性的统一据罪犯人身危险性的变化而调整的基点，可以使减刑在执行阶段改变原审刑期的状况得到合理的解释。

其次，认为减刑改变了刑罚执行方式的论断也有不足。减刑包括减少服

---

① 王利荣：《减刑运作与刑罚合理弹性》，载《云南大学学报》2001 年第 1 期。

② 陈敏著：《减刑制度比较研究》，中国方正出版社 2001 年版，第 48 页。

③ 邓辉辉：《既判力理论研究》，中国政法大学出版社 2005 年版，第 11 页。转引自常怡主编：《民事诉讼法学》，中国政法大学出版社 2002 年版，第 305 页。

刑期限和变更刑种两种方式，还能引发有条件释放和假释等早出狱后果。但就此推断减刑改变了刑罚执行方式，还有待商榷。第一，减少服刑期并不会引起刑罚执行方式的变更。第二，于减刑与假释的联系来判断减刑的本质属性不甚合理。第三，即使是变更刑种和执行场所，也并非一定会改变执行的方式。如将罪犯从监狱转移到其他劳动矫正设施中，罪犯的人身自由仍然受到控制，仅仅是控制的程度和对其权利的剥夺度有所区别，抑或矫正计划有所变化，这很难认为是刑罚执行方式的变更。

因此，笔者赞同减刑实际上改变了刑罚执行内容的论断。这种内容包括刑期和刑种两个方面。因为减刑包括两种形态，一是刑期长度的减短；二是由重刑种变更为轻刑种。笔者认为，对于减刑概念更为准确的表述应当是：减刑是基于罪犯在服刑期间的良好表现而由有关权力机关减轻其依照原判决还未被执行的刑罚量的刑罚变更执行制度。刑罚量包含刑罚的强度和长度。广义的减刑，包括减短罪犯的服刑期限或改变刑种。① 狭义的减刑，仅指缩短罪犯刑期的长度。

此外，受各国刑罚观念和司法传统的影响，各国减刑制度的具体表述具有较大差别。例如，美国在刑事执行中，善行折抵（good time credit）是减刑的主要方式，如善行折抵可以构成有条件释放：由犯人提出申请，并以书面形式表示对释放条件的同意。而减短刑期（commtutation）则退到辅助方式的地位上。② 并且善行折抵通常与累进制处遇、附条件释放或假释制度进行配套使用。③ 而减短刑期与善行折抵相较，反而成为了特殊制度，仅仅针对服刑人的健康或家庭特殊原因、当局确认原判决过重等特殊原因而予以适用。英国将减刑表述为“良好表现的减刑制度”，《监狱条例》第 1185 条规定，

---

① 如将罪犯从惩戒程度高的矫正设施中移转到低惩戒设施中。依照《俄罗斯联邦刑法典》第 80 条之规定，法院可以根据被判刑人的表现将尚未服完部分的剥夺自由刑期改判为较轻的刑种。必须强调的是将未服完的部分剥夺自由刑改判为另一较轻的刑种。但仅服刑人所犯轻罪和中等严重的犯罪而被判刑才有可能转刑。此外，罪犯在至少服完 1/3 的刑期后才能将未服完的刑罚改判为较轻的刑种。能够代替剥夺自由刑的只是限制自由、劳动改造和强制性工作。参见［俄］Н. Ф. 库兹涅佐娃、И. М. 佳日科娃主编：《俄罗斯刑法教程》（总论）下卷，黄道秀译，中国人民公安大学出版社 2002 年版，第 800 页。

② 美国的善时制被认为是受刑人在监狱保持善行的报酬。美国纽约州于 1817 年第一个规定了善行折抵的法律。

③ 之所以出现“小配大”的局面，往往基于假释中心论，即认为刑罚执行的重心是假释，减刑的核心要素良好行为在假释决定中同样是极为重要的因素。因此，与其机械地减短刑期还不如构建完善的提前释放体系，来获得刑罚目的的最佳实现效果。当然，这与近代监狱改良变革中累进处遇狱政制度的核心地位也不无关系。

服监禁刑的罪犯的劳动和行为表现可作为其减刑的根据。大陆法系国家通常较英美法系国家更为倚重减刑的自身独立性和功能，在法律中对减刑的条件、限度、程序都作出明确的规定。[①] 例如，《法国刑事诉讼法典》第 721 条明确规定："每一个被判刑人均可以享有按照法院宣告的有罪判决规定的刑期计算的减刑待遇。"此外，在少数国家或地区如日本、我国台湾地区，在刑事执行中不存在司法性质的减刑制度，减刑被当做赦免的一种具体方式。

（2）减刑与赦免的关系。

减刑与赦免之间具有亲缘关系，减刑最初就是和赦免相联系的。世界上不少国家的元首或国家最高权力机关为免除或减轻特定犯罪分子的刑罚，常用赦免的形式下令执行。[②] 但同时，减刑与赦免之间也存在有巨大的差别。首先，两者的性质不同。赦免属于国家宪法性权力，而减刑归于刑事司法范畴。其次，两者的功能不同。赦免中的减刑、释放、复权等制度意在修补法律的缺陷，而减刑意在激励罪犯的改造信念，增强改造的效果。再次，赦免的实施并不建立在罪犯具有善行的基础上，而主要考虑国家的政策。而减刑的实现必须至少建立在罪犯遵守监规这一最低善行要求之上。再次，赦免既可在刑罚执行前也可在刑罚执行后进行，而减刑只能在罪犯服刑后进行。最后，赦免由国家元首或国家最高权力机关决定，而减刑或由矫正设施机构或由法院或由其他委员会机构予以决定。

2. 假释

（1）假释的概念。

假释，源于法语 parol，原意是同意释放在未来的冲突中不再重拾武器的战犯，但同时假释为承诺，战俘一旦违誓再次被俘就将被处死。这种含义与现代假释颇有相似之处。"parole" 一词于 17 世纪被引进英语，但基本意思未变，直到 1846 年才由美国人按今天的意思使用。[③]

假释概念主要有以下几种：

第一，"假释是根据行政机关的决定，在收容期满之前，将被收容者附

---

① 大陆法系国家传统上倾向于将减刑和假释作为两种同质的并列制度看待。但近年随着刑罚改革的推进，对于两种制度关系的认识也有更侧重假释的变化。

② 如美国的赦免制。美国总统给予了数以百计的赦免案例。卡特总统在他四年在任期间赦免了 566 名罪犯。布什总统在他四年在任期间赦免了 71 名罪犯。里根总统在任期间赦免了 406 名罪犯。克林顿在他将离开白宫前几个小时还有争议地赦免了 140 名罪犯。

③ 张文学主编：《刑罚执行变更理论与实务》，人民法院出版社 2000 年版，第 162 页。

条件地提前释放的制度”①。

第二，假释是国家有关机关依一定程序对合乎法定条件的被判处剥夺自由刑的犯人给予附条件提前释放的刑罚执行中的奖励制度。②

第三，假释是对被判处徒刑的服刑罪犯，在执行一定时期的刑罚以后，确有悔改表现或称有悔改实据，予以附条件提前释放出狱的一种刑罚制度③。

第四，一名罪犯在服完一定的刑期以后，在国家的监督下和如其再有违法行为将被重新关押的条件下，从惩罚或矫正机构中获释。④

第五，“假释，是指被判处有期徒刑、无期徒刑的犯罪分子，在执行一定的刑期以后，认真遵守监规，接受教育改造，确有悔改表现，不致再危害社会，附条件地予以提前释放的行刑制度。”⑤

第六，“所谓假释，就是被处剥夺自由刑的罪犯，在服刑一定时间后，经过有关程序予以附条件提前释放的制度。”⑥

第七，假释是指标准假释或完全假释，它是将执行了一定刑期的犯罪人附条件地从矫正机构提前释放到社区中，使犯罪人在监督之下执行完剩余刑期的行刑制度。⑦

第八，假释是指囚犯具有良好行为的保证，而在监禁期满之前被释放。⑧

第九，假释不同于缓刑，缓刑是由法院决定并作为监禁的替代方式存在的。假释也不同于赦免。赦免是对刑罚宽缓的方式，免除罪犯未服完的余刑，将罪犯从国家的刑事责罚中解放出来。⑨

由此可见，以上概念包含的共同要素是：第一，假释是附条件的释放；第二，假释是刑期届满之前的提前释放；第三，假释适用对象为被剥夺自由的罪犯。但几种概念各有侧重，但均存在一定不足。第一种表述将假释权界

---

① ［日］大谷实：《刑事政策学》，黎宏译，法律出版社2000年版，第264页。

② 鲍圣庆：《减刑、假释的理论与实践》，吉林人民出版社1992年版，第3页。

③ 马克昌主编：《刑罚通论》，武汉大学出版社1995年版，第635页。与此相类似的观点还有，假释是指被判处有期徒刑或无期徒刑的罪犯，在刑罚执行一定时间以后，确有悔改不致危害社会，司法机关依法将其附条件提前释放的刑罚执行制度。储槐植：《美国刑法》，北京大学出版社1996年版，第339页。

④ ［美］克莱门斯·巴特勒斯：《矫正导论》，孙晓雳等译，中国人民公安大学出版社1991年版，第144页。

⑤ 陈兴良主编：《刑法适用总论》（下卷），法律出版社1999年版，第652页。

⑥ 李贵方：《自由刑比较研究》，吉林人民出版社1992年版，第305页。

⑦ 吴宗宪等：《非监禁刑研究》，中国人民公安大学出版社2003年版，第396~398页。

⑧ Piersi Edit:The Oxford Enlish Dictionary, Oxford :Oxford University Press2003.

⑨ United Nations Department of Social Affair:Parole and Afer-care, United Nations Publication 1954, p. 1.

定为行政机关的绝对权力，故对假释权性质的全面认识存在偏颇。第二种表述将假释定义为奖励制度，表现出历史局限性和对假释权利本质发展性的认识不足。第三种表述未考虑到强制假释的情形。第四种表述强调了假释后的监督状态，但欠缺对假释适用条件的明确界定。第五种概念的缺陷在于假释适用的刑种在各国除有期徒刑和终身监禁外，还有有限度剥夺自由等。此外，不致危害社会的标准过于主观。第六种概念则没有表明假释的重心建立于罪犯人身危险性的降低，再犯的危险性减小之上。第七种概念对假释犯在考验期内接受监督和获得帮助两个方面的内容未进行全面概括。第八种概念则未指出假释的条件性。第九种概念是以比较的视角定义假释，但假释是刑罚执行方式的变更，而非刑事责罚的免除。

此外，对于假释的整体性质描述主要是制度说和释放方式说，两者并没有本质上的差别。制度说着重阐释假释的刑罚功能，释放方式则重点表述假释的动态运行。制度说中又有宏观制度说、刑罚制度说、刑罚执行制度说、奖励制度说四类。宏观制度说突出假释的法律属性和刑罚执行的阶段特征，但失之于泛化。刑罚制度说没有指明执行在国家实施刑罚权进程中的具体阶段。奖励制度说疏离了假释中蕴涵的权利性，欠缺时代性和先进性。同时，应当指出刑罚执行中又包括一般执行和变更执行两个部分，假释系刑罚变更执行制度。

综上所述，结合假释的功能定位和内容要素，可将假释定义为：假释是国家有关权力机关依据一定程序对确有悔改、实据人身危险性降低、再犯可能性小的罪犯予以提前释放的刑罚变更执行制度。

（2）假释与其他相关制度的关系。

假释与累进处遇制。累进处遇制是将自由刑之执行分数阶段，按受刑人之行刑成绩，渐次改进其待遇，以达成改过向上目的之制度。[①] 大致分为独居的精神改善级、杂居的社会改善级、半自由级和假释四个环节。[②] 假释是累进处遇的最高阶段，也是累进处遇的目标。从产生状况看，假释是伴随着累进处遇制而出现的。假释和累进处遇实际上是双生和相互促进的关系。累进处遇制是现代监狱行刑的核心，在视假释为传统行政权的英美法系国家往往认为假释与累进处遇是一个整体；在大陆法系国家，累进处遇的行政属性

---

① 陈朴生：《累进处遇》，载司法部编：《外国监狱资料选编》（下册），群众出版社 1988 年版，第 367 页。

② 张甘妹：《累进制度与受刑人自治制度》，载司法部编：《外国监狱资料选编》（下册），群众出版社 1988 年版，第 362 页。

与假释的司法属性才得以明确区分。

假释与不定期刑。不定期刑是指法官在判决中对监禁罪犯的刑期不作绝对确定的规定，由监狱当局根据罪犯的表现确定具体刑期，决定释放时间的刑罚制度。[①] 不定期刑观念的起源归功于英国的马克诺奇和爱尔兰的克拉夫顿。在 1870 年的国际监狱协会会议上，克拉夫顿提交了一篇关于不定期刑的论文。同时，布罗克韦和克拉夫顿倡导了不定期刑和假释的观念，并于 1876 年在爱尔密拉教养院付诸实践。假释与不定期刑虽然在概念内涵上各不相同，但不定期刑与假释具有紧密的联系。第一，不定期刑与假释同为教育刑的产物。不定期刑以能动的罪刑相适应来反对古典学派机械的罪刑法定。假释以矫正罪犯使之早日适应社会来反对隔离和报应。第二，假释在不定期的土壤中找到了更多的生长空间，其有条件释放罪犯的方式获得了量刑制度的衔接和支撑。因为作为国家刑罚权的一种实现方式的假释蕴涵着行刑权与量刑权之间的互动关系。一方面，量刑是行刑的基础与前提，量刑权在一定程度上制约着行刑权；另一方面，现代的行刑方式并非是对量刑结果的机械执行，行刑权还具备调控机能，即对宣告刑进行一定限度的修正与调整。第三，不定期刑制度明确赋予了矫正机构教育改造罪犯的权利职责内容，为假释制度的适用提供了背景。第四，国际社会对不定期刑的广泛接纳与认可，迅速推动了假释的发展。例如，1870 年国际监狱会议及国际刑务会议确定的不定期刑的适用，对现代假释制度的催生起到了极大的促进作用。同时，1910 年华盛顿国际监狱会议决议承认不定期刑的科学原理、1928 年国际刑法及监狱历次会议对不定期刑必要性问题的决议均有助于假释制度的迅速发展。但不定期刑也具有明显的缺陷，即行刑机关的释放权力可能失去监督，导致行刑擅断。现今不定期刑一般仅适用于极其严重的犯罪和少年犯罪中。例如，美国大多数州的刑法典仍然保留着这样一条原则，对重罪判处监禁应该是不确定的。加利福尼亚州仅将不定期刑对严重犯罪分子适用，包括未处死刑的谋杀或没有假释可能性的终身监禁[②]。

假释与有条件释放、提前释放。三者同为罪犯在刑期届满之间的释放方式。但具有一定区别：第一，有条件释放，并不需要得出罪犯能够在狱外正常生活的结论。第二，有条件释放的原因可能是减刑、善行折抵等。第三，

① 杨联华：《不定期刑的起源及运用》，载《法学杂志》1986 年第 2 期。

② Alexander k. Mircheff："California Forgoes Meaningful Judical Review of Parole Denials"，Loyola of Los Angeles Law Review ，vol. . 32，August 2006.

提前释放没有监督条件，而假释往往具有具体的监督条件。此外，各国对于提前释放的表述不一，如英国称为免于继续服剥夺自由刑。第四，假释的适用程序往往具有一定的准司法性，而有条件释放是典型的行政措施，决定的机关为矫正机构或司法部长。

（二）减刑假释的类型

1. 减刑的类型

（1）无条件减刑和有条件减刑。

无条件减刑是指法律规定只要囚犯没有坏行为，就应予以减刑的方式。例如，《美国模范刑法典》第305.1条规定由于保持善行之刑期之缩短的比例时间，受最高度超过一年之不定期拘禁刑之宣告之受刑人，保持善行且忠实履行义务时，按刑期每一月缩短六日之比例缩短其刑期。对为特别值得称赞之行动或对义务之履行达到特别成果之受刑人，得按拘禁一月不超过六日之比例缩短刑期。[①] 有条件减刑指由减刑权力机关审查囚犯若符合减刑条件，才对其予以减刑的方式。例如，我国刑法第78条、第79条及刑事诉讼法第212条第2款、第222条之规定，囚犯必须确有悔改表现或立功表现，才能予以减刑。相似的分类方式为强制减刑和裁量减刑，前者意味着决定机构仅具有形式审查的职权，后者的决定机关具有实质审查的权力。

（2）一般减刑和特殊减刑。

一般减刑是指基于遵守监规，表现良好而给予的减刑，如《美国联邦刑事诉讼条例》第4161条规定，罪犯的行为表现证明他们能老老实实遵守监规，而并受到处罚，就有资格从其判决开始生效之日起得到减刑。特殊减刑一是基于罪犯社会技能的提升而给予的减刑，如罪犯获得学历和职业培训认证。[②] 二是主要用于在监狱拥挤时控制监狱人口时使用。[③] 例如，《意大利共和国监狱法执行细则》第71条规定，在劳动中特别努力，在课程学习和职业培训中特别努力并取得特殊成绩，在组织和开展文化、娱乐和体育活动中积极合作，特别积极热心帮助其他囚犯在处理个人问题遇到困难时得到精神鼓励等时予以特别减刑。

---

① 刘仁文等译：《美国模范刑法典及其评注》，法律出版社2005年版，第13页。

② 如《法国刑事诉讼法典》第721条、第721-1条之规定，罗结珍译，中国法制出版社2006年版，第566页。

③ 如在美国，当监狱人口达到一定的高位，对囚犯额外的刑期折抵就将适用。除非囚犯又犯新罪或有虐待、乱伦、猥亵或其他下流的攻击或行为者将不得适用。Miller v. Dugger, 565 So. 2d 846 (Fla. Dist. Ct. App. 1st Dist. 1990).

（3）普通减刑和特别减刑。

国家出于区别犯罪行为的社会危害性程度和犯罪人人身危险性程度的需要，对不同的罪犯给予不同的减刑政策，如对于终身监禁和非终身监禁、暴力犯罪与非暴力犯罪、少年犯与成年犯、累犯与初犯采用不同的减刑政策和方式。在美国，一些州对于累犯和严重罪犯者的善行折抵采用了特别的规定，如拒绝给予被监禁的谋杀者善行折抵。①

2. 假释的类型

（1）强制假释和裁量假释。

强制假释是指服刑人服刑到一定刑期，无须审查自动获得假释释放。强制假释的适用一般具有两种情形，一是国家立法直接规定该假释形式；二为应急措施，即在特殊情形下因紧急情况而采取，如监狱人口逼近或超过监狱的人口容量限度。《葡萄牙刑法典》第 61 条第 2 款规定，对那些服刑 6 年以上的罪犯当他们已服刑所判刑期的 5/6 时，法官须对其假释，以尽早为罪犯再社会化创造条件。而裁量假释是指经过假释权力机关对假释申请人的假释申请审查判断之后，再决定是否给予其假释释放的制度。

（2）完全假释和部分假释。

完全假释是指被假释人完全脱离矫正机构，在社区内遵守约定的监督条件，服完余刑。部分假释是被假释人可以在部分时间内脱离监狱回归社会，在规定时间必须予以返回服刑的方式。其方式如日假释、工作假释、劳动假释等。例如，《加拿大矫正与有条件释放法》第 99 条规定，适用日假释，罪犯可以白天假释，晚上回到监狱、社区居住设施或省矫正设施居住服刑。

（3）假释监督和假释释放。

这种分类主要在美国等英美法系国家中存在，是对假释适用不同方式的区分。当前美国各州或兼有两种形式，或仅存一种形式。假释监督，简称假释，系假释委员会根据犯罪的性质、罪犯的表现等一系列因素综合考虑后主动作出假释决定。一般不适用于短期监禁，并且具有服刑期限的限制。假释监督期也算作刑期。如假释监督期内表现不好，再收监服刑，假释的一段时期也计入刑期。而假释释放是由罪犯申请，并在申请中以书面方式同意释放条件，交由假释委员会考虑批准。对长期或短期监禁刑都可以适用，没有应

---

① Hendrix v. Duckworth, 442 N. E. 2d 1058 (Ind. 1982); Jennings v. State, 270 Ind699, 389. N. E. 2d 283(1979). 同时，认为立法拒绝给予终身监禁刑的囚犯善行折抵并不违反国家和州宪法下的平等保护原则。

在监所内服满一定刑期的限制。如果假释犯表现不好，撤销假释后，假释期不能算作刑期。因此，假释释放方式是指被告满足除诉诸司法程序外的所有特定条件的释放。这些条件可以是待在指定的地理区域找到一份固定的工作，避免同被害人或其他与被指控的犯罪中相关人的联系，不从事一定的活动，不出现在一定场所，参与治疗或接受帮助等。

（三）减刑假释的功能

制度是规范某一类关系的作用和功能相互关联的规则。而功能是物体或规则所发挥的有利作用。功能与作用效果相似，但两者具有差别。功能指物体或规则内在固有的潜在作用，而作用是规则功能的实现。因此，减刑假释的功能是减刑假释设计中客观固有的有益性，这种有益性将通过减刑假释程序的运行来实现。

1. 减刑的功能

（1）罪犯层面。

第一，彰显行刑个别化和社会化。

减刑彰显行刑个别化和社会化。减刑作为对良好行为的报酬，是对遵守监规、表现良好的罪犯的奖励或基于表现良好罪犯所获得的权利。对于视减刑为罪犯权利的国家，减刑的个别化体现在对待不同犯罪、不同人格、不同人身危险性的罪犯以不同的实施条件、实施标准及程序的设置及适用之上。对于视减刑为奖励的国家，减刑的个别化体现在减刑优待给予何类罪犯与哪些罪犯之上。同时，减刑中的行刑社会化体现在：第一，某些减刑条件鼓励社会化，如基于罪犯增强再社会化能力而获得特别减刑、完成某项矫正计划而获得减刑；第二，减刑并非孤立的制度，累进处遇制将减刑和假释联结起来，假释可为累进出口阶段的行刑社会化制度，而减刑则为累进过程中的社会化制度。

第二，实现指引示范作用。

减刑利用罪犯早日争取自由的心理需求，调动罪犯的改造积极性；借助减刑的条件给罪犯施加外部压力，推进对罪犯的教育矫正。此外，通过减刑处遇优待，在罪犯中起到指引示范作用，推动更多的罪犯改过自新。

第三，帮助罪犯早日复归社会。

减刑的获取是以罪犯接受某种社会规范为交换，凭借刑罚本身的强制规导力戒除罪犯的恶习，改造罪犯成为守法公民并且具有正常社会生活的能力。因此，减刑缩短了行刑期，可以使罪犯在与社会相对隔离的监狱等行刑机关较少受到亚文化的感染，避免形成监狱人格，早日实现再社会化；从假释的准备上说，减刑也是对罪犯逐步具备假释条件的一种肯定，代表着罪犯复归社会能力的逐步建立。

(2) 行刑机关层面

第一，维持良好的监管秩序。

减刑建立在对罪犯的科学分类之上，同时，减刑鼓励罪犯实施良好行为，因此减刑有助于提高罪犯遵守行刑机关监管规范的自觉性，有利于行刑机关有针对性地控制罪犯实施不良行为的风险，以维持良好的监管秩序。

第二，节约行刑成本。

行刑投入，指的是为实现行刑目标而动用的行刑资源。行刑成本，指为实现行刑目标而耗费的行刑资源。行刑产出，指的则是行刑目标的实现程度，也即对服刑罪犯实施监管和改造的效果。[①] 监禁刑需要耗费巨大的行刑成本。这种成本包括监狱看守、假释官、监狱医生、精神学专家、矫正人员等工资支出、监狱硬件维持费用、监管费用、矫正项目成本等。这些成本都能在减刑的适用中得以全面地降低，因此，减刑具有节约行刑成本的重要功能。

此外，国际条约《囚犯最低限度人权保障》规定了监禁人口的基本生活条件。减少罪犯监禁的时间，能缓解监狱的人口压力，改善罪犯在狱内的生活条件，从而增强罪犯的人权保障。例如，一些国家刑罚政策明确规定当监狱达到一定的拥挤程度时，将加大减刑的适用以缓解监狱拥挤状况。另外，减刑缓解监狱人口压力，也具有确保监狱安全的功能。

第三，实现社会效益。

首先，减刑是对罪犯良好行为的肯定。将刑罚执行与受刑人改造以及对社会犯罪的预防相结合，实现刑罚的社会效益，是特殊预防的重要形式。其次，减刑所设置的刑期条件，也能实现一般预防的报应和威慑功能，保护社会最大限度地免受犯罪侵害，实现防卫社会的目标。

2. 假释的功能

假释具有减刑的全部功能。但与减刑的刑罚调控功能的不同之处在于：减刑是通过对原判刑罚的减缩来行使的，假释则是通过变更刑罚执行的方式来实现的。假释与减刑相似的功能在此不再赘述，以下仅就假释的独有功能进行论述。

(1) 罪犯层面。

假释帮助罪犯有效复归社会，降低再犯率。在假释考验期内，罪犯既接

---

① 胡聪：《监狱行刑的经济分析》，群众出版社2008年版，第5页。

受监督又获得帮助，以安全度过危险期。因有过渡期作为缓冲，假释的罪犯往往比直接刑满释放的罪犯的再犯罪率更低。此外，假释仅改变了刑罚执行的方式，假释期有效的监督也能产生威慑，预防再犯。

（2）行刑机关和社会层面。

假释能够增强行刑效益。效益的内涵包括两个方面，即效率（efficiency）和收益（benefit）。效率是指事物过程的经济性、节省性；收益则是指结果的有用性、利益性。效益是法律的基本价值目标之一。仅就物质的角度说，基于只有投入而没有产出，行刑的效益是负效益；而从社会整体利益的角度说，行刑的效益则在于降低再犯，维护社会的和平安宁。假释是增强行刑效益的有力措施。一方面，降低行刑成本，如在美国，用于每名假释犯的常规假释监督费用每年平均为1328.06美元，进行特别假释监督的年平均费用为4427.5美元。如果把监禁每名犯罪人的平均费用按73940美元（不同警戒等级监狱床位的建设费用平均数加上20000美元）计算，那么，常规假释监督费仅为监禁费用的1.796%，特别假释监督费用仅为监禁费用的5.987%。[①]另一方面，有效增强罪犯的改造效果，降低再犯，增长“效益”。假释能够给予被害人更多的补偿，从而更好地修复被犯罪破坏的社会关系。此外，假释可通过控制罪犯监禁期服刑的长度来校正量刑的偏差。

二、减刑假释程序的特征

（一）减刑程序与假释程序的关系

减刑与假释的共同点在于：第一，同属刑罚执行阶段，体现了实证刑罚理论，都具有减少行刑成本激励罪犯的功能。第二，从产生来看，减刑与假释很难说孰先孰后。善行折抵是狱分制的先导，而假释票则是假释制度的先导。这两者几乎是在同一时期产生的。第三，两者具有前后相关的联系。累进处遇制是将两者系于一起的纽带。减刑在累进过程中发生，而假释则是累进制的最高阶段。第四，在一定条件下，两者还可以相交。例如，有的国家规定，在假释考验期中，允许给予被假释人缩短考验期的“特殊减刑”。第五，一般情况下，两者均具有可逆性，可以被撤销。第六，两者的适用一般具有相关条件的设置。区别在于：第一，减刑更侧重于体现行刑个别化原则，假释则更侧重于体现行刑社会化原则。减刑具有行刑社会化的内容，但更多的是体现行刑个别化；虽然假释行刑个别化和社会化兼具，但社会化内容居

---

① 吴宗宪等：《非监禁刑研究》，中国人民公安大学出版社2003年版，第405页。

于主要地位。第二，两者的判断标准不一。减刑的判断标准一般为良好行为或完成特定的矫正计划目标或取得个人适应社会生存能力进步。而假释强调预后性，即个人危险性降低到再犯可能性极低不致危害社会。第三，减刑的考验监督在行刑机关实施，假释的考验监督则在社区实施。第四，撤销的标准不一。减刑是基于违反监规或骗减，而假释撤销的标准相对来说更加严格。一般来说，轻微的技术性违反不至造成假释撤销的后果。第五，减刑正常情况下不限于一次，而假释在一般情况下只有一次。第六，从功能来看，减刑的设计最初是为了维持监管秩序，后又增加了罪犯的权利内容。尽管权利性增强，但秩序价值仍居于重要地位。假释是围绕罪犯成功复归社会而设，更多考虑的是社会秩序和罪犯权利的平衡。第七，从配套制度看，减刑并不需要特别的配套程序，在矫正设施中不需新增机构组织人员及制度体系，而假释的实现需要有序的监督观护体制，否则将会贬损假释的整体功能。

此外，有学者认为从减刑和假释的区别看，减刑属于比假释层次更高的优待措施，因而有更高的适用标准。一般来说，一个人未获得减刑，却有可能获得假释，反过来，不合格的假释罪犯，通常不能获得减刑。减刑能根据实际情况调整判决，避免刑期的过于僵化，此外，减刑无须监管、没有考验期，多数国家也不存在再执行减刑的问题，因此优于假释。① 该观点值得商榷。首先，减刑仍然在一定条件下可以撤销，并非说减刑一劳永逸。其次，仅因减刑无须再设监管体系而从节约行刑成本的角度就得出减刑优于假释的结论，有悖于刑罚目的的实现。

因此，多数学者认为减刑假释程序具有同质性。可以进行并列论述和程序设置。其主要理由在于：第一，两种制度建立的理论基础相同、性质相同。第二，各国的司法传统文化也通常将两者视为同一性质的程序范畴。第三，减刑假释程序均分散于各国的刑法、刑事诉讼法、刑事执行法、监狱法、专门法规并合进行规定。这反映出各国的立法者对减刑假释程序的法律立场。第四，从适用层面考察，英美法系国家通常在将减刑假释权归为行政权的大前提下，对善行折抵和假释的决定权力分配作了分工，即善行折抵的权力给予矫正设施行使，而由假释委员会行使假释的权力，假释委员会仅在矫正设施基于惩戒程序不给予罪犯折抵或撤销折抵时介入减刑程序。但并不影响减刑假释的基本程序格局。大陆法系国家的减刑假释程序则通常具有司法化特征，由法院进行主导。

---

① 李贵方：《自由刑比较研究》，吉林人民出版社 1992 年版，第 330、337 页。

但同时，少数观点认为减刑假释程序具有异质性。其一，减刑行政化，假释司法化。主张减刑权由行刑机关行使，而假释权由法院或假释委员会以准司法程序行使。理由主要是在行刑中，假释是较减刑更高等级的权利，故实施程序应更加严格，由司法机关进行控制和运转。而行刑机关对罪犯的服刑态度、表现极为了解并且为了维持监管秩序的需要，减刑权由行刑机关行使更为适宜。其二，假释行政化，减刑司法化。例如，主张对减刑适用审判程序，对假释适用则以由检察院法律监督部门人员为听证主持人的司法化行政程序实施。① 还有学者认为减刑权是审判权，假释权是行刑权。因为减刑是对原判刑期的缩短，是刑罚的变更而不是执行方式或场所的变更，仍然要由人民法院变更，而假释是执行方式和执行场所的变更，② 与法院的审判权关系不大。

对于善行折抵与减刑之间的关系，学界具有不同的认识。有学者对减刑和善行折抵制进行了区分，认为减刑的实施是一项审判上的司法行为，与西方国家相似的具有赦免性质的善时制度不同。后者是总统依行政权减免执行中的刑罚，是司法上的行政行为。③ 善行折减制主要是作为假释的量化根据而存在的，即所判刑期减去善行折减期便是假释出狱的日期，而不直接涉及原判决的变更④。因此，善行折抵连带假释都应由行刑机关实施，而减刑的权力则归属法院行使。

(二) 减刑假释程序的特征

1. 与刑事审判程序相比较

减刑假释程序与刑事审判程序同处于刑事诉讼程序中。减刑假释程序与刑事审判程序的首要区别在于诉讼的客体不同。刑事审判程序的客体是被追诉的被告人之行为及对其行为进行的法律评价。而减刑假释程序的客体是罪犯人身危险性的变化及有无再犯之虞。在刑事审判程序中，控辩双方处于对立立场，法官进行居中裁判。两大法系基于对法官和检察官功能认识的不同，在庭审构造上存在较大差别。大陆法系法官职权性强，负有查明真实的义务，故主导及指挥庭审程序、并参与证据调查；英美法系国家的法官消极中立，

---

① 宋世杰、彭海青：《试论对减刑、假释程序的重构》，载《社会科学家》2004 年第 3 期。

② 陈卫东主编：《模范刑事诉讼法典》，中国人民大学出版社 2005 年版，第 657 页。

③ 马克昌主编：《刑罚通论》，武汉大学出版社 1995 年版，第 640 页。

④ 冯卫国：《行刑社会化研究——开放社会中对刑罚趋向》，北京大学出版社 2003 年版，第 142 页。

作为“听审者”主持庭审程序并无积极作为。[①] 但两大法系国家就审判客体、审判目的及各参与人的角色而论不存在根本区别。因此，审判就是一场法官或陪审成员在控辩双方各自的主张和证据的较量中查明案件事实，正确适用法律作出裁判的司法过程。而减刑假释程序与之存在明显的区别。第一，减刑假释程序发生在执行阶段，是对原刑罚的修正，因此，程序中渗入了较强的行政因素。第二，各方参与人包括罪犯在内的程序目标一致。因此，并不存在利益冲突的对抗特征。第三，罪犯的减刑假释权是一种多有争议的特殊形态，非刑事审判依法剥夺罪犯自由权利的形态。

具体而言，第一，减刑假释程序与审判程序在程序启动上具有重大差别。早在 19 世纪八九十年代，欧洲学者就将刑事诉讼制度区分为三种基本类型，控诉式、纠问式和混合式制度。在刑事诉讼的发展中，控审分离、不告不理都已成为基本原则，不管是在职权主义或当事人主义模式中都得到了全面的贯彻。而在减刑假释程序中，裁决主体在程序的启动上并非完全消极被动。例如，法官可以要求检察官提起假释，有的国家法官甚至可以不需检察官参与就开庭给予罪犯假释。美国一些州的假释委员会也可以对监狱没有提请的罪犯以符合假释条件为由直接予以假释。

第二，减刑假释程序是合议式程序，而非典型对抗式。一方面，减刑假释裁决或撤销制度从根本上而论，并非是罪犯自由的失去而是罪犯提前获得了自由的特权，故是授权性制度，不存在权利被剥夺之对抗。从另一方面说，罪犯矫正与社会防卫之间不存在对立关系，相反两者间是同向的手段与目的之间的关系。因此，为了实现减刑假释矫正罪犯防卫社会的功能，减刑假释程序的设计也应当是包括检察官、行刑机构方、被害人、社区代表等参与主体在内的协商合议式的程序，程序的运行过程就是给予罪犯因犯罪对社会和其他社会成员造成侵害而生的报应和基于人道和矫正功利需要之间的综合平衡，这种平衡建立在可信的证据资料之上，最后由裁决者得出合理结论。

第三，减刑假释程序是弹性更大的程序类型。减刑假释程序缺乏强的对

---

① 这种差异的原因基于两个方面：大陆法系属于规范出发型诉讼，以实体法为出发点去把握诉讼，法官引导当事人双方按照他从法律角度加以理解的案件性质来展开程序。而英美法系则属于事实出发型诉讼，从案件事实中发现法律。参见叶秋华、王云霞主编：《大陆法系研究》，中国人民大学出版社 2008 年版，第 296 页；此外，欧洲大陆国家程序法基础思想在于如果让法官发挥较大的作用，可能会更易于发现真实情况，法官实际上有义务提问、告知、鼓励和劝导当事人、律师和证人，以便从他们那里获得全部真实情况，尽可能避免前后不一致和含混不清，消除因为诉讼人或律师不细心和不懂技术所造成的失误。[德] K. 茨威格特、H. 克茨：《比较法总论》，潘汉典等译，法律出版社 2004 年版，第 397 页。

抗性，因此程序设计的重点不是要平等武装对抗双方，而是要查清以及判明罪犯是否已悔改向善，给予其减刑假释的处遇是否公正合理或撤销减刑假释是否适当。基于此，在减刑假释程序中监督机制的合理设置、专家意见的提供、多方意见的听取以及罪犯的参与陈述权利保障显得尤为重要。而程序的适用方式、审理阶段的明确划分等程序事项在保证程序公正和参与人程序权利实现的前提下较审判程序，可以有更多的弹性空间，这一点在许多国家的立法中得到了体现。

第四，大陆法系国家法官行使调查权的方式具有特殊性。减刑假释案件中的证据总体上为矫正机构证据、社会调查或专家鉴定。法官针对调查内容的特殊性，查明真实的方式不同于审判程序。体现在庭外核实证据主要采取在行刑机构内视察访谈或以司法鉴定的方式进行。

第五，减刑假释程序中的事实证明与审判中的事实证明具有重大差别。关于证据的资格，英美法系国家以可采性表述之，而大陆法系则强调证据客观性、关联性和合法性。对于证据的可采性，在审判程序中存在有严格的证据规则进行审查。而减刑假释裁决程序中的证据通常具体为监狱记录、罪犯个人履历、社会调查报告、书面职业学历证明、其他行刑罪犯和矫正官员有关罪犯表现的证言、专家鉴定人格或人身危险性报告等。严格的证据规则在此并不具有完全适用的必要性。此外，证明标准也并非审判程序中基于无罪推定的排除合理怀疑，而是证明层次更低一些的优势证明标准或合理证明标准。

此外，审前及行刑阶段的三方构造关系具有相似性。行刑阶段检察官、矫正官、法官之间的三方构造与审前检察官、警察、法官之间的构造关系具有相似性。在行刑阶段，若检察官对行刑机关具有具体的指挥和监督权力，则减刑假释程序的启动者多为检察官；若检察官无此权力，仅有一般意义上的监督权，则通常由行刑机关直接启动程序。检察机关对行刑机关的监督主要是行政监督；而法院对行刑机关的监督则主要是司法监督，与侦查程序中的司法审查类似。

另外，若进行减刑假释程序与量刑程序的比较，可以发现：

英美法系国家的诉讼传统是从案件事实中发现法律，因此法的发现者并不要求必然是法律专家。在某些场合下，认为事件的处理听凭普遍人的良知显得更为妥当。由此，民众参与司法，英美法系国家建立了陪审团审判。在此制度之下，定罪程序与量刑程序必须严格分开。因为被告人是否有罪由外行的陪审团作出决定。若将定罪证据与量刑证据一起调查，作为外行的陪审团在决定被告人是否有罪时极有可能受前科、不良品行等证据的影响，导致被告人处于极其不利的地位。因此，审判程序设置为二步式。而在大陆法系国家不存在此类问题，在参审制下，法官与陪审员共同组成合议庭，法官能够对陪审员进行有力的指导，参审员受误导的可能性大为降低。

量刑程序的一些特点与减刑假释程序相似。在量刑程序中，缓刑监督官和其他有权对被告人的量刑提出意见的机构或个人都会提出量刑建议，证据规则也较定罪程序相对宽松，如前科证据在定罪阶段只能作为弹劾证据使用，一般不能直接用做证明被告人有罪或无罪的根据；而在量刑程序中，前科证据是决定被告人应当判处何种刑罚的重要证据。再如传闻证据在定罪阶段一般不得适用，而在量刑阶段可以适用。此外，量刑证明只需达到优势证明程度即可。① 而减刑假释程序与量刑程序的相似性就在于：社会调查报告的提供与审查、当事人陈述的听取以及证据的规则和证明标准的适用相似。量刑程序中的一些证据资料还可为减刑假释程序所利用。但同时两者具有显著的区别：其一在于刑事诉讼的阶段不同；其二在于程序不尽相同。量刑程序处于审判总体程序之中，对抗性虽较定罪程序为弱，但仍清晰地存在，如控方描述犯罪事实，提出判处罪犯赔偿、没收等要求并提供证据予以证实；辩方针对控方提供的犯罪人个人情况文件内容提出反对意见并证明本方观点。反观减刑假释程序中并不存在控辩双方；检察官陈述意见的目的，一为提请法官考虑罪犯罪行的社会危害性，在特定时期给予减刑假释是否合理，二为对罪犯的矫正过程及人身危险性程度的变化提供监督和评述意见。

2. 与普通行政程序相较

行政程序的运行非平等运行。其特征在于：受行政的性质所决定行政决策主体通常为程序主体。行政程序的发动或终结，基本上由行政机关依职权决定，不受当事人意思或主张的拘束。② 另外，为了维持行政的高效率，行政机关拥有相当大的程序自由裁量空间。行政权的主导优先性和权力扩张性，深刻地反映在行政程序中并需要程序的严格规制，如行政程序设计为严格的案卷程序。行政案卷是有关案件事实的证据、调查或者听证记录等案件材料的总和，规定行政机关作出决定只能以行政案卷所体现的事实为根据。基于行政程序的特质，其不能作为社会纠纷的最终解决机制。

减刑假释程序与典型行政程序具有如下区别：第一，为了增强决策主体

---

① 卞建林主编：《刑事证明论》，中国人民公安大学出版社2004年版，第294～295页。

② 翁岳生主编：《行政法》，中国法制出版社2002年版，第930页。

的中立性，将决策主体与执行主体相分离，在减刑假释程序中设立了一些独立机构，如独立的假释委员会。第二，减刑假释程序增强社会参与度，并注重社会调查。将罪犯在监狱内的表现记载和社会调查结果作为决定的重要依据，以减弱监狱行政权力滥用的风险。第三，减刑假释程序赋予罪犯中止减刑假释程序的选择权利，如罪犯放弃减刑或假释，可不启动提请程序或在审查程序运行中自行退出，这与行政程序中发动或终结完全依赖于行政职权相区别。第四，决策主体的自由裁量权较普通行政机关的裁量权受到一些特别的限制，如适用假释指南等。

3. 减刑假释程序的特征

可见，减刑假释程序不同于一般定罪程序和量刑程序，也有别于普通行政程序，是独特的程序类型。就大陆法系国家而言，减刑假释程序并非典型诉讼，而是特别审理程序。英美法系国家的减刑假释程序总体而言是具有司法化元素的行政程序。但同时，减刑假释程序的完备性与其他诉讼程序相比大为逊色。正如美国学者指出，假释决定过程是刑事司法过程中最不严谨且最少受到法律约束的程序之一。① 其原因是多元的，主要包括：第一，受传统观念的禁锢，罪犯定罪量刑后被送入监狱，就成为了被社会遗忘的人。因此对于减刑假释程序的社会关注度及各方的参与热情不高。第二，行刑阶段是行政权和司法权相混合的阶段，行政和司法两个领域相衔接使行刑功能最大化的状态点很难把握。第三，减刑假释制度本身受行刑政策的影响波动很大，这种冲击也不利于保持程序的稳定性。第五，罪犯获得减刑假释是国家恩赐、奖励还是权利，聚讼不休，从而影响了罪犯程序权利的保障和减刑假释程序设置。第四，减刑假释判断的主观性较强，其所依据的证据涉及相交叉的多学科的复杂问题，增加了审查的难度，客观上也导致了决策主体拥有广泛的自由裁量权。此外，国家财政对于司法行刑投入的有限也是重要的制约因素。因此，亟待完善减刑假释程序以全面显现其独特的程序状态以及实现程序功能。

此外，减刑假释程序总体上可分为裁决程序与撤销程序两类。大陆法系国家较多地将减刑假释视为国家的恩惠，假使失去也不对罪犯造成损失。因重社会整体利益和集体人权，故给予减刑假释比撤销减刑假释更为慎重和保守，因此撤销程序对罪犯程序权利的保障度不会超过裁决程序。例如，法国的假释撤销程序仅需由执行法官在听取社会回归与考验事务委员会的意见之

---

① 柳忠卫：《假释制度比较研究》，山东大学出版社 2005 年版，第 191～192 页。

后作出，无须对审辩论直接进行变更；德国的撤销程序与裁决程序过程相同，以书面审理为之。但英美法系国家的减刑假释撤销程序与减刑假释裁决程序的差别就较大。主要原因在于英美法系国家注重个人权利，对于剥夺罪犯已获得的特权，程序固然比给予其特权更为正式。另外，普遍所持的合同说观点也促使其比大陆法系国家较多所持的继续监管论或恩惠论更加重视权利保障。特别是美国一些州将罪犯在假释考验期中的权利状态已视为完全获得自由之权利，故对自由权利基于撤销的剥夺更为谨慎。预先听证解决羁押合法性问题，正式听证则是对抗型准审判式听证，就是否剥夺假释犯的假释权利作出决定。证据规则的适用也更为严格，证明标准也采减刑假释程序中的最高证明标准优势证明标准，对假释犯的诉讼权利程序设置更加细密，因此构建了更为周全的罪犯权利保障体系。此外，英美法系国家监狱行政惩戒程序中撤销减刑或假释委员会撤销减刑亦以判例的方式建立了程序规则，远比罪犯获得减刑之时的程序完善。

因此，相较于减刑假释裁决程序，撤销程序的特点可进一步归纳为：第一，减刑假释撤销程序的提请方为减刑假释的监督方。减刑撤销的提请方在大陆法系国家为行刑官员或检察官，在英美法系国家则直接为行刑机关；假释撤销的提请方在大陆法系国家多为检察官、社区监督机构或其他司法官员，而在英美法系国家通常为假释官或负有监督职责的社会组织个人。在此阶段，假释委员会没有主动启动程序的权力，而执行法官因直接负有监督之责，具有自行启动撤销程序的权力。第二，在假释犯的考验期间，警察、监督官员、社区人员通常配合紧密；故在撤销程序中，或由警察拘押假释犯或由假释官羁押回送监禁机关。第三，在正式撤销程序中，假释犯享有陈述权、交叉询问权、律师帮助权等权利。特别是交叉询问权和律师帮助权是罪犯仅在正式撤销程序中才能较多享有的权利内容。第四，因更为强调对抗性和直接言词原则，撤销程序较核准程序更倾向于要求证人出庭作证，传闻证据的适用受到较大的限制。另外，监督观护程序与撤销程序相衔接，但假释犯违反监督条件和监督程序，更不必然导致撤销程序的适用。为强化行刑社会化，设置处置之中间地带，如警告、重新制定假释协议而规定更为严格的遵守条件等。同时，假释监督官员具有一定的司法权力，如进行搜查、无证拘押违反监督条件并且具有较高人身危险性假释犯的权力。①

① 如基于对假释犯进行监督的危险性，一些国家和地区允许假释监督者在工作时佩带枪支，如美国48%的假释机构准许假释官在工作时间佩带枪支。

第二节 减刑假释的理论基础

一、减刑假释的实体法基础

(一) 刑罚的一般理论

1. 刑罚新旧学派的理论碰撞

(1) 新旧学派的论争。

发轫于启蒙运动的刑事古典学派崇尚个人价值，持自由意志论，主张犯罪是由个人的意志而不是超人的力量所决定的，由此使人类结束了借助神学解释犯罪的历史，同时否定了封建的刑罚制度，确立了刑罚的必要性、正义性、合理性等基本观点。在刑事古典学派中分为前期古典学派和后期古典学派。前期以贝卡里亚、费尔巴哈、边沁为代表，特征是个人自由主义，作为反中世纪神学的武器。代表性观点包括双面预防论、一般预防论。后期以康德、黑格尔等人为代表。主要是康德主张道义报应，而黑格尔主张法律报应。因此，古典学派的三大观点是一般预防论、道义报应和法律报应。一般预防论认为通过刑罚对犯罪行为的法律谴责和威慑，而起到阻止其他的社会成员犯罪的功利目的。道义报应主义的基本观点认为人是现实中创造的最终目的，从尊重人作为目的的价值出发，对人的行为的反应只能以其行为的性质为根据，而犯罪人侵害了他人的权利，因违背了道德而应受到惩罚。法律报应论则将辩证关系运用到罪刑关系中，认为犯罪与刑罚之间是因果报应之关系。而以报复主义刑法思想为中心的后期古典学派的理论特征是国家自由主义，坚持罪刑法定、罪刑相适应的基本理念。[①] 后期古典学派的学术观点将前期理论体系中尚存的双面预防的功利火种掐灭了，走向了片面拉伸刑罚一般预防的功能以及对已然之罪的报应情结之上，将一般预防的遏制犯罪转化为惩罚犯罪。因此，当一般预防主义占据刑罚学说的统治地位之后，西方国家的犯罪率、累犯率大幅上升，刑罚的片面威慑作用受到了广泛质疑。此时，欧洲大陆逐渐兴起了实证主义学派。

在西方历史上，用预防将来再犯作为刑罚目的的观点可追溯到古希腊哲学家普罗塔哥拉，他指出谁要是以理智来处罚一个人，那并不是为了他所犯的不法，因为并不能由于处罚而使业已发生的事情不发生。刑罚应该为着未

① 马克昌等主编：《刑法学全书》，上海科学技术文献出版社 1993 年版，第 589 页。

来而处罚，因此再不会有其他的人，或者被处罚者本人，再犯同样的不法行为。[①] 刑事实证学派的基本观点正是建立在功利论的基础之上，首先，“任何惩罚都是伤害，所有的惩罚都是罪恶。根据功利原理，如果是惩罚被认为确有必要，那么仅仅是认为它可以起到保证排除更大的罪恶”[②]。其次，认为理性人所具有的意志自由并非完全自由，要受到社会、环境诸多因素的影响。因此，对于个人的犯罪，社会也具有责任，有义务对罪犯进行矫正。[③] 实证学派主要分为人类学派和社会学派，特殊预防的模式主要有医疗模式、矫正模式和防卫模式三类。

以意大利刑法学家龙勃罗梭为代表的人类学派认为可从社会或者国家的立场出发，将犯罪视为一种可以矫正的病理现象，后称之为医疗模式。德国学者格鲁斯继而以医学和自然科学为依据，提出了刑罚改造论。认为成年犯罪人是一种需要进一步训练的人，故对犯罪人以矫正为本，此为矫正模式。以意大利刑法学家菲利、德国刑法学家李斯特等人为代表的社会学派，从社会学的视角对罪犯的犯罪原因进行解析，可视之为防卫模式。菲利提出了著名的犯罪三要素说。认为犯罪原因中的人类、自然和社会三大要素具有互动关系。由此，强调个别预防的重要性，否定一般预防的绝对效果。“刑罚的威慑对社会上善良的诚实者用不着，对人们观念中的恶人又不起作用，而只对在善恶之间徘徊的很少一部分人有效”[④]。

实证学派的核心观点是打破了古典学派关于犯罪人基于理想人具有意志自由而实施犯罪行为接受刑罚处罚的逻辑链条，以意志并非完全自由的经验人取而代之，故突出通过刑罚的矫正教育防止犯罪人再次犯罪之个别预防的重要性。龙勃罗梭、萨瑟兰、菲利等人都是个别预防论的拥趸。正如葛德文所述，只有用来“防止未来的危害对一个被判过去犯有有害行为的人所加的痛苦”的惩罚才是正义的。[⑤] 个别预防又衍生出刑罚个别化和人身危险性的问题。在这两大要素之上，构筑出新的刑罚体系大厦。

---

① 林山田：《刑罚学》，台湾商务印书馆 1983 年版，第 64 页。

② ［意］贝卡里亚：《犯罪与刑罚》，黄风译，中国大百科出版社 2005 年版，第 42 页。

③ 西方学界一般认为，矫正罪犯的发起者是柏拉图。就中国而言，《周礼》中载，“以圜土聚教罢民，凡害人者，寘之圜土而施职事。”《秋官·大司寇》载，“掌收教罢民，凡害人者……任之以事而收教之。”被视为教育刑罚思想的发端。邱兴隆：《关于惩罚的哲学—刑罚根据论》，法律出版社 2001 年版，第 160 页。

④ ［意］恩里科·菲利：《犯罪社会学》，郭建安译，中国人民公安大学出版社 2005 年版，第 21 页。

⑤ ［英］葛德文：《政治正义论》，何慕李译，商务印书馆 1997 年版，第 525 页。

李斯特的目的刑论或称教育刑论，强调行刑的社会效用，是个别预防思想中影响最大的理论。其主张刑罚不是一种本能或原始的同态报复，而是以改造罪犯保全社会为出发点，显示出了更深层次的社会理性。不但要根据犯罪人的具体情况进行教育改造，使其尽快复归社会，而且要根据犯罪者的社会危险性所侵害的社会利益程度，适用相应的刑罚，以达到保卫社会的目的。基于刑罚的教育矫正进化目的，监狱的功能将要重置：第一，限制罪犯的自由。第二，教化矫正罪犯，完成罪犯再社会化的目标，教化当给予罪犯重返社会的综合能力，以及创建监狱的人道关怀，以增强罪犯内心的向善动力。第三，创建宽缓的刑罚制度，如减刑和假释，加大监狱与社会之间的联系，与教育刑的目的相呼应。第四，监狱文明，行刑民主和科学。在刑罚具体方式上，现代教育刑理论认为实现犯罪者的再社会化需经历四个阶段：首先，改变犯罪依存的外部环境；其次，发挥刑罚的教育功能，使其认识到犯罪的危害性；再次，重建犯罪者内心的道德感，恢复他作为正常社会人的价值观；最后，传授社会知识和职业技能，使其获取重返社会的能力。

在实证学派取代古典学派成为行刑的主要理论时，实证主义在对古典主义的否定之否定中，本身出现了难以克服的问题。矫正刑在执行上追求行刑的适度性，无视行刑的等价性，因而有失对受刑人的公正，同样因其系受刑人作为实现社会目的的纯粹手段而表现出不合理性。矫正刑自身的所谓科学性的背后，潜在着极大的反科学性，即使其理念是合理的，也因其是不可能实现的而只不过是一种不现实的幻想。① 在此背景下，报应与功利的一体论即折中论成为了当代刑罚主流观点，其力图避免一般预防与特殊预防各自的弊端，因折中论既肯定犯罪之于刑罚的决定作用，又肯定刑罚之于犯罪的反作用，既否定犯罪对刑罚的决定作用的机械性，又否定刑罚之于犯罪的反作用的绝对性，使折中刑根植于相对决定论与主客观的辩证统一之中，因此具有较强的生命力。例如，以美国学者帕克为代表的一体论者认为，刑罚具有报应与预防两方面的目的。以美国学者赫希为代表的一体论者认为，刑罚既蕴涵痛苦，也潜藏谴责。痛苦对未来之罪，而谴责向已然之罪。以英国学者哈特为代表的一体论者认为，刑罚根据应视刑事活动的阶段性而定。在立法阶段，重一般预防轻个别预防，注重威慑；在审判阶段，一般预防与个别预防并重，注重报应；在行刑阶段，重个别预防轻一般预防，注重矫正。

---

① 邱兴隆：《刑罚的哲理与法理》，法律出版社2003年版，第102、107页。

（2）对新旧学派理论的评述。

古典学派和实证主义学派所论争的核心是一般预防与特殊预防以及报应与功利之间的关系。古典学派着重于罪行、过去和罪责，实证主义学派则着重于罪犯、将来和防卫；古典学派强调法治和正义，实证主义学派则强调效用和防卫。首先，古典学派着眼于已然的犯罪，强调犯罪的社会危害性，主张罪刑法定，罪刑相适应，以此来实现社会正义；实证主义学派着眼于罪犯，强调罪犯的人身危险性，以此来防卫社会。其次，古典学派注重意志自由，实证主义学派注重自然社会环境影响。第三，古典学派强调自由正义，实证主义学派强调秩序安全。第四，古典学派注重报应和威吓，实证主义学派注重功利，强调刑罚目的和个别预防。第五，古典学派是客观主义，而实证主义学派是主观主义。

两派理论各有侧重，各有优劣。古典学派厘清了罪与刑罚之间的关系。实证主义学派开阔了犯罪刑罚学的视野，补充了刑罚的全面功能。但同时，两派观点各有缺陷。第一，古典学派重惩罚和威慑，但并不能有效实现刑罚的目的——减少犯罪。“一般预防的效果通常随着惩戒措施的严厉化而增加。现代的专制制度无情地证明，严刑重典可以造成盲目服从的效果。”① 古典功利论强调立法威吓，但对实现刑罚效果所需的刑量投入缺乏可靠的标准，故立法上的刑量分配无据可依。报应论的重刑威慑，改变了刑量结构，不符合刑罚发展轻缓化的发展潮流。一般预防的发展为多元遏制论。刑罚的一般预防作用不只是包括威吓，还包括加强道德禁忌等其他功能②。一般预防的局限性在于因人、因罪、因地、因行、因群而异。因此，古典学派的一般预防论存在缺陷。古典学派以报应追求社会正义导致对社会的保护功能不足。第二，实证主义学派持主观论，人身危险性难以测定。因而纯粹以人身危险性确定犯罪的质与量，容易导致对个人权利的侵犯，成为国家加强对社会控制的借口。因为个别性的刑罚观念是以人身危险性为前提的，刑罚的个别化将更大的权力赋予了法官和监狱管理人员，强化了人治因素，淡化了法治因素。

此外，两大学派的价值观选择具有区别。刑事古典学派是建立在个人本位价值观基础上，强调的是刑法的人权保障机能，刑事实证主义学派是建立

---

① ［挪威］安德聂斯：《刑罚与预防犯罪》，钟大能译，法律出版社 1983 年版，第 47 页。转引自邱兴隆：《关于惩罚的哲学——刑罚根据论》，法律出版社 2000 年版，第 127 页。

② 邱兴隆：《关于惩罚的哲学——刑罚根据论》，法律出版社 2000 年版，第 89 页。

在社会本位的价值基础之上，强调的是刑法的社会保护机能。① 而折中论较好地平衡了报应与功利之间的关系。特别是哈特的阶段论，为行刑阶段罪犯的矫正提供了理论依据。

2. 刑罚本质

刑罚的产生过程，实际上是原始社会的复仇习惯向刑罚进化的过程。作为原始人类的最重要的习惯之一，复仇经历了血族复仇——血亲复仇——同态复仇——赎罪的进化。②

刑罚的报应建立在德国哲学家康德的因果理论之上，即犯罪为因，刑罚为果，罪刑关系就是因果报应关系。由此，衍生出道义报应、法律报应、纯粹的法律报应、不纯粹的道义报应等具体形态。而刑罚功利论则创立了完整的威慑理论，以此证明刑罚的合理性。例如，边沁所言，“一般威慑是法律惩罚的主要目的和真正的目的”③。此外，功利主义将一般预防和特别预防进行了整合。同时，边沁把预防和矫正犯罪的措施，统称为“对犯罪之恶毒补救方法”，功利论解构补救方法为预防方法、遏制方法、补偿方法和刑罚方法四种。注重刑罚效益，对刑罚的量进行了经济学分析。认为只有产生社会功利才能处罚，处罚的量取决于产生最大好处与最小害处的量。

无疑就刑罚本质而言，二元论应是更为合理的学说，但同时惩罚和教育应具有主次关系。刑罚的本质从根源上仍然是惩罚，刑罚在本质上就是一种痛苦，“刑罚是统治者对破坏国家法律的行为人所施加的一种痛苦”④。因此，惩罚是第一位的，而教育是第二位的。但同时惩罚应该有边界和限度，过度的惩罚容易造成犯罪人格。⑤ 从这一层面说，教育是惩罚的补充，惩罚则限制教育的边界。

3. 刑罚目的

（1）刑罚本质与刑罚目的的关系。

刑罚目的是适用刑罚所要达到的效果。刑罚的本质属性决定刑罚的目的，但刑罚的目的又将影响到刑罚本质属性。刑罚的本质是惩罚与教育，而报应和预防则是刑罚的双重目的。假设将刑罚的目的内容仅认定为威慑，就可能把刑罚的惩罚属性提高到不恰当的严厉程度；假设将刑罚的目的内容仅认定

---

① 陈兴良：《刑法的人性基础》，中国方正出版社 1999 年版，第 164 页。

② 邱兴隆、许章润：《刑罚学》，中国政法大学出版社 1999 年版，第 14 页。

③ ［美］戈尔丁：《法律哲学》，齐海滨译，生活·读书·新知三联书店 1987 年版，第 144 页。

④ 马克昌主编：《近代西方刑法学说史略》，中国检察出版社 2004 年版，第 12 页。

⑤ 陈士涵：《人格改造论》，学林出版社 2001 年版，第 656 页。

为教育，则可能使刑罚的惩罚属性宽缓到不恰当的程度。

（2）对刑罚目的的理性认识。

贝卡里亚认为“刑罚的目的，只是阻止有罪的人再使社会遭到危害，并制止其他人实施同样的行为”①。费尔巴哈赞同物理强制说和心理强制说。古典学派强调刑罚的一般预防，认为罪刑的均衡性表现在制止犯罪发生的必要刑罚与犯罪发生的可能性的对称上，以实现刑罚的威慑目的。康德的报复权利说是古典刑法学派的刑罚理论的基础来源之一。格劳秀斯则提出“惩罚不是为了恢复原状，而是为了作用于将来”②，明确提出，惩罚的第一目的是改造。

边沁的刑罚必要说成为实证学派刑罚理论的基础之一。对于实证学派，预防与目的刑抑或社会防卫是同义的。社会防卫学派高尔曼提出“个别预防论”，李斯特认为：“刑罚的使命，在使犯罪人再为社会有用之一分子”③。由此，古典学派推崇的威吓在此下降为预防的一种手段。实证主义学派得出对犯罪人适用刑罚的目的，既不是报应也不是威吓，而是防止发生新的犯罪，保卫社会利益的结论。所以，个别预防较一般预防更为重要，教育较惩罚的地位也更为突出。但另外，因实证学派过分强调防卫社会和特殊预防，本身也可能出现刑罚不确定而过分残忍或失却社会公正的危险。

折中主义对古典主义和实证主义两者进行了扬弃，提出了刑罚目的一体化理论。报应与功利之所以能够一体化，其哲学基础在于人既可以作为目的，又可以作为手段。因此，报应只是实现刑罚的目的的手段，最终目的是预防犯罪和保护社会。因此，报应与功利作为刑罚的双重目的，两者并不相互排异。

4. 刑罚价值

（1）正义。

正义是社会制度的首要价值，正像真理是思想体系的首要价值一样④。关于正义的内涵具有多重论断。古希腊哲学家柏拉图认为，正义有两个副本，一个是个人正义，另一个是国家正义。“我们建立这个国家的目标并不是为了某一阶级的单独突出的幸福，而是为了全体公民的最大幸福，因为我们认为在一个这样的城邦里最有可能找到正义，而在一个建立得最糟的城邦里最

① ［意］贝卡里亚：《论犯罪与刑罚》，黄风译，中国大百科出版社2005年版，第26页。

② 马克昌主编：《近代西方刑法学说史略》，中国检察出版社2004年版，第9页。

③ 林山田：《刑罚学》，台湾商务印书馆1985年版，第34页。

④ ［美］约翰·罗尔斯：《正义论》，何怀宏等译，中国社会科学出版社1988年版，第1页。

有可能找不到正义"[①]。佩雷尔曼指出应将形式正义和具体正义进行区分。诺锡克提出资格正义论，罗尔斯提出社会正义论，存在分配正义和矫正正义的多种形式。

古典学派所主张的报应主义，认为刑罚的价值在于正义的实现。这种正义包括道德的正义和法的正义，而公平是正义的核心。根据惩罚的原则，公正意味着放过无罪的人，并对有罪的人按照他们的犯罪行为成比例地惩罚他们。相反，不公正意味着惩罚无罪的人而放过有罪的人，或者对有罪的人的惩罚与他们所犯罪的严重性不成比例。[②] 同时，虽然正义是衡量法律之善的尺度，但在确定某一特定法规是可欲或不可欲的时候，它并不是唯一可适用的标准，建构一个法律制度，会遇到许多必须加以解决的专门问题，而这些问题的解决主要是依据权宜、功利和可行性等标准来进行的。[③] 由此引出功利主义的正义观。刑罚的正义体现于秉承最大幸福原理为终极原则。[④] 刑罚就以应防卫社会为目的，刑罚的正义体现于使罪犯不再为害，使多数人获得幸福安宁中。

因此，建立在个人正义和社会正义的基础上，刑罚的正义价值既体现在刑罚根据的合理存在，又体现在刑罚施用的合理性。在行刑阶段，正义既体现于报应之上，也体现于教育之上。

（2）自由。

自由是法律价值体系中的重要价值内容。孟德斯鸠这样评价自由，"没有一个词比自由有更多的含义，并在人们意思中留下更多不同的印象了"[⑤]。哈耶克指出"自由不只是诸多其他价值中的一个价值，而且是所有其他个人价值的渊源和必要条件。"[⑥] 马克思曾说，法律是自由的定在，在法律中自由的存在具有普遍性、肯定的合乎人的本性要求的性质，哪里的法律真正实现了人的自由，哪里的法律就成为真正的法律。因此，法律不是与自由相悖的

---

① ［古希腊］柏拉图：《理想国》，郭斌和等译，商务印书馆1986年版，第42页。

② ［美］罗伯特·考特、托马斯·尤伦：《法和经济学》，张军译，上海人民出版社1999年版，第402页。

③ ［美］博登海默：《法理学——法律哲学与法律方法》，邓正来译，中国政法大学出版社2004年版，第2页。

④ 边沁认为"最大多数人的最大利益"之所以成为头等重要的原则，因为它是衡量立法好坏的标准。参见于海：《西方社会思想史》，复旦大学出版社1993年版，第172页。

⑤ ［法］孟德斯鸠：《论法的精神》（上册），张雁深译，商务印书馆1995年版，第153页。

⑥ 邓正来：《哈耶克法律哲学研究》，法律出版社2002年版，第17页。

东西，更不是压制自由的手段，法律是人民自由的圣经。[①] 自由是公民最为重要最为基本的权利，自由是一种价值，对公民自由的任何限制，无论是通过直接的刑法，还是通过其他法律，都需要证成，说明限制自由的理由和条件。[②] 关于自由的定义，霍布斯在《利维坦》一书中指出，就其本意而言，自由指的是没有阻碍的情况，所谓阻碍，指的是运动的外界障碍，对无理性和生命的造物和对于有理性的造物同样可以适用。不论何物，如果由于受束缚或被包围而只能在一定的空间内运动，而这一空间又由某种外在物体的障碍决定时，我们就说它没有越出这一空间的自由。[③]

但个人的自由的保护并非是绝对的。例如，德国法学家耶林指出，保护个人自由并不是法律唯一的目的。法律的目的是在个人原则和社会原则之间形成一种平衡。因此，一方面，国家基于通过谴责罪犯非法行使自由权利侵害他人和社会利益的行为，来对罪犯实施合法剥夺其一定自由权利之权力。另一方面，在行刑过程中，罪犯仍有未被剥夺部分的自由权利以及附条件的自由，如获得减刑和假释就可被视为罪犯满足交换条件而获取的自由。

（3）秩序。

秩序价值是法律的基本价值。关于秩序的内涵，众多法学家均有丰富著述。例如，罗马哲学家奥古斯丁指出，秩序是有差异的各个部分得到最恰当的安排，每一部分都安置在最合适的地方。[④] 奥地利法学者凯尔森提出，"法律秩序不同于一切其他社会秩序之处就在于法律秩序以一种特种技术来调整人们行为的事实"[⑤]。美国学者庞德认为，人类联合的内在秩序不仅是法律最初的形式，而且直到现在为止，还是它的基本形式。

在刑罚执行中，对于恢复基于犯罪行为破坏的社会秩序及维持未来社会良好秩序的需要，古典学派以报应威慑为手段，重在已然之恢复；而实证主义学派以治疗矫正为手段，重在未来破坏社会秩序风险之预防。例如，边沁主张刑罚目的的实现，不要求刑罚的分量与犯罪的严重性相适应，而要求刑罚与犯罪的诱惑相适应。因此，他并不主张罪刑均衡，而认为刑罚的分量主

---

① 《马克思恩格斯全集》（第1卷），人民出版社1995年版，第71页。

② 张文显：《二十世纪西方法学思潮研究》，法律出版社2006年版，第455页。

③ ［英］霍布斯：《利维坦》，黎思复等译，商务印书馆1985年版，第162页。

④ 法学教材部编：《西方法律思想史资料选编》，北京大学出版社1983年版，第91页。

⑤ ［奥］凯尔森：《法与国家的一般理论》，沈宗灵译，中国大百科全书出版社1996年版，第27页。

要应该考虑犯罪人的主观情况与预防一般人犯罪的需要。① 因此，刑罚保障人权和保护社会的机能，应统一于公正与功利的平衡之上。所以，对秩序价值的遵从，是行刑的基本根据并贯穿于行刑的全过程。

（二）行刑政策的基本理论

1. 行刑政策概述

（1）刑事政策之基本理论。

刑事政策概念最早由德国教授克兰斯洛德和费尔巴哈所提出。克兰斯洛德认为，刑事政策是立法者为了预防、阻止犯罪、保护公民自然权利并根据各个国家具体情况而采取的措施。② 费尔巴哈则认为，刑事政策是国家据以与犯罪作斗争的惩罚措施的总和，是“立法国家的智慧”③。法国学者安塞尔将刑事政策视为观察的科学和组织反犯罪斗争的艺术和战略。

因英美法系国家将刑事政策纳入犯罪学的范畴，并无刑事政策的独立概念，故刑事政策系大陆法系国家独有的理论概念。刑事政策的定义包括五要素，即主体、对象、目的、手段以及目的与手段之载体。但刑事政策与法律并不同一，因此，只有将刑事政策对刑事法的制定与运行进行导向与调节限制在刑事法许可的范围内，才能够既保证刑事法刑事政策化的合理性，又实现刑事法刑事政策化的积极效应。④

刑事政策具有自身的构造。宏观意义上的刑事政策是一个系统化、集合化的概念，在纵向结构上由基本刑事政策和具体刑事政策构成；在横向结构上有三阶段说及四阶段说两种论说。三阶段说认为刑事政策由定罪政策、刑罚政策和处遇政策构成。⑤ 四阶段说认为刑事政策包括制刑政策、求刑政策、量刑政策和行刑政策。行刑政策是刑罚政策的重要组成部分。其中自由刑行刑政策又包括监狱行刑和社会行刑两部分。

刑事政策运行的三种模式主要包括国家本位模式、国家—社会双本位型和社会本位型三种类型。刑事政策本身涉及以刑事法律规范为标准的价值评价问题，涉及国家权力、社会权力和个人权力在怎样的范围内对什么样的事

---

① 邱兴隆、许章润：《刑罚学》，中国政法大学出版社 1999 年版，第 36 页。

② 卢建平：《社会防卫思想》，高铭暄、赵秉志主编：《刑法论丛》（第 1 卷）法律出版社 1998 年版，第 134 页。

③ ［法］米海依尔·戴尔玛斯－马蒂：《刑事政策的主要体系》，卢建平译，法律出版社 2000 年版，第 1 页。

④ 韩轶：《刑罚目的的建构与实现》，中国人民公安大学出版社 2005 年版，第 20 页。

⑤ 郭理蓉：《刑罚政策研究》，中国人民公安大学出版社 2008 年版，第 2 页。

项进行怎样的具体干预、控制活动。因此，在国家与社会的二元模式中，国家权力对公民生活的干预程度应当是适度的，市民社会一方面排斥政治国家的公权力对专属于市民社会生活领域的不正当干预，另一方面又不断地将其触须伸展到政治国家公权力甚至刑罚权作用的领域，配合政治国家对犯罪行为作出反应。[①] 在市民社会越发达的社会机制中，犯罪与越轨行为与国家反应之间的联系越松散，相应犯罪与越轨行为与社会反应之间的联系就越加紧密。[②]

（2）行刑政策的基本理论。

首先，现代行刑阶段作为独立刑事阶段，具有自身的特点，体现在行刑理念兼容性、行刑方法灵活性、行刑技术科学性、行刑资源社会性以及行刑与受刑的互动性等方面。而行刑政策作为刑事政策的组成部分，要贯彻刑事政策的基本原则，一是贯彻犯罪预防和犯罪控制的直接目的，二是实施教育改造的原则，三是执行轻轻重重的两极化对策。两极化对策，即轻轻重重。一方面，对不需要矫治或有矫治可能的犯罪、犯罪人，以宽松的刑事政策对待，另一方面，对不能矫治或矫治困难的犯罪、犯罪人，以严格的刑事政策对待。用本土话语论述，即宽严相济。[③]

其次，刑罚目的与刑罚政策具有紧密联系。目的刑观念是当代刑罚政策的基石。现代刑罚政策的任何变动都与某种刑罚目的观之间具有密切的联系，甚至是直接源自于某种刑罚目的观。刑罚目的作为观念而言是抽象的，但其作为政策可以具体化为各种制度和措施。[④] 因此，在行刑阶段，施刑政策是实现刑罚目的的介质。

---

① ［法］米海依尔·戴尔玛斯－马蒂：《刑事政策的主要体系》，卢建平译，法律出版社2000年版，第60～89页。

② 谢望原、卢建平：《中国刑事政策研究》，中国人民大学出版社2006年版，第103页。

③ 中国古代第一次明确提出诉讼宽严理论的思想家，当为春秋时期郑国的子产。他的宽严理论是，“夫火烈，民望而畏之，故鲜死之；水懦弱，民狎而玩之，则多死焉，故宽难”。《左传·昭公二十年》，子产的思想主张，诉讼宁严勿宽。孔子总结诉讼宽严对理论主张，载于其他文献两处。一是见于《左传·昭公二十年》：“仲尼曰，善哉！政宽则民慢，慢则纠之以猛，猛则民残，残则施之以宽。宽以济猛，猛以济宽，政是以和”。二是见载于《礼记·杂记》，“子曰……张而不弛，文、武弗能也。驰而不张，文、武弗为也。一张一弛，文、武之道也”。《唐律疏议·进律疏》在总结以往对历代王朝执法经验的基础上，深刻领悟到“轻重失序则系之以存亡，宽猛乖方则阶之以得丧”的道理。清朝深刻认识到宽严求平。“从来帝王用刑之际，法虽一定，而心本宽仁。”我国台湾地区将宽严相济称为宽严并进。

④ 郭理蓉：《刑罚政策研究》，中国人民公安大学出版社第57页。引自储槐植：《刑事一体化与关系刑法论》，北京大学出版社1997年版，第372页。

再次，行刑政策体现国家—社会的基本模式，为行刑社会化构建了模型基础，为减刑假释提供了制度空间。行刑政策的两级化对策也体现于减刑假释制度之中，如对累犯、暴力犯罪人、常习犯、被终身监禁的罪犯制定更为严格的实施标准和程序。对青少年犯罪人、初犯、偶犯和老年犯罪人，给予较为宽缓的处遇和简省的减刑假释程序。在立法例上，如《纽约州刑法典》的规定，因一级谋杀罪而被判刑的人不得使用假释。但同时就两级化的对策是否违反公平原则，引起了不同的论争，如有学者认为在现行的假释制度的运行中，存在着选择再犯可能性极低者，对其提供保护观察，实施指导、援助，而对于再犯可能性极高者则不提供任何援助的矛盾，有违国家责任的公平。①

最后，行刑政策是基于刑罚价值判断的科学决策。行刑政策的流变反映出刑法思想流派的基本观点。经理性、实证和人道发展，闪耀出法治和人权保障的光芒。行刑政策位于刑罚目的和刑罚规范之间的中介，催生了现代行刑人道化、个别化、社会化等具体行刑原则。

2. 减刑假释行刑政策的发展轨迹

（1）减刑假释行刑政策的产生与发展。

在近代启蒙思想的合理主义、人道主义的影响下，西方国家开始关注犯罪人的处遇，这是减刑假释制度诞生的时代背景。同时，新社会学派认为刑事政策的基础在于保护个人，在承认刑罚必要性的同时，认为刑罚不是唯一的，甚至不是主要的对付犯罪的工具②，为减刑假释制度以及其他社区刑罚提供了思想先导。国际社会对刑罚矫正目的的普遍确认，进一步推动了减刑假释的发展。国际会议对减刑假释制度的肯定以及各国相继建立减刑假释制度，是减刑假释政策蓬勃发展的现实依据。

此外，减刑假释适用的灵活性也反映了行刑政策的特征。例如，减刑假释程序弹性、适用标准的松紧弹性以及行政司法的混合弹性，及时灵活地对犯罪态势和行刑监管作出反应。例如，英国因无法控制新增犯人数量，司法部实施减少监狱人口的特别计划。据 2007 年 6 月开始实施的《终结看管协议》（End of Custody Licence）计划，部分囚犯被获准在刑期满一半的 18 天前释放。共计 1.6 万名罪犯被提前释放。

① ［日］大谷实：《刑事政策学》，黎宏译，法律出版社 2000 年版，第 275 页。

② 谢望原、卢建平：《中国刑事政策研究》，中国人民大学出版社 2006 年版，第 46 页。

（2）减刑假释行刑政策的转折。

作为实证学派理论支撑下的个别化和社会化的行刑制度产物，减刑假释的实施在20世纪60年代至80年代遭遇了巨大的挑战。

首先，实证分析报告使人们对减刑假释的功能产生了质疑。这种质疑最早来自于美国学者马丁森的报告。该报告得出“更新无效论”的结论，引发了人们对康复模式和重新复归模式指导下的美国矫正实践的效果的怀疑。在英国，假释的实证功效也经历了考验，如英国学者克里斯托弗运用数据分析假释申请者在假释后两年内的再犯可能性，其结果是并未发现假释能够降低再犯率的任何证据；80年代，由英国学者戴维斯·沃特推动，用纳托尔的风险预测工具检验假释对假释犯在假释监督两年后的影响，同样没有发现明显的效果。90年代，内政部的研究者托梅和马歇尔沿着分析囚犯样本的再犯罪率的路径继续进行，在9168名被假释人之间研究假释对降低再犯率的效果。但最终仍然难以得出至少在英格兰和威尔士假释能降低再犯率的确定结论。但在实验和研究的结果中，对假释对于再犯率的控制优于非假释犯得出了肯定性的答案。同时，英国的研究对于增强假释的功能提出了有益的建议，如假释委员会在处理有资格申请假释的人的申请时，没有考虑统计预测工具，会影响罪犯的再犯风险，以及对于再犯预测统计工具的信任以增加假释的科学性和预后性。建议假释委员会的成员被特别指导来仔细考虑这些得分，因为这些得分是获得囚犯第一手信息的专家赞同推荐的。① 由此，减刑假释行刑政策曾一度处于遏制减刑假释适用的低迷状态。

其次，高犯罪态势的现实进一步激发了人们对减刑假释制度的反思。在美国，犯罪率激增犯率居高不下、社会治安状况持续恶化的社会现实为人们的怀疑提供了合理而又充分的根据。因此导致20世纪70年代以后刑事政策向主张惩罚和威慑效应的新古典主义转向，并逐渐主导了美国的刑事政策。于是，减刑假释，特别是假释制度遭到了一些州的紧缩甚至废弃适用。至70年代末80年代初，美国的刑事政策已由罪犯进行监督的思想取代了罪犯再社会化的努力。这一进程的结果是取消假释委员会和整个假释制度。在欧洲，基于对假释制度的不信任以及犯罪的高增长而致的监狱人口膨胀，使减刑假释制度一度论为监狱人口的调节器，几乎丧失了以罪犯再社会化为目标的属性特征。

---

① Stephen Shute, Does Parole Work? The Empirical Evidence from England and Wales, Ohio State Journal Criminal Law, vol. 5, Fall, 2004.

（3）减刑假释行刑政策的理性复归。

首先，报应惩罚政策带来的罪犯激增引发了减刑假释复苏的开端。例如，在美国，自20世纪80年代以来，监狱人口爆满的危机又对强硬主义刑事政策指导下的矫正实践产生了巨大的影响。因此，美国又扩大了假释的适用，联邦以及限制取消假释的州又纷纷恢复了假释。① 例如，最先取消假释的迈阿密州于1983年开始恢复假释，其他的州也相继得以恢复。虽然加利福尼亚州尚未改变三次暴力犯罪不得假释的规定，但对其他罪犯的假释比例有所增加。②

其次，各国家及地区对待假释更加理性，基于犯罪原因的多元以及犯罪人格环境的差异，各国家及地区逐渐认识到仅依靠假释来降低再犯率不仅期望过高，并且并不具备合理性。此外，各国家及地区正努力剔除假释中的任意因素，改造假释的运行过程增强假释的功能。例如，在1990年到1999年期间，自由裁量的假释在美国的适用下降了近20%，同时，强制假释释放增加了一倍。一些州对特定的犯罪者限制了获得假释资格的时间。再犯分析预测工具不断得到研究和开发，以帮助提高预测的准确性。美国加利福尼亚最高法院指出，许多法律和科学机构相信，尽管经过一段时间（服刑时间）不是一个考量再犯的因素，但专家和未来危险的预测者对罪犯未来人身危险性的估量并非绝对不可相信。

最后，较复归前，各国家及地区对于长刑的高风险罪犯的假释给予了更多的关注。例如，英国在2003年《刑事司法法》中明确提出在影响到是否假释时，立法应将重点更多地置于那些被认为是高风险的罪犯。因为假释体系的高低风险划分限制了一些罪犯被授予假释的可能性，因此可能产生负面效果，即对鼓励长刑罪犯改变他们犯罪行为模式的努力产生有害效果。③

---

① 美国的制度选择以现实的功利主义为主导。他们在权衡假释的利弊后，重新启用了假释制度。他们认为假释的弊端主要在于：第一，假释监督在降低再犯率上并不有效。第二，对假释监督的正当性，有越来越多的哲学争议。第三，认为承担假释监督任务的机构通常是人手不足的，假释监督官缺乏培训，低薪，同时工作负荷过重。而假释的益处也非常清楚，就是减短监禁量，可以节约大量的金钱和时间，并且没有不十分明显地增加矫正的失败。他们甚至研究细节得出结论，即被假释人被假释后的第一年非常关键，有超过一半的被假释人在假释后的第一年重新回到监狱。同时，发现被定罪为谋杀和屠杀的假释犯再犯率很低，被定罪为财产性犯罪者，如夜盗、偷车、伪造犯有很高的失败率时，40岁以下的被假释犯没有40岁以上的假释犯表现好。黑人犯在头6个月的假释时间中比白人犯表现稍差。同时，土著印第安人的表现是最差的。综合利弊，因此他们选择恢复假释制度。See Harry E Allen, Chris W Eskridge, Edward J Latessa , Gennaro F. Vito, Probation and Parole in America, the Free Press, 1985, p. 252.

② 柳忠卫：《美国行刑社会化的历史解读和现实启示》，载《云南大学学报》2004年第3期。

③ Stephen Shute, "Does Parole Work? The Empirical Evidence from England and Wales", Ohio State Journal Criminal Law, vol. 5, Fall, 2004.

（三）人身危险性理论

1. 人身危险性的基本理论

人身危险性是随着刑事实证学派崛起而产生的一个概念。最早阐述人身危险性理论的是龙勃罗梭，他的天生犯罪人论蕴涵了人身危险性的思想。刑法古典学派关注的是犯罪行为而非犯罪人，只有刑事实证学派才将理论的触角伸向犯罪人，从而完成了由犯罪行为到犯罪人的划时代转变。人身危险性正是作为犯罪人的一种特征被揭示的，并且建立在应受刑罚的不是行为，而是行为人这一命题之上。① 但从龙勃罗梭、加罗法洛、菲利到李斯特，没有一位学者明确提出人身危险性的概念，但他们的观点中都不同程度地表述了对人身危险性的一定认识。②

关于人身危险性的内涵是仅指再犯可能性或再犯可能性与初犯可能性两者，横跨犯罪学和刑法学两个领域，论争由来已久。但初犯与人身危险性的关系逐渐得到承认，由此双向论得到了广泛的肯定。西方学者所提出和使用的人身危险性概念，不只是包括已实施犯罪者再犯罪的可能性，而且在一定程度上包括尚未犯罪的人犯罪的可能性。新派学者所主张的对尚未犯罪但有人身危险性者施加的预防性拘禁中的人身危险性，便是指的初犯可能性。人身危险性与刑罚个别化直接相关。刑罚个别化指刑罚应该与犯罪人的人身危险性相适应，即对犯罪人处什么刑罚，处多重的刑罚，不应该依照犯罪造成的外部的实际损害的大小来决定，而应依照犯罪人的人身危险性（犯罪人以后再次犯罪的可能性）大小。③

人身危险性的构成是以罪犯人格为核心，以社会和自然环境为外部条件，以罪犯的行为表现为外在表征的系统。其中，犯罪人格对人身危险性起着决定作用，是人身危险性形成和存在的内部根据，而社会和自然因素如气候、地理、经济、文化等因素对罪犯的作用一般都是共同的或普遍的，因而只是人身危险性形成和存在的外因。同时罪犯的外在行为表现可以为我们评价人身危险性提供客观的根据。④ 因此，人身危险性与人格调查具有联系，但人身危险性与人格调查范畴并不相同。人身危险性的认定包含了已然犯罪的情况、犯罪人表现、犯罪人个人情况和环境情况几大因素。而人格调查只是犯

① 陈兴良：《刑法的启蒙》，法律出版社 1998 年版，第 209 页。

② 柳忠卫：《假释制度比较研究》，山东大学出版社 2005 年版，第 88 ~ 89 页。

③ 孙雯：《论行刑个别化原则之确立》，载《安徽警官职业学院学报》，2002 年第 1 期。

④ 许永勤，陈天本：《刑罚执行中的人身危险性研究》，载《中国人民公安大学学报》2006 年第 3 期。

罪人个人情况中的一个部分。故人格调查并不能完全替代人身危险性测量。

2. 犯罪预测与再犯预测

人身危险性是刑罚适用中的重要概念和依据。犯罪人人身危险性的大小，表明了犯罪人改造的难易程度。因为所谓所处刑罚与犯罪人的人身危险性大小相适应，实际上也就是与犯罪人改造的难易程度相适应。犯罪人的人身危险性大也就意味着改造起来比较困难，改造所需的时间就长。与之相适应，所处的刑罚也要重一些。反之，犯罪人的人身危险性小意味着改造起来比较容易，改造所需的时间就短。[①] 因此，人身危险性理论为减刑假释等行刑制度提供了依据。故人身危险性理论对行刑公正理念和行刑制度内容产生了深刻的影响。

另外，人身危险性是关于罪犯未来犯罪风险的量化预测，因此建立在具体测量因素之上。犯罪预测，即是由犯罪者或非行者过去之生活经历资料中，检选影响犯罪的重要因子（即预测因子），以科学的方法预测将来限丁犯罪或非行可能性之有无及其程度。[②] 而再犯预测主要预测犯罪人在释放后是否能够顺利复归社会的问题，因此又称为犯罪者之社会预测。[③] 再犯预测作为犯罪预测的主要类型，具有特定的内容，指依据制约个体犯罪的社会、生理和心理等因素，估计和推断犯罪个体在刑满释放或假释之后重新犯罪的可能性程度。[④] 再犯预测依其理论属性和方法特点大致可分为犯罪生物学派和犯罪社会学派。前者以德国学者为代表，主要根据临床观察所得的反映各类犯罪生理及心理特征的因素，经精神病学和心理学家对罪犯人格特征的综合性直观判断，作出其有无再犯倾向的预测。后者由美国学者于 20 世纪 30 年代首创，主要根据社会学及概率论原理收集和确定制约罪犯再犯的社会、心理和生理等多类预测因子，以较为客观和科学的计量方法测定再犯可能率。[⑤]

3. 人身危险性测量方式简述

人身危险性的预测在量刑阶段和行刑阶段均有适用。例如，在英国，在量刑阶段人身危险性预测报告内容包括：（1）犯罪情况（与犯罪有关的各种主客观因素）；（2）犯罪人的情况；（3）被害人情况；（4）量刑建议。[⑥] 但

---

① 周振想：《刑罚适用论》，法律出版社 1990 年版，第 256 页。

② 张甘妹等：《再犯预测之研究》，台北法务通讯杂志社 1987 年版，第 3 页。

③ 张甘妹等：《再犯预测之研究》，台北法务通讯杂志社 1987 年版，第 3 页。

④ 杨春洗等主编：《刑事法学大辞书》，南京大学出版社 1990 年版，第 633 页。

⑤ 陈兴良：《刑法哲学》，中国政法大学 2004 年版，第 113 页。

⑥ 吴宗宪等：《非监禁刑研究》，中国人民公安大学出版社 2003 年版，第 374 页。

是在执行刑罚时，还需进一步对犯罪人进行系统、恰当的评估，评估因素如包括反社会的观点、对被害人缺乏同情、缺乏自我控制、药物滥用、经济问题、情绪、住房、环境问题等。

美国学者伯吉斯1928年对伊利诺伊州矫正机构所假释的3000名罪犯进行的研究，是世界上最早的再犯预测表。美国哈佛大学卢克夫妇1930年的《500名犯罪者之经历》一书，收集假释犯入狱前、入狱中、假释中、假释后四个阶段的各种资料，选出犯罪可能因子50个，再运用统计技术，选出8个与犯罪有重大关联的因子，进行再犯预测。

西方国家目前对人身危险性的认定均采取定量分析和定性分析两种形式。定量分析是自然科学的研究方法应用到对人身危险性预测领域的结果，该方法主要由两个步骤组成，其一是形成预测指数，其二是验证。① 实务中的人身危险性评估模式主要是统计与临床方式。统计评估法，是指将有关罪犯重新犯罪的情况和信息一一列举，折成分值，评估的内容包括静态的和动态的、不变的和可变的因素，通过统计，将罪犯划分为不同的危险性等级。临床评估法是指，由心理学家或犯罪学家依据其理论知识和实践经验，通过对当事人进行访谈和观察，综合评估罪犯的个性、狱内行为及犯罪行为等因素，对有关当事人是否会在今后实施犯罪作出判断或对其潜在的危险性得出结论的过程。② 此外，还有直觉评估作为补充，主要指司法工作人员基于自身的专业训练和经验与罪犯直接接触，并参考罪犯相关背景，预测再犯可能性。因此，对于人身危险性的评估，宜以统计方式为主，临床和经验方式为辅，定性分析与定量分析相结合，得出分析结论。

各国或地区在评估中常用的量表有：

（1）人格测量量表。

艾森克人格测验（epq）。英国心理学家艾森克（H. J. Eysenck）等人编制的一种有效的人格测量工具。人格问卷包括88个项目，让被试根据自己的情况回答是否，然后按照计分标准登记分数，用以测量人格结构的三个度：内外向、精神质和神经质。

卡特尔16种人格因素测验（16pf）。卡特尔16种人格因素测验是美国心理学家卡特尔经过多年的研究，运用一系列严密的科学手段研制出的16pf量

① 林亚刚、何荣功：《论刑罚适度与人身危险性》，载《人民司法》2002年第11期。

② 张亚军：《论社区矫正中的人身危险性评估》，载《河南公安高等专科学校学报》2008年第6期。

表。他把人类行为的1800种描述称为人格的表面特质，并将这种描述通过因素分析的统计合并成16种因素，称这16种因素为根源特质。

明尼苏达人格测验（mmpi）（明尼苏达多相人格测试mmpi测试）。对心理健康和心理素质进行比较全面的测量，主要用于测量心理健康水平，提示个性心理特征，及时发现心理异常和疾病。

（2）人身危险性测量量表。

美国威斯康星危险评价工具。这份量表由贝尔德（Baird）、海因茨（Heinz）、贝莫斯旧（Emus）于1979年编制，量表包括10个方面的问题，每个问题有3种答案，不同答案有不同的得分，最后根据总分来划分罪犯的危险性。

此外，较为广泛适用的还有Sir量表，包括年龄、婚姻状况及与犯罪历史有关的因素；vrag量表，主要适用于评估暴力犯罪，包括心理治疗分数、犯罪史、人格障碍、家庭关系等诸项因素；taf量表包括情感、认知、行为三个评估部分①。

（3）再犯预测量表。

美国芝加哥大学教育布尔杰斯（Burgess）预测。包括犯罪之性质、共犯者之人数、双亲之状态、婚姻状态、犯罪之类型、社会类型、犯罪行为地、近邻之类型、宣告刑之性质与长度、假释前实际所服之刑期、以前之犯罪记录、以前之职业记录、机构内之惩罚记录、释放时的年龄、性格类型及精神医学的诊断等21个预测因子。

美国哈佛大学教授葛鲁克（Glueck）假释预测。收集入狱前、入狱中、假释中和假释后的四阶段中各种资料，选出犯罪可能因子50个，然后运用统计方法，再检选与犯罪具有重大关联的因子8个，以作再犯之预测。对于50个因子的每个因子设定二至四个细目，并对全体对象，根据其假释后之生活情况，分为成功、部分失败及失败之三种类型。

美国伊利诺伊州矫正部研究员欧林（Ohlin）预测。对布尔杰斯的方法进行了改进，包括犯罪罪名、判决刑期、犯罪人类型、家庭之状态、家属之关心、社会的类型、职业经历、出狱后工作之适当性、居住社会、共犯人数、人格、精神医学的预后的常用12个因子。

加利福尼亚基本预测估分制。1972年，美国假释委员会采纳了相似的测量法，后改进为突出因素分数制，作为假释准则的一部分，即包括犯罪历史、

---

① 宋胜尊、吴炳林：《罪犯危险性评估》，载《中国监狱学刊》2004年第5期。

监禁历史、前犯罪被监禁的年龄、本次犯罪监禁年龄、监管中的不良记录等六个因素。得分高的为再犯可能性低，得分低的为再犯可能性高。

我国台湾地区再犯预测。系八因子再犯预测表。包括以前的犯罪记录、家庭经济责任、不良的交友关系、入狱前的职业记录、勤劳习惯、特殊机能、出狱后职业之适当性、出狱时的年龄八个因子。①

此外，我国在再犯预测方法上也加强了研究。例如，上海市监狱局 1992 年制定了定量分析体系，选取了 12 种因素与重新犯罪关系密切的因子进行分析，如家庭关系、安置情况、帮教情况、婚姻状况、判刑次数、经济状况、出狱年龄、犯罪种类、刑前职业、刑期和户籍地等。但在预测因子的系数权重分析工具与方式上与先进国家尚有差距。

4. 人身危险性理论之评述

罪刑相适应原则在刑罚执行过程中的表现特点是重在犯罪人的人身危险性的消长变化，兼及犯罪性质与犯罪情节。如果犯罪人在刑罚执行过程中积极悔改，人身危险性的减失比预先估计的快，那么，就应当对原判的刑罚进行调整，即适当减轻原判刑罚。这突出地体现了刑罚与行为人的人身危险性相适应的理论原则。

人身危险性的测量存在局限，首先是判断的主观性。实证学派的人身危险性理论具有绝对化的弊端，极有可能践踏罪刑法定原则。因为依据人身危险性的理论，刑罚的裁量、执行均以人身危险性为唯一标准。导致轻罪重罚、重罪轻罚的刑罚随意性，侵害司法公正和人权保障。因此，应对其进行充分的理性认识。其次是人身危险性本身具有继续可能性和反复性，因此其动态性变化较难把握。最后是不论是直觉法、临床法还是统计法，其测量评估的误差客观存在，不可完全依赖和相信。由于预测是基于过去和现在的已知，而过去和现在毕竟还不是未来。因此，预测未来难免会出现某些误差。而减少误差的关键在于预测方法的科学性。②

对报应和社会正义有着深厚情结的大陆法系学者对人身危险性理论具有相当多的质疑。例如，前苏联著名刑法学家 A. H. 特拉伊宁曾说：“人类学者们把犯罪人置于时间和空间之外，把犯罪人看成在任何时间和任何条件下都注定犯罪的某种生物学上的个体。在这种理解下，犯罪行为就丧失了它的决定性的意义，就不再是犯罪的核心了。犯罪行为便只具有次要的意义，即证

---

① 张甘妹：《刑事政策》，台湾三民书局 1978 年版，第 187～200 页。

② 陈兴良：《法哲学》，中国政法大学出版社 2004 年版，第 129 页。

明人生来有犯罪天性的那种外部征候的意义。因此，人类学者们容许对没有实施具体犯罪的人适用刑事制裁。”①

因此，应该辩证地看待人身危险性评估。一方面，危险性评估是实现现代刑罚目的重要内容，具有科学性和先进性。在减刑假释适用中具有重要的参考价值。另一方面，人身危险刑评估具有天生的局限性，不可夸大其功能，导致迷信。

（四）行刑个别化原则

1. 行刑个别化原则概述

（1）行刑个别化的发端。

行刑个别化发轫于实证刑事学派。1869 年，德国刑法学教授沃尔伯格首先提出了刑罚个别化原则，经过法国学者塞莱尔斯进一步的理论化，刑罚个别化得到了绝大部分实证派学者的拥护，并对世界各国刑罚制度产生了深刻的影响。这一原则的核心是：对于不同类型的犯罪人，应该适用不同的刑罚方法，刑罚应该与犯罪人的人身危险性相适应。② 折中说理论进一步深化了行刑个别化理论，并推动其进一步发展。行刑的指导思想按照报复性惩罚——惩罚威慑为主——矫正为主——惩罚与矫正相结合——惩罚、改造与回归社会的三位一体的轨迹，逐渐加以发展和演变。由此，现代意义上的行刑个别化由折中论所催生。

（2）行刑个别化的概念。

行刑个别化的依据是罪犯的人身危险性及其由此衍生的罪犯矫正需求的差别性。行刑个别化包含于刑罚个别化的范畴之内。关于刑罚个别化的代表性概念表述有：第一，刑罚个别化即是指法官在适用刑罚时，要充分考虑犯罪人的人身危险性。③ 第二，刑罚个别化是指根据犯罪人的个人情况，有针对性地规定和适用相应的刑罚，以期有效地改造罪犯，预防犯罪的再次发生。④ 第三，刑罚个别化是以个别预防为基础，以人身危险性为核心，与一般预防相对立，且与报应相排斥的刑罚理念。⑤ 关于行刑个别化的代表性概

---

① ［苏］A. H. 特拉伊宁：《犯罪构成的一般学说》，王作富等译，中国人民大学出版社 1958. 年版，第 71 页。

② 邱兴隆、许章润：《刑罚学》，群众出版社 1988 年版，第 22 页。

③ 周振想：《论刑罚个别化原则》，载高铭暄、赵秉志主编：《新中国刑法学五十年》（中册），中国方正出版社 2000 年版。

④ 曲新久：《刑法的精神与范畴》，中国政法大学出版社 2000 年版，第 274 页。

⑤ 邱兴隆：《罪与罚演讲录》，中国检察出版社 2000 年版，第 89 页。

念表述有：第一，行刑个别化也称矫正个别化或处遇个别化，是行刑机关对罪犯的矫正和处遇个别化。[①] 第二，行刑个别化的基本内涵是指在行刑过程中，行刑机关以罪犯所负的刑事责任为基准，根据罪犯的个人情况，主要包括再犯罪可能性大小和再社会化的需要两个方面的情况而采取不同的矫正方法和处遇措施，以实现罪犯重返社会的行刑原则。

在刑罚个别化的概念中，第一种概念认为刑罚个别化仅适用于量刑阶段，缩小了刑罚个别化的适用范围；第二种、第三种概念均认为刑罚个别化是特殊预防的内容，而与一般预防相排斥，具有局限性，刑罚个别化的理论基础是综合论，即刑罚报应和功利的统一。因此，刑罚个别化并不与报应对立，同样要体现一般预防的内容，如对暴力犯罪人、性犯罪人的行刑措施从严、对于终身监禁者规定不得假释等，起到遏制犯罪的作用。行刑个别化是刑罚个别化的内容之一。在行刑个别化的概念中，第一种概念未明确指出行刑个别化的核心基础罪犯人身危险性内容，过于简单失之全面。第二种概念的优点在于指出了行刑个别化中罪犯改造的需求差异，但同时具有两大缺陷。其一，行刑个别化的基准不是罪犯的刑事责任，而是人身危险性。刑事责任是对犯罪行为社会危险性与犯罪中反映的人身危险性（主观恶性）的法律诘责，并以社会危险性为主导因素。其二，行刑个别化的最终目的是通过罪犯再犯率降低的手段来防卫社会，但在概念中未予明确。

（3）行刑个别化的内容。

行刑个别化的内容包括分类个别化、矫正个别化、处遇个别化和矫正质量评估个别化。具体体现在罪犯入监、改造中期和出监前三个阶段。此外，作为刑罚执行的基本原则，行刑个别化与行刑社会化共同对行刑措施产生指导作用。同时，基于行刑人道是行刑原则中的基础原则，故行刑个别化要贯彻行刑人道的基本内容。

2. 行刑个别化原则的作用

第一，确保矫正有效性。在自由刑的执行阶段，整个刑事法制所面对的是绝大多数罪犯必然回归社会的问题，此时行刑与社会相衔接的现实需要显得迫切，刑罚对已然犯罪的报应不再是静态的报应，而法律的价值取向也趋于综合化，行刑个别化原则作为报应刑的补充被突出强调，自由刑的执行趋于动态变化。[②] 刑事执行个别化要求在刑事执行过程中根据罪犯的不同情况，

---

① 陈兴良：《刑法的价值构造》，中国人民大学出版社 1998 年版，第 188 页。

② 王利荣：《减刑运作与刑罚合理弹性》，载《云南大学学报》2001 年第 1 期。

以实现刑事执行的目的为宗旨，对罪犯实行最具有针对性的改造。[①] 故行刑个别化可根据特殊罪犯的不同改造需求，增强罪犯改造的针对性。因此，行刑个别化是矫正措施多样化的理论基点，在一定程度上支撑着罪犯矫正思想和方式的发展。

第二，实现剥夺罪犯犯罪能力合理化。如果犯罪分子再犯罪的可能性大，在刑罚执行中可以采取各种从严控制与管理的处遇；如果犯罪分子再犯罪的可能性小，在刑罚执行中可以来取各种从宽控制与管理的处遇，与剥夺犯罪能力合理化的要求相适应。因此，刑罚执行个别化可以促使剥夺罪犯犯罪能力的合理化。

第三，促进罪犯再社会化。其表现在挑选假释适格罪犯进行社会内处遇，创造罪犯半假释、半自由的再入社会的过渡阶段。为罪犯制订个别的矫正计划，增强罪犯适应社会的能力，为其再社会化做好准备等。所以行刑个别化同时也是实现罪犯再社会化的重要途径和方式。

3. 减刑假释与行刑个别化原则

行刑个别化理论对减刑假释制度的产生发展具有重要的影响。首先，减刑假释的产生发展以个别矫正理论为基础，如实证学派中的更新模式论者认为罪犯犯罪是因为他们没有经历一个正常的社会化过程，所以需要对他们进行重新社会化，其途径是通过不同的矫正项目，如教育、工作训练、咨询等，祛除他们的犯罪动力。社区模式则是通过缓刑、假释、中途训练所等非监禁形式使罪犯适用社会生活，提高他们的工作技能和社会交往能力的矫正模式。[②] 其次，减刑假释的实体条件贯彻了个别化的原则，如假释监督中监督条件的个别化确立。最后，减刑假释的实施程序体现了个别化，如是否与假释申请人见面、假释准备中假释官协助罪犯具体制订不同的假释计划，对于不同的罪犯确定是由假释委员会成员单独听证还是由假释小组共同听证等。

（五）行刑社会化原则

1. 行刑社会化原则概述

（1）行刑社会化的产生与发展。

行刑社会化是在实证学派理论的支撑下建立和发展起来的。实证学派认为罪犯的犯罪原因是多元的，社会具有一定的责任。重视罪犯的主体性和社

---

① 力康泰、韩玉胜：《刑事执行法学原理》，中国人民大学出版社 1998 年版，第 67 页。

② ［德］李斯特：《德国刑法教科书》，徐久生译，法律出版社 2000 年版，第 428 页。

会属性，打破意志自由绝对论，因此，罪犯在监狱接受惩罚并非刑罚执行的唯一内容。教育刑则暗含了行刑社会化的内容，因为教育刑是以罪犯重返社会为目的的。在联合国刑事司法准则的推动下，行刑社会化的思想得到了进一步的发展，如《囚犯待遇最低限度标准规则》提供了具有示范意义的监狱管理和罪犯处遇方面的国际标准，对推动各国的监狱立法和监狱改革、促进罪犯人道待遇产生了积极作用。该标准规则第 61 条明确指出：囚犯的待遇不应侧重于把他们排斥于社会之外，而应注重他们继续成为组成社会的成员。因此，应该尽可能请求社会机构在恢复囚犯社会生活的工作方面协助监狱管理人员。第 64 条进一步指出：社会责任并不因囚犯出狱而终止。所以应有公私机构能向出狱囚犯提供有效的善后照顾，其目的在于减少公众对他的偏见，便于他恢复正常社会生活。

（2）行刑社会化的概念。

行刑社会化是指在执行刑罚过程中，为避免自由刑的不良后果，通过减少监狱与社会的隔离程度，加强罪犯与社会的联系，帮助罪犯掌握生活技能与相关社会知识，塑造正常人格，促成罪犯复归社会，而采取的确保罪犯与社会生活保持联系的行刑措施。我国学者关于行刑社会化的定义至少在以下几个方面存在共识。其一就其本质而言，行刑社会化反对传统的封闭式、隔离式的监狱管理模式，强调罪犯与社会的交流与互动，充分调动社会资源参与罪犯的教育改造。其二就其对象而言，行刑社会化发生于行刑领域，其所针对的是被执行刑罚的罪犯。其三就其目标而言，行刑社会化旨在促使犯罪人顺利复归社会，成为守法公民，预防再犯罪。但同时，关于行刑社会化的以下方面存在分歧。其一关于行刑社会化的性质，究竟为刑罚执行措施还是社会工程具有争论。其二关于行刑社会化的主体仅限于监狱还是包含多种社会力量。其三关于行刑社会化的对象仅限于自由刑还是包括其他刑种。笔者认为，第一，行刑社会化是一种社会工程。行刑社会化是社会学派的重大贡献，扩充了行刑的主体和内容，增强了行刑功能，使行刑具有社会学意义。第二，行刑社会化广泛吸纳各种社会资源和社会力量参与对犯罪犯的教育改造。因此，其主体的多元化状态中当然包括各种社会力量。行刑社会化命题的产生本身就是为了克服监禁刑的固有缺陷，防止狱内犯人的监狱化。[①] 第三，行刑社会化不限于自由刑。广泛的非监禁刑的适用正是直接秉承了行刑社会化的理念。

---

① 武玉红：《行刑社会化的内涵构成及实施载体》，载《华东政法学报》2008 年第 4 期。

（3）行刑社会化的内容。

行刑社会化的内容主要包括三个方面，即行刑场所社会化、行刑主体社会化和行刑内容社会化。西方监狱推进行刑社会化的主要措施有：一是设置开放监狱，采纳设置开放级处遇意见，使罪犯接近社会服刑，或在社会中服刑。二是广泛采用累进处遇制，使罪犯逐步接受社会，直至假释。三是推行请假离监制度，对符合条件的罪犯允许离监。① 作为现代行刑理念，行刑社会化深入到各国家或地区的行刑实践中，各国家或地区的形态不一。有的国家或地区虽然没有行刑社会化的概念，但却有着丰富的行刑社会化的内容和精神，如俄罗斯。而有的国家则直接将行刑社会化的原则写入刑事法律中，如日本。

（4）行刑社会化原则的地位。

行刑社会化原则在行刑原则体系中具有重要地位。其不仅是刑事执行的基本原则，也是刑事执行的首要和核心的原则。行刑社会化原则反映着使罪犯复归社会的这一终极意义的目标，浓缩了刑法的人文关怀精神，其他的一些刑事执行原则，如行刑教育性原则、行刑个别化原则，都可视为行刑社会化原则的派生和展开，均服务于罪犯再社会化这一目标。② 但同时，一些学者也持有不同观点，如曲新久教授认为行刑社会化原则是从属于行刑个别化原则并直接为其服务的，正是为了个别刑化、个体化的处遇受刑人，行刑社会化才有必要。③

2. 行刑社会化原则的作用

第一，有利于罪犯顺利再社会化。开放式处遇弥补封闭式处遇的不足，合乎尊重受刑人尊严，促进犯人改造自新重返社会的犯罪人处遇理念，同时，有助于行刑经济的效率化。④ 把犯人带出正常社会并置于异常社会中，并以此希望他们在释放后能适应社会，这既不可能，也不符合逻辑。美国前俄亥俄州康复与矫正署前署长贝内特 · J. 库珀支持社区矫正的观点。因此，行刑社会化可避免罪犯形成监狱人格，帮助罪犯顺利实现复归。例如，在美国2005 年财政年度期间，约 12500 名市民自愿在联邦工作四次或四次以上。联邦行刑机关发起了 230 多项社会工作和社区服务计划，约 4200 名囚犯参加了计划。这些活动支持和帮助了 15 个以上不同的联邦部门和组织，140 多个不

① 张全仁主编：《监狱行刑学》，中国物价出版社 2003 年版，第 86 页。

② 冯卫国：《行刑社会化的内涵解读》，载《犯罪与改造研究》2003 年第 7 期。

③ 曲新久：《刑法的精神与范畴》，中国政法大学出版社 2000 年版，第 84 页。

④ ［日］大谷实：《刑事政策学》，黎宏译，法律出版社，第 229 页。

同的州和地方机关或组织。[①]

第二，有利于全面构造行刑体系。刑事执行的社会化原则，要求调动社会各方面的力量，积极参与这项工作，将矫正罪犯作为一项社会系统工程。因此，监狱行刑社会化实际上是一个行刑机构、罪犯和社会三者之间的互动过程。行刑社会化的顺畅运作，需要在上述三者之间形成良性互动的关系；同时，还需体现在国家刑事司法系统内部的协调和制衡关系中，即形成一个健全、完整的刑事运行机制。[②] 此外，行刑社会化也能发挥社会力量对国家权力的干预作用。权力是权利的衍生形态，国家权力的存在以维护一定阶层群体的利益为基础。市民社会作为一种中介组织，可以在一定程度上限制国家权力的扩张行使。

第三，遏制监狱权力的滥用。行刑社会化打破了监狱的完全封闭状态，有助于犯人的合法权利得到维护和实现。尤为重要的是监狱民主是对监狱的专制与任意的否定，其实质在于对罪犯作为一个群体的意志与利益的重视和保护。公民权利与国家权力此消彼长。公民具有强烈的权利意识和权利观念，在一定程度上能抵消国家权力的非法扩张和滥用。

3. 减刑假释与行刑社会化

减刑假释的适用正是行刑社会化的产物。减刑的社会化则体现在刑期的缩短，为早日社会化之准备及从重刑种减至轻刑种中体现出的与社会联系的增强。此外，减刑假释中罪犯的改造自新本身也体现了行刑社会化，即在罪犯改造中打造行刑机关内外两股力量的矫正合力。

二、减刑假释的程序法基础

（一）减刑假释的权属性质

1. 减刑

（1）减刑的本质。

恩惠说。减刑是国家利用刑罚权对服刑中表现良好的罪犯减轻刑罚的恩赐。例如，英国学者评论在监狱内实行减刑以达到监管目的的重要性提出：担心失去减刑机会的风险，已成为对付懒惰和犯错误的强有力的威慑力量。在这一有益的规定影响下，罪犯们在言行和举止上有着明显的改进。1907年，英国诺赛姆普顿监狱的典狱长在其报告中提出减刑有助于加强典狱长维

---

① 王志亮：《外国刑罚执行制度研究》，广西师范大学出版社2009年版，第508～509页。

② 储槐植：《刑事一体化与关系刑法论》，北京大学出版社1997年版，第302页。

持纪律，能够有选择地对罪犯施以刑罚。①

第一，恩惠说是早期减刑的典型理论，不论是美国纽约州的减刑法还是澳大利亚的狱分制，都将减刑视为国家的恩典，让罪犯免于应服而未服的刑罚。第二，恩惠说与古典学派的道义责任论相契合，主张刑罚是对罪犯犯罪的报应，行刑是罪犯向国家和个人赎罪的过程。第三，在恩惠说支配下，罪犯完全沦为了客体地位，是国家施刑的对象，罪犯的权利随着审判行刑而被剥夺。第四，恩惠说隐含着国家减刑权力的不可对话。刑事减刑和宪法意义的赦免理论同一，故产生了刑罚减刑和赦免减刑界限的模糊。

将减刑作为恩惠催生了减刑制度，在以报复为中心的刑罚执行制度中开辟了新的形式，客观上奠定了现代减刑制度的基础，引发了人们对罪犯权利的思考，但同时也具有较大的历史局限性。主要表现在：第一，缺乏国家权力与罪犯个人权利的对接机制，罪犯的受动特征必然影响到改造的能动性。第二，权力的恣意属性。一旦个人的权利受到侵害无从救济。第三，减刑恩赐的出发点重在对监内秩序的维持，故而看重罪犯的外部行为表现，而对罪犯内心的矫正和向善关注不够，从这点上说，与教育刑目的的理论相悖。因此，恩惠说曾被视为近代减刑的核心论点，但在现今已不占主导地位。

奖励说。奖励说认为减刑是因受刑人达到了矫正机关的阶段性改造要求，矫正机关给予罪犯的一种奖励。奖励实质上处于恩惠和权利的中间状态。相比恩惠以维持监内秩序为动机，奖励更为关注罪犯改造的能动性，对罪犯的良好表现进行褒奖，为罪犯树立矫正行为目标，更切合教育刑的目的。因此，从恩惠说将罪犯视为机械客体到奖励说开始思考刺激罪犯的改造热情，具有进步意义。但同时奖励对罪犯的权利仍然是漠视的。奖励是权力机关单方给予的，罪犯没有参与的权利，故没有获得具有影响力的预期手段。我国现行的减刑制度理论就停留在奖励说阶段，认为减刑是对表现良好罪犯的刑事奖励。

权利说。将减刑视为罪犯的权利，是在刑事诉讼中增强人权保障的成果。国家或刑罚权主体与受刑者传统的单向关系变成了具有社会意义的权利义务相对关系。国家有对罪犯适用刑罚的权力，也有对他们施以扶助、挽救的义务；罪犯有依法接受国家刑事惩罚的义务，也有请求扶助、挽救的权利。②

---

① 鲍圣庆：《减刑、假释的理论与实践》，吉林人民出版社 1992 年版，第 123 页。

② 柳忠卫：《假释制度比较研究》，山东大学出版社 2005 年版，第 17 页。

减刑权利论真正将罪犯置于了主体地位，罪犯权利具有了与国家刑罚权力相对应的位置，权力与权利能够进行博弈。同时，罪犯可以对自我行为进行调控，以真正实现教育矫正的目标。权利论本身也是刑罚理论纵深发展的结果。《世界人权宣告》、《囚犯最低限度标准规则》等国际公约都推动了减刑权利论的发展。

减刑权利说的中心论点是减刑是罪犯基于良好表现应该获得的成果，是罪犯权利的实现，而非国家的恩赐。事实上美国早期善行折抵中出现的减刑是对表现良好的罪犯的报酬的论述就已经蕴涵权利的种子，在罪犯权利的浪潮中得以进一步推进。权利说无疑是现今最进步的观点，代表了减刑发展的方向。但现今明确将假释直接视为权利的国家寥寥无几，少数国家将减刑视为特权，多数国家还将减刑视为恩赦与权利之间的状态或正在向权利说迈进。

此外，合同理论可视为权利说的一个分支。合同理论起源于美国。认为受刑人既为义务主体又为权利主体，如果受刑人愿意达到狱方规定的各项善行规定，则有权与狱方签订减刑合同，减刑是狱方在受刑人达到规定指标后，应履行合同的行为。[①] 因此，当罪犯未遵守合同中的条款时，善行折抵将被撤销。可见，合同说给予了罪犯主体地位的尊重，规定了在减刑法律关系中罪犯与矫正设施双方的权利义务，表明了罪犯权利的增长。

（2）减刑权的本质。

减刑权是有关国家机关在减刑决定过程中的权力体系。减刑权主要包括减刑提请权和决定权。减刑提请权是程序性建议权力，而决定权是权力的核心。而在行刑过程中使用何种权力来调整量刑的内容，不同的理解产生了对减刑权性质的不同认识。所以，对减刑权力性质的探讨主要围绕减刑决定权展开。

行政权说。认为减刑权是行政权的理由主要是：

第一，矫正设施的行刑权是行政权，而减刑是在行刑活动中产生的，对罪犯人身危险性的直接评价者是矫正官，从事矫正工作降低罪犯人身危险性及减刑后实施继续改造罪犯的机关均是行刑机关，因此，减刑权当然归属于行刑机关。第二，基于司法的被动性，启动司法程序必须要有诉讼的存在，

---

① 郭明：《减刑的刑理分析与程序修正》，载《中国监狱学刊》2003 年第 2 期。

而减刑中并不存在这样的情形。减刑不属于法院审判权的范围。[①] 第三，实体意义上的行刑权有监禁、教育、劳动、改造等，程序上的行刑权则包括收押、减刑、假释、释放。减刑与其他刑罚执行活动间不存在原则上的区别。因此，减刑权包含于行刑权中，具有行政属性。第四，将减刑权列为司法权强调了刑罚的报应，相反，归入行政权才能体现刑罚的矫正属性。

因此，视减刑权为行政权，一方面，能够使罪犯的人身危险性变化得到更为直接和及时的评估。行刑机关行使减刑权，有利于提高行刑效率。另一方面，减刑权归于行政权，由监狱等矫正机关行使，将狱政管理权和减刑判断权合二为一，行刑机关可基于自身判断随时更改法院判决，侵害司法权威，可能导致罪犯权利保障的恶化。此外，在将减刑权视为行政权的判断中，不区分减刑与一般的执行活动之间的性质区别值得商榷。减刑系判断权，而非一般的如收押释放、矫正等行刑行为。模糊两者之间的差异，有失妥当。

司法权说。认为减刑权是司法权，主要基于以下理由：

第一，刑事执行权是裁判权所派生，依附于裁判权。第二，减刑属于刑罚变更，不同于一般的刑事执行，是判断行为而非执行行为，因此属于审判权范畴，尽管执行并不属于司法裁判活动，但是执行中涉及的行刑方式的变更等事项却完全可以列入司法裁判的范围之中。[②] 第三，减刑改变了原判决内容，应由审判机关为之。第四，将减刑权定位于司法权，能更好地对监狱活动实施监督。第五，大陆法系国家大多经历了诉讼化改造的过程。例如，西班牙监狱法引入判刑法官，减刑的决定不再由监狱长批准，而是由判刑法官决定，以保证决定的公正性。[③] 第六，若减刑权由行政机关行使，有损于司法判决的权威和既判力。

因此，将减刑权定位于司法权，主要是基于减刑所处的行刑阶段与审判

---

① 赞成此观点的如“行刑机关享有的减刑权与审判机关对审判权的独立行使是完全不同的两个问题。从行刑司法实践和减刑制度效能发挥的角度来看，减刑权由行刑机关行使更为科学合理”。袁登明：《减刑权归属之探讨》，载《中国监狱学刊》2002 年第 1 期。“减刑的实质是对刑罚变通执行方式，并非减少原判刑期，也不是对原刑事判决的更改，而是减少了原判决的执行，因此减刑不是审判权的组成部分，而完全是一种刑罚执行方式”。李黔豫：《我国减刑制度司法实践的反思和探讨》，载《中国监狱学刊》2003 年第 3 期。“减刑假释权是行刑权而非审判权，因为减刑假释虽然减少了既判刑期的实际执行，但与大赦特赦相似，也仅是一种刑罚执行的变通方法，它并不像再审改判那样改变了原判所认定的事实和终审生效的判决”。易志华：《预告减刑制：矫正理论的最佳实践方式》，载《犯罪与改造研究》2003 年第 3 期。

② 陈瑞华：《司法权的性质——以刑事司法为范例的分析》，载《法学研究》2005 年第 5 期。

③ 谢望原：《欧陆刑罚制度与刑罚价值原理》，中国检察出版社 2003 年版，第 110 页。

阶段之间的关系及减刑的性质。

刑事执行权说。刑事权是指国家依法享有的制定运用刑罚等刑事制裁手段惩治刑事违法犯罪的权力，是国家权力的一个部分，刑事执行权包含在国家刑事权内。刑事执行权是指执行法院生效判决的权力，实现惩罚犯罪和改造犯罪人的双重目的。刑事执行权是刑事行政权，既不是司法权，也区别于一般的行政权，而是具有刑事属性的特殊行政权。[①] 理由在于刑事执行权是犯罪与刑罚的连接性权力，执行的依据是国家刑事法律而非一般行政法律法规，属于国家刑事权的范畴，而不属于一般行政权的范畴。同时，有学者认为执行权兼具司法权和行政权的双重属性。认为执行权既具有司法权的部分属性，又具有行政权的部分属性，但它既不是司法行政权，也不是行政司法权，而是在执行工作中司法权和行政权的有机集合，构成了复合的、相对独立的、完整的强制执行权。[②] 以刑事执行权作为减刑权的性质判断，意在突出减刑的阶段性和刑事执行的独立意义。

执行权的最终落脚点是认为减刑权系行刑权，应由刑罚执行机关行使。因为减刑的实质是在承认法院终审判决的既判力的基础上对刑罚的变通方式，而不是对原刑事判决的更改，既不是审，也没有判，明显属于行刑的手段。[③] 因此，这可视做特殊行政权——行刑权的另一种表述。

综合以上三种观点，如何论断减刑权的性质？

首先，应当厘清行政权与司法权之间的区别。第一，行政权重效率，司法权重公正。第二，行政权受政治因素的影响大，而司法权独立性强。第三，行政权重执行主导性强，易侵权，而司法权消极被动，重权利救济。第四，行政权是命令服从式的，司法权是权利义务式的。第五，行政权要接受司法权的审查。第六，司法权的行使必须有发生利益争端的双方的参与，具有多方参与性和法官亲历性，而行政权的行使所发生的结论不一定是最终的，而司法权运作的结果是产生对争端最终和最权威的解决方案。

其次，应厘清司法权与审判权的关系。司法权从其内部结构来看，它是由一系列的子权力构成的。在这些子权力中，审判权居于核心的地位，其他权力都是从审判权派生出来的。因此，司法权并非单一的裁判权，而是一个权力体系。司法权不仅包括审判权，还包括与审判权相关的或用于辅助审判

① 邵名正、于同志：《论刑事执行权的性质及理性配置》，载《中国监狱学刊》2002 年第 5 期。

② 俞静尧：《刑事执行权机制研究》，群众出版社 2005 年版，第 79 页。

③ 陈卫东主编：《模范刑事诉讼法典》，中国政法大学出版社 2005 年版，第 654 ~ 657 页。

权的一系列权力体系。在论及司法权的本质时，学者们通常认为司法权是一种裁决权、判断权。[①] 而在减刑中，与减刑权密切相连的是审判权。

再次，应认识到减刑与法院既判力之间的正确关系。既判力是保证法院判决的稳定性，与作为实现刑罚矫正目的的减刑分属两个系统。事实上，维持既判力与改判是在平衡公正与秩序两个价值。同样，归因于对报应的过分片面追求而寻求既判力的绝对稳定，将无视刑罚的最终目的的实现，必将损害刑罚的功能，继而损害整个刑事司法系统的功能。而就既判力本身无法推导出减刑权属于司法权或行政权的结论。

最后，减刑与一般刑事执行权利，如实质权力改造、程序权力收押等执行权力有显著的区别。这种区别体现在它的变更性。是否变更首先是个判断问题，其次才产生执行问题。因此，这个判断性质显示出它与一般执行权力的不同。这个判断是否为司法判断英美法系国家和大陆法系国家具有不同的认识。认识分歧的根源在于：英美法系国家极为强调司法的被动性，并且检察机关作为行政机关，没有检察官指挥监督刑事执行的司法传统，直接将减刑权视作司法权显得理由不足。另外，既然没有具体的诉争，而只有各方认识一致的矫正目的，这个权力就不属于法院。而大陆法系国家强调法院的职权性，基于对审判权的固守和对既判力的维护，以及对罪刑法定、罪刑相适应已然犯罪报应的根深蒂固观念，加上国家分权的机械性，认为减刑权属于司法权。此外，如前所述，刑事执行权说从本质上而论，仅是行政权的深化和行刑阶段的特殊化，故仍处于行政权阵营中。

就笔者个人观点而言，减刑权是刑罚变更权，系司法判断权，应属于司法权范畴。

2. 假释

(1) 假释的本质。

恩惠说。认为假释本质是恩惠的理由主要在于：

第一，以历史考证，假释的早期形态如麦科诺基制和爱尔兰制核心就是国家恩惠。第二，适用假释的目的是特殊预防，帮助罪犯早日重返社会，降低他们的再犯率，实现防卫社会的最终目标。而在罪犯刑期届满之前，允许他们变更执行方式，在社区监督下完成余下刑期是国家的宽大。第三，是否假释，给予何种罪犯假释，假释的实施条件和监督条件设定均属于刑事政策的内容，由国家调控。

---

① 俞静尧：《刑事执行权机制研究》，群众出版社 2005 年版，第 50 页。

恩惠说作为假释的基石，在早期推动了刑罚的宽缓和假释的发展。但其不足也是明显的，其过分强调国家刑罚权的强制性，而忽视罪犯的主体地位，不利于刑罚教育目的的实现。此外，在假释的发展进程中，许多国家都将假释作为了刑罚执行的基本制度，广泛适用于各种案件中，而不仅仅是国家对个别人的恩惠。因此，恩惠说已明显具有历史局限性。

奖励说。奖励说是一些大陆法系国家如法国及中国的主导观点。陈兴良教授指出“假释是对受刑人的一种奖励措施”①。又如前政务院政治法律委员会副主任罗瑞卿在“关于中华人民共和国劳动改造条例草案的说明”中指出的，“假释是为了加强对罪犯的改造效果，促进罪犯在劳动改造中的积极性，对在劳动改造中的罪犯所实行的一种奖励制度”。虽然恩惠和奖励都站在维持监狱秩序的价值立场上，强调刑罚执行中的国家支配权力，但奖励说与恩惠说具有细微的差别。体现在：第一，恩惠更为强调国家的权力特征，是否施恩具有更强的任意因素，罪犯的客体地位尤为明显。而奖励说开始注重罪犯个人的表现，挖掘和激励罪犯的改造积极性，罪犯的客体地位有所变化，国家的施恩任意性受到一定限制。第二，可视奖励为恩惠向权利迈进的过渡形式。许多国家都以奖励说为过渡走向了权利说，如加拿大。

权利说。认为权利是假释本质的主要理由如下：

第一，随着现代刑罚理论的发展，人们认识到犯罪原因的多元性，既有个人原因，又有社会原因、自然原因，因此人的意志自由性是有限的。第二，罪犯地位的逐步改善。从惩罚客体中得以解放，获得了主体地位，权利体系得以逐步完善。行刑法律的建立，由命令式到权利义务式的转化。第三，为了更好地促进犯罪改造，有效实现双预防，并控制权力滥用。第四，假释在各国得到了普遍的适用，并在屡次国际会议上得到肯定。例如，早在 1950 年，在海牙举行的国际刑法及监狱会议上，就假释制度进行了详细的讨论并作出了决议，有力地推动了假释制度的发展。此外，世界上几乎所有的国家都采用了假释。

一些学者对假释从恩典到权利的进程作了描述。假释是基于自由刑的弹性，受刑人自己在刑罚执行中因努力表现而得到的成果，因而获得假释的基础是受刑人的权利而不是国家的恩典。②“从前的假释具有恩典性质，即对于一定期间能保持优良成绩者予以假释的恩惠。但在今日，假释已被视为受刑

① 陈兴良：《本体刑法学》，商务印书馆 2001 年版，第 857 页。

② 丁道源主编：《中外假释制度之比较研究》，台湾中央文物供应社 1987 年版，第 36 页。

人的权利，在行刑上欲求受刑人真正的改善须促使受刑人主动以自力改善，假释制度赋予受刑人得以自己的努力缩短自己刑期的权利”①。

同时，在权利说内部具有分支，主要分为特权与宪法性权利。特权意指不同于其他公民所享有的，而由某个人、组织或阶层、阶级所享有的特殊、特有的利益或好处，是有条件的权利，只能在满足一定条件后获取；而宪法性权利受到宪法的确认与保障，可以获得完全的救济。在权利范畴内，假释究竟为特权还是权利具有争论。例如，认为特权是犯人通过在狱中的良好行为表现来获得的，获得假释后可以通过遵守假释的条件来保持；另有观点认为假释是在狱中服刑一段时间后的权利。② 但通常假释被视为罪犯的特权，而非宪法性权利。例如，在美国，对于权利与特权如此区分：囚犯的权利需要用宪法加以保护，而特许权可以由有关机关自行授予或自行撤销。再如葡萄牙的任意假释就是一种特殊优待，而不是一种普遍权利。

假释契约说也属于假释权利说的范畴，强调监狱与罪犯双方对于假释的权利义务，有助于假释的权利化和假释权的合法行使。例如，美国明尼苏达州在善行折抵制的基础上发展假释合同制，即犯人在入狱之初就和监狱、假释委员会签订假释合同。③

总体而言，美国、加拿大以及日本等国都倾向于认同假释的权利性。例如，在日本，假释监督的撤销经历了从一般技术性违反到严重技术性违反撤销的变迁，反映出对囚犯假释权利属性意识的增强。中国政府在发布的《中国改造罪犯的状况》白皮书中指出，罪犯在服刑期间表现好的，有获得依法减刑或假释的权利。但从我国目前的刑事立法、行刑实践来看，只能得出我国未来发展的方向是假释权利论的结论。

刑罚执行方式说。假释是为了有利于受刑人的再社会化，就自由刑的执行所采取的一种缓和的刑罚执行方式。④ 假释的方式有半假释、日假释、外出学习工作假出狱等形态。因此，刑罚执行方式说是以假释的实施方式来论断的。此种论说有利于分析总结假释与刑罚执行之间的关系和运行特征，但对于揭示假释本质似乎过于表浅。

刑罚消灭方式说。刑罚消灭方式说认为假释的核心在于假释考验期，假释犯若遵守监督条件成功度过假释期，则余刑视为执行完毕，由此刑罚消灭。

---

① 张甘妹：《刑事政策》，台湾三民书局 1979 年版，第 180 页。

② 刘强：《美国社区矫正的理论与实务》，中国人民公安大学出版社 2003 年版，第 107 页。

③ 潘华仿：《外国监狱史》，社会科学文献出版社 1994 年版，第 158 页。

④ 许福生：《刑事政策学》，中国法制出版社 2006 年版，第 474 ~ 475 页。

因此，就对刑罚执行的效果而言假释与缓刑具有相似性。缓刑是对犯罪人的全部刑期的缓期执行，假释可以视为对受刑人部分刑期的缓期执行，故差异仅是部分或全部刑期的缓期执行而已。持这一观点的国家有德国等。

这一论说的积极意义在于，首先从结果意义上考量了假释的功能。其次为考验期的裁量弹性奠定了基础。例如，考验期根据罪犯的再社会化需要设立，不必然与残余刑期相等。① 有的国家持残刑主义，有的国家则设置考验期的幅度，增强了行刑的个别化。但同时，刑罚消灭方式说更多的是从技术层面上解决假释监督的问题，对假释本身的性质认识意义不大。

综合以上五种关于假释性质的主要学说，可见，第一，随着假释的广泛适用，恩惠说已落后于时代的发展。第二，奖励说是职权主义国家如法国、中国的现实立场。而在假释制度更为发达的美国、加拿大等国家普遍将假释视为罪犯的特权。因此，奖励说和权利说是假释性质学说中最具代表性的两种学说。第三，刑罚执行方式或刑罚消灭方式说，从不同的角度论述了假释中刑罚变更的方式和后果，揭示了假释的某些特征，但两者都是从形式的角度，而非从实质的角度切入假释本质。第四，假释契约说实际上是属于权利说的范畴。因为只有在罪犯具有权利的前提下，才可能与国家机关达成假释协议，确立双方的权利义务。契约说的引入也为假释的可逆性即假释的撤销提供了依据。

（2）假释权的本质。

假释提请权为建议权，而决定权为实质权。同时，因决定权内部可能还出现权力分立，如法国原第 93 - 21 号法律规定，剥夺自由期限不超过 5 年的案件的假释由刑罚执行法官作出决定，剥夺自由期限超过 5 年的案件的假释由司法部长作出决定。司法部长决定的作出依赖于执行法官在征求执行委员会意见后的建议及假释咨询委员会的建议。② 故在假释决定权内部还可细分为假释审查权和假释批准权，此时审查权是决定权内部的建议权，批准权才是最终决定权。提请权是行刑行政权，此点并无争议，故假释权的认识分歧主要在于决定权。主要的论说与减刑相似有以下三种。鉴于在前述减刑部分

---

① 柳忠卫：《假释制度比较研究》，山东大学出版社 2005 年版，第 23 ~ 24 页。

② 在此程序状态下，假释的适用与赦免相似，设立一定的常设机关具体办理，如美国建立了法务部赦免局，法国建立司法部特赦事务司等，因此，假释咨询委员会的功能亦如此。美国司法部下设的特赦检察官办公室（Office of the Pardon Attorney）对正式请愿书进行审理。该部门通常每月收到 100 多件请愿书。经过对案件进行调查后，特赦检察官把请愿书及相关材料呈报给司法部长。司法部长审阅卷宗后决定是否向总统建议赦免某一罪犯。总统颁布特赦不需要经过司法部审阅申请或提出建议。美国统治者出于自身利益的考虑，认为总统的赦免权是一种颇为灵活的手段，它可以在必要的时候用以补救立法机关或者司法机关的比较“过激”的措施，在权力的相互牵制和平衡中实现法制的统一。

已作论述，故本部分从略。

行政权说。将假释权判断视为行政权的理由主要在于假释是刑罚执行方式的变更，并不涉及对原判决的影响，因而，无须与审判权有过多的牵扯，仅在行刑阶段独立决定即可，故而交予行刑机关具有合理依据。行刑机关直接接触罪犯，判断罪犯人身危险性变化具有优势条件，更有助于实现假释的目的。此为英美法系国家的通识，假释的提请、决定和执行均为行刑机关或委员会机构。

司法权说。将假释权视为司法权，主要是基于三点：第一，假释是判断权，具备司法权的特征；第二，假释变更了刑罚执行的场所，严格意义上也是对判决的更改；第三，刑罚执行附属于刑事审判。大陆法系国家多持此观点，如意大利、德国、俄罗斯。一些国家还经历了由假释行政化向诉讼化改变的进程，如法国、德国、西班牙。法国经过2000年6月5日通过的第2000－516号法律以及2004年3月9日通过的第2004－204号法律的修改，法国彻底实现了假释决定主体的司法化。按照法国现行刑事诉讼法的规定，决定是否假释的权力由刑罚执行法庭或执行法官执掌，司法部长不再掌管决定是否适用假释的权力。[①] 德国也有类似的经历。德国1871年帝国刑法第23条至26条规定，假释的处分权属于法务部。统一刑的理念在欧洲国家流行后，德国刑法1975年第3次刑事修正案26条规定，引进由法官掌控的附条件释放

---

① 罗结珍译：《法国刑事诉讼法典》，中国法制出版社2006年版，第575～576页。法国的假释程序经历了三个阶段的发展变化。具体为：第一阶段为由有条件释放委员会建议司法部长进行决定的假释程序。囚犯在入狱前最后居住的当地警局调查囚犯的经济情况、居住和工作状况。提出意见再将附建议的文件转给监狱当地的警官。检察官给出意见，考虑囚犯的行为和公共安全。如果他认为释放还不够成熟，他将指出等待的时间。检察官和警察部门的意见再转给监狱管理机构，监狱管理机构再将这些文件呈给有条件释放委员会。有条件释放委员会成员为：监狱长；内政部行政部门监察主任；巴黎上诉法院法官；检察官；刑事事务委员会副主席；刑罚适用办公室的主审官；公共安全机构的官员；上级监狱巡查机构的代表；援助机构的代表等。再由委员会提出建议，司法部长将作出决定。如果不同意有条件释放，将在6个月或1年内复查。这个恩惠须被囚犯接受，如果拒绝释放将被搁置。在假释后监督的过程中，一些监督条件将修正，一些将废除，一些新的条款将添加。检察官的意见对司法部长是否决定采取强制措施以及假释后的监督举措十分重要。第二阶段为执行法官与司法部长分享假释权力阶段。执行法官或司法部长有权批准给予被判刑人假释的权力。对具备假释期限条件的被判刑人的情况，每年至少应研究一次。被判刑人被判处自由刑受到关押的时间，自其入狱之日起计算，不超过5年的由执行法官听取执行委员会的意见后批准给予假释。超过5年的由司法部长批准假释。在后一种情况下，给予假释的建议，由执行法官征求执行委员会的意见后作出。司法部长可以就此建议提交假释咨询委员会。在所有情况下，假释均应征求被判刑人出狱后住所地省长的意见。假释后的监督措施由执行法官予以实施。后将刑期更改为3年为界分。第三阶段为执行法官独掌假释权力阶段。

措施。

此外，学界还有混合假释行政和司法权力属性的观点。如认为单纯强调假释的司法权性质难以保证假释的效率，单纯强调假释权的行政权性质，难以保证假释的公正。①

刑罚执行权说。以刑事立法权和刑事审判权为参照，认为假释归属于刑罚执行权范畴。而刑罚执行权既非司法权，也非一般行政权，故较行政权或司法权两种论说具有独立意义。刑罚执行权说将所有的执行活动视为一个整体，对变更性执行活动和一般刑事执行活动不加区分。

综上所述，对假释权性质的争论根源于各国的司法传统和国家权力配置中司法权与行刑权的不同关系以及对假释制度本身的接受程度。笔者赞同假释权属司法权的论断。

（二）减刑假释程序的价值解读

1. 减刑假释程序的工具价值与独立价值

（1）工具价值：保障减刑假释功能目标的实现。

设置减刑假释制度的目的在于通过行刑的个别化和社会化，最终矫正罪犯实现再社会化，以防卫社会。为实现这一目的可分为四个阶段，第一，在监禁中实施矫正计划；第二，对拟减刑假释者进行审查；第三，设置考验期并执行减刑假释；第四，在考验期中监督假释犯撤销减刑假释或视为刑罚执行完毕。减刑假释程序通过设置对申请、提请、审查、决定、监督等权力的配置和程序内容规则来实现减刑假释的功能目标。

（2）独立价值：行刑公正与权利保障。

萨默斯认为，对法律程序的价值评价除了有好结果效能的标准外，还存在一种独立的价值标准，后者属于程序本位意义上的价值标准，两者都可以用来评价法律程序，但相互独立。② 结果的公平正义有更多的主观性，而程序正义的客观性程度要高得多。减刑假释程序显现出独立的价值。主要体现在：第一，以程序控权实现程序公正。例如，设置权力机关的通知义务、对

① 韩玉胜等：《刑事执行法学研究》，中国人民大学出版社 2007 年版，第 301 页。

② 萨默斯着重对程序价值进行了分析，认为其基本内容包括：参与性统治（确保公民的自主性自决）、程序合法性（公民同意而具有政治上的合法性）、程序和平性（非暴力解决纠纷）、人道性及尊重个人尊严、个人隐私、协议性、程序公平性、程序法治、程序理性、及时性和终结性。程序价值与程序结果效能之间的关系有三个方面：一是两者相互独立；二是两者在很多情况下具有一致性；三是两者之间也会发生冲突。陈瑞华：《通过法律实现程序正义——萨默斯程序价值理论的评析》，载《北大法律评论》1988 年第 1 卷。

权力机关的自由裁量权进行限制等形式来实现程序公正。第二，程序民主。例如，通过设置陪审员、设计公示程序等方式来实现刑罚执行变更中的程序民主。第三，保障程序参与人的权利。保障罪犯等程序参与人的知情权、参与权、意见陈述权、程序选择权等程序权利，体现参与人的主体地位，实现权利控权。

2. 减刑假释程序的价值目标

（1）公正价值。

由古至今，公正一直是程序法中被探询的热土。首先，公正是具有时代意义的动态开放概念。最为古老的首推自然正义原则，自然法的原则如同公理。20世纪之后，在西方法哲学中，自然法、自然道德被自然权利这一概念所包容，人们强调自然正义原则。自然正义原则作为英国司法和准司法的指导思想，推动了司法改革。[①] 霍布斯认为："（如果）某人被信任而在一个人和另外一个人之间充任法官，那么，根据自然法的规则，该法官必须要平等地对待双方当事人。自然正义和自然法在历史上的相似性或关联性可以这样来概括。两者都是和正义的实现相关的理念，在此意义上，自然正义可以看做是自然法的一个部分"[②]。并且作为普遍法的传统，自然正义就是程序正义。其次，罗尔斯提出纯粹正义论。在纯粹的正义中，不存在对正当结果的独立标准，而是存在一种正确的或公平的程序，这种程序若被人们恰当地遵守，其结果也是正确的或公平的，无论它们可能会是些什么样的结果。同时强调程序作用的还有诺齐克和哈耶克，他们都认为正义是过程性而非结果性的。最后，庞德认为正义既不是个人权利，也不是人们之间的理想关系，而是一种体制，是对关系和行为进行的调整和安排，以使人们生活得更好。美国最高法院法官金斯伯格提出正义是消除任意性，特别是消除任意权，人是受法统治而非受人统治。程序的公正要体现自治、理性和平等。

如何评断程序公正？首先，在自然正义之下，程序公正的基本原则包括：一是听证规则，即当事人在其利益受到某决定影响的时候，作决定人应该充分听取其意见；二是避免偏见规则，即某案件的裁决人不得对该案持有偏见和拥有利益。在传统上，自然正义原则只适用于司法或者准司法功能，或者

---

① ［美］哈罗德·J. 伯尔曼：《法律与革命——西方法律传统的形成》，贺卫方等译，中国大百科全书出版社1993年版，第137页。

② 转引自杨寅：《普通法传统中的自然正义原则》，载《华东政法学院学报》2000年3期。

说在负有义务按照司法要求进行活动的情况下才可以适用该原则。就其他程序规则的衍生完善过程而论，是在自然程序正义基本规则上的发展。因此，美国学者泰勒认为评价某一法律程序是否公正的价值标准有：程序和决定参与性；结果与过程的一致性；执法者的中立性；决定和努力的质量；纠错性；伦理性。美国学者戈尔丁认为，程序公正包含以下九项内容：任何人不能作为有关自己的法官；结果中不应包含纠纷解决的个人的利益；纠纷解决者不应有支持或反对某一方的偏见；对各方当事人的意见均给予公平的关注；纠纷解决者应听取双方的辩论和证据；纠纷解决者只应在另一方在场时听取对方的意见；各方当事人应得到公平机会来对另一方提出的辩论和证据作出反应；解决的诸项内容需应以理性推演为依据；分析推理应建立在当事人作出的辩论和提出的证据之上。① 我国学者顾培东提出程序公正三要素说，即冲突事实的真实回复；执法者中立的立场；对冲突主体合法愿望的尊重。此外还有张卫平的程序正义九要素说等。由此可见，总体上听证与避免偏见原则既是程序公正的逻辑起点，也是终局目的。

在减刑假释程序中，比照《公民权利和政治权利国际公约》第 14 条第 3 项刑事被告人在审判中所享有最低限度程序保障的规定，确立类似机制。因此确保程序公正，首先，需保障罪犯及其他参与人的参与陈述权以及建构权利救济机制。参与人的程序参与应当是自始至终与富有意义的参与。有机会发表本方的意见、观点和主张，提出证据以支持其主张的证据和论据，并拥有为这些活动所必需的便利和保障措施，从而对结果形成发挥有效的作用。其次，以权力制衡和程序异议机制保障裁决机构中立无偏私。同时，设计程序无效与制裁后果，以保证程序的良性运行。最后，正义不但要伸张而且必须以看得见的方式伸张，迟来的正义为非正义，因此程序及时公开也是程序公正的必要条件。

（2）人权价值。

作为自然权利说的天赋人权，认为人权是人与生俱来的有关生存、自由、平等，并追求幸福的权利。因此，人权就是人作为人的属性而应享有的权利或待遇。自由与平等放在一起，才是最易于令人接受的最低限度的人权标准。② 罪犯人权观具有特殊性，但就未被依法剥夺的领域，他仍享有权利。例如，《囚犯最低限度待遇标准》规定了有关罪犯的人身、政治、经济、婚

① ［美］戈尔丁：《法律哲学》，齐海滨译，三联书店 1997 年版，第 240 页。

② 锁正杰：《刑事程序的法哲学原理》，中国人民公安大学出版社 2004 年版，第 231 页。

姻家庭权、文化权利、生活保障等基本权利。

减刑假释实施程序的人权价值首先体现在程序本身体现了人道，创造了一种新的有条件权利形式——罪犯的减刑假释权，人权中的自由权利得到了彰显。在程序运行中，罪犯的有效参与体现了对罪犯主体地位的尊重和对其对于决定的作出富有实质性影响力作用的确认。此外，程序的自治使实施程序的过程是结果产生的唯一基础。因此，程序运行的结果可以被预见，可以被罪犯自我控制，由此从中感受到主体权利的实现。另外，程序的平等性也要求平衡罪犯与被害人之间的权利，对两者的合法利益平等对待、平等保护。尊重被害人的主体尊严，保障被害人的程序知情权、参与权、免受第二次伤害权、获得法律援助权、救济权等个人权利。

（3）秩序价值。

奥古斯丁认为秩序是有差异的各个部分得到最恰当的安排，每一部分都被安置在最合适的地方。[①] 博登海默指出秩序意指自然进程和社会进程中都存在某种程度的一致性、连续性和确定性。[②] 亚里士多德的论述甚至将秩序等同于法本身。“今夫法者，秩序之谓也；良好也，即良好之秩序也”[③]。

减刑假释程序具有独立的秩序价值。罪犯的申请得以主张，请求理由得到检验，吸纳不满和对立情绪，创造有序的程序格局。合理的减刑假释程序使罪犯及社会民众感受到社会正义实现的过程，起到教育和威慑的效用，从而使程序本身也对社会秩序的维持具有独立作用。具体而言，首先，指引罪犯遵守监狱纪律弃恶从善将获得早日自由的报酬，从而强化行刑机构秩序的维持。其次，通过假释监督程序降低再犯率，保卫社会安全。最后，设计对被害人的参与及补偿程序，迅速恢复被犯罪破坏的社会关系，维护社会的安宁。

（4）效率价值。

从经济学的角度分析效益是指在经济活动中，产出与投入、效用与费用之间的比较。经济效益的计算公式为：经济效益量=产出量-投入量。经济效益率=经济效益量/投入量。因此，效率是用小的投入获得大收益，或者在相等投入的规模数量下获得更大的收益。效益与效率则是不同的概念，效益是效果和利益的统一，高效率并不等于高效益。效益比效率的内涵更为丰富

① 张宏生：《西方法律思想史资料选编》，北京大学出版社1993年版，第91页。

② ［美］博登海默：《法理学—法律哲学和法律方法》，邓正来译，中国政法大学出版社1999年版，第219页。

③ ［古希腊］亚里士多德：《政治论》，吴寿彭译，商务印书馆1965年版，第328页。

和复杂，表现为效益要充分体现产出与社会目的需要间的契合度，包括经济效益、法律效益、社会效益等。将效率引入司法，为20世纪60年代法律经济学派首创。司法效率就是提倡以尽量少的刑事司法资源或者刑事司法成本完成刑事诉讼的任务，实现最大的司法效益，它体现为法律调整的现实结果与投入的刑事司法成本之间的比值。以波斯纳为代表的法律经济学派不承认程序的独立价值，认为程序就是最大限度地增加公共福利或提高经济效益的工具，由此将效益论推向了极端。而罗尔斯在谈到正义对效率的优先性时指出，这些优先性意味着对本身就是不正义的事情的欲望，亦即只有通过侵犯正义才能得到满足的欲望是没有任何价值的。满足这些需求是无价值的，社会体系不应鼓励它们。评判任何一种程序的基本标准是程序的正义性，任何效率原则本身不可能成为一种正义观。

在行刑阶段，行刑投入包括监狱的固定资产折旧、监管费用、人力工资、运转成本等项目。行刑产出或收益可以定义为改造效果，描述为再犯率，再犯人数等具体指标。从经济学的角度看，行刑本身只有经费投入，而没有有形经济产出，但起到的维护社会秩序、实现社会公正等作用同样是一种产出，只不过是无形的，很难量化。①

在减刑假释程序中，首先，合理设计减刑假释程序构造，高效配置权力资源，完善资源系统中各个机构的职能，加强监督实现权力制衡。其次，具体程序有效衔接配合，减少错误成本，确保程序高效运行。最后，建立基本程序框架内的多元程序选择机制，如书面程序与口头程序相结合。在口头程序中，根据案件情况、罪犯情况及罪犯行使程序选择权的情况再进行一定的程序简化，实现公正与效率的统一。

因此，减刑假释程序的价值体系包含公正、人权、秩序和效率等多项价值内容。各种价值相互关联，相互作用。公正是程序的基本要求，人权是程序的最终目的，秩序是程序的基础目标，效率则是程序的重要指标。公正与效率对立统一，失却效率同样失却公正；秩序与人权对立统一，秩序促进人权的实现，人权促进良好秩序的形成。

同时，就价值选择而言，程序先于权利是英国法的一条古老的准则。关于程序价值之间的等次关系，学者们表述了其不同的述见，如德沃金就将平等置于价值体系中最优越的位置。他指出，自由的要求和平等要求之间的冲

① 胡聪：《监狱行刑的经济分析》，群众出版社2008年版，第5页。

突已经成为民主政治的最大的社会问题。[①] 而程序的价值判断越来越趋于多元化，综合程序价值理论才真正成为“综合”的程序价值理论。美国学者贝勒斯在吸收经济分析法学理论、德沃金的相对工具主义理论以及萨默斯的程序理论的基础上，提出了一种新的综合性程序理论。[②] 故第一，就程序价值冲突时的选择原则而言，首先是依靠程序本身。罗尔斯表达了这么一种思想：一切都得靠程序，包括解决公平与其他价值之间的冲突。他认为，从理想方面看，一部正义宪法应是一个旨在确保产生正义结果的一个程序。第二，权衡具体价值在价值系统中的重要程度进行取舍。作为权衡与选择的一般原则，两害相比择其轻，两利相较选其优。刑事程序权衡就是要将处理利益冲突的一般性原则适用于具体的刑事程序，确立刑事诉讼中的权衡原则。[③] 例如，公正价值涵括了人权、秩序、平等、自由等各项内容，是价值体系的统摄，应居于优位。第三，以社会个人利益关系而论，即整体利益与个人利益冲突时何种利益优先的问题。在倾向一种利益的同时，也必须维持基本公平原则。假设优先考虑社会利益，而经常地、普遍地给个别利益造成损害形成不平衡，则最终会侵害社会整体利益。因此，正确处理整体利益与个别利益的关系，维持它们之间的必要和适度均衡本身是公平要求的一部分。所以，总体而言在减刑假释价值等级体系中公正居于首位，人权与秩序其次，效率价值最低。同时，基于罪犯的特殊地位，在保障罪犯基本权利的基础上，罪犯的权利相较于社会安全秩序而言，又居于次位。

（三）减刑假释程序的正当性要求

正当程序生长于自然法的沃土之上。正当程序源于普通法，是普通法的精髓。英国大法官柯克认为“王国的法律就意味着普通法，而普通法则要求正当程序”[④]。正当程序产生之初是为了保障人权和限制王权。例如，英国宪法学家戴雪所指出，权利并非因宪法而产生而是相反的思想渗透着他们关于程序与权利关系的认识，就是说并不是宪法宣告了，权利就随之存在了，关键是现实中是否存在保护这种权利的程序或机制。英国后来在自然公正原则的基础上发展出“正当法律程序”的概念。正当程序的规范表达最早见诸1215年英国《自由大宪章》。它规定，“凡自由民，如果未经其同级贵族之依法裁判或经国法判决，皆不得被逮捕和监禁，没收财产，剥夺法律保护权、

---

① 张文显：《二十世纪西方法学思潮研究》，法律出版社2006年版，第455页。

② 李建军、李立宏：《刑事诉讼价值论》，中南大学出版社2006年版，第59页。

③ 宋英辉：《刑事诉讼目的论》，中国人民公安大学出版社1995年版，第201～202页。

④ ［美］约翰·V. 奥尔特：《正当法律程序简史》，商务印书馆2006年版，第6页。

流放，或加以任何其他损害。”1354 年，英国国会通过的《伦敦威斯敏斯特自由令》第 3 章第 28 条规定，未经法律的正当程序，对任何财产或身份的拥有者一律不得剥夺其土地或住所，不得逮捕、监禁、剥夺继承权或生存权利。16 世纪，大法官科克用的是普通法上的正当程序，它的含义是所有的法律程序都必须符合这些要求，而不仅仅限于审判活动。①

正当程序所固有的表述权利和控制权力的精髓一直都被继承和发扬，并逐渐成为国际社会普遍认同的基本准则。② 美国继受英国法律，对正当程序的发展作出了巨大的贡献，其对正当法律程序这一宪法原则的解释及其适用，范围日益扩大。它适用于所有公法或准公法上的程序，包括刑事、民事、行政等方面；特别是对于行政机关的行为，凡涉及公民权利自由的，也逐渐被认为具有正当程序的要求。由此进一步将正当程序规则发展成为实体性正当程序。美国联邦法院大法官道格拉斯的名言很好地说明了正当程序与法治之间唇齿相依的关系。“权利法案的大多数条款都是程序性的，这一点并非没有意义。正是程序道出了法治与恣意人治的区别”③。正当程序禁止专横的政府行为，即剥夺（或者明显损害）生命、自由或财产——或者同等重要的东西或必要的附属物，所涉及的社会价值必须是对个人自治极为重要和必不可少的。④ 正当程序的基本原则是任何人不得成为自己案件的法官以及当事人有陈述和被倾听的权利。因此，正当程序的大厦牢固建立在自然正义两项基本原则的基石之上。正当程序既是听证的程序标准，同时听证本身也是正当程序的合理构成。⑤ 刑事审判程序是听证规则最为完善，正当程序标准最高的程序方式，其他的诉讼程序，如预审、减刑假释程序等，虽然程序的设置不如刑事审判精巧和严格，但无疑都必须满足听证的基本规则要求和与程序功能相适应的正当程序的实现标准。

减刑假释程序的正当性以保证准确判断罪犯人身危险性的变化并作出合

---

① 徐亚文：《程序正义论》，山东人民出版社 2004 年版，第 5 页。

② 夏红、李志勇：《刑事正当程序宪法化初论》，载《大庆师范学院学报》2006 年第 6 期。

③ 魏小娜：《刑事正当程序原理》，中国人民公安大学出版社 2006 年版，第 226 页。

④ [美] 约翰·V. 奥尔特：《正当法律程序简史》，商务印书馆 2006 年版，第 12 页。

⑤ 听证（hearing）源起于英美普通法上的“自然公正原则”，指听取利害关系人意见的法律程序。任何人不得成为自己案件的法官，这一原则源于古罗马，查士丁尼皇帝编撰的《法学阶梯》的篇章中具有明确的规定。当事人有陈述和被倾听的权利这一法谚最早可追溯到剑桥大学上诉案。在此案中，法官确立了重要的司法原则：如果不给利益被决定者倾听的机会，任何裁决者的决定都不应当有效。因此，听证是自然正义下实现程序正义的方式。是在解决争端的程序中，证据和证人被司法官员或行政机构审查的程序。

法合理的减刑假释（或撤销）决定为目标。虽然行使程序权利的主要当事人是罪犯，但依然具有控制权力和保障人权的重要意义。确保裁决主体中立及保障当事人的参与权、陈述权是最低刚性要求；而对于其余的程序标准各国根据人权保障水平的不同及裁决撤销程序设置的不同，制定有不同的标准规则。例如，英美法系国家交叉询问规则仅在假释撤销程序中装置罪犯，而在裁决程序中罪犯无此权利；律师帮助权也不是每一罪犯在每一国家均能享有；程序的及时终结具有一定弹性；口头听证或直接言词之审理原则并未受到强制规定。

减刑假释程序的正当性要求在裁决阶段保持相应的程序标准，警惕可能出现的两个程序悖论。第一，极端的书面审理。间接审理和书面审理走到极端，可以变成裁判者单方面实施的书面审查程序，控辩双方连出庭参与裁判活动的机会也会失去。这样，司法裁判的性质也就丧失殆尽，以至于“异化”为一种行政活动。[①] 防止出现此类情况的方式一是对于减刑假释裁决案件的适用程序作类型化区分；二是提高程序效率的同时，始终保证以程序公正为前提，切实保障相关参与人的意见陈述权等程序权利。第二，非正式听证的泛化。非正式听证程序不是完整的口头程序，主要针对一些不太重要的事项，其明显的缺陷是参与人无法充分表示个人意见。为节约成本和时间，英美法系国家的一些假释委员会对案件的审查过于潦草，实质上将假释程序由正式听证下降为非正式听证，罪犯的参与陈述权往往得不到全面保障。即使实体结果是合理的，但这种决定过程本身对程序的独立价值也造成了损害。因此，应警惕听证程序异化。

减刑假释程序的正当性体现在撤销程序中，首先要保证罪犯已获得的减刑假释利益不被随意剥夺，给予罪犯与正式审判程序相似的诉讼权利对抗撤销权力的滥用。尽管在假释监督期间被假释人服从许多限制，但他们享有在有条件的自由中受保护的自由权利。并且被假释者确信一个隐含的承诺，即仅在其违反假释条件时假释才能被撤销，因此，程序的正当性要求仅在发现违法行为客观正确以及重新指控被假释人回监狱的自由裁量权建立在对被假释人行为的正确评价上才能为之[②]。故减刑假释正当撤销程序的基本点建立在给予罪犯更多的权利武装以对抗国家公权力之上。但同时，这种对抗性的强度通常低于审判，因为审判中的被告人拥有完整的公民权利，并且基于个

① 陈瑞华：《司法权的性质——以刑事司法为范例的分析》，载《法学研究》2000 年第 5 期。

② Bermudez v. Duenas, 936, f. 2d. (9th cir, 1991).

人弱势还获得增强性的诉讼权利武装，而假释犯的宪法地位具有争议，故个人对抗的强度受到影响。例如，在英美法系国家，保护的程度一般停留在特权的保障水平之上；在大陆法系国家，基于国家恩惠的观念，基本不承认撤销程序具有对抗性质，只要符合程序正义的最低要求即可。

第二章　减刑假释程序的模式

模式是指某一系统结构状态或过程经过简单、抽象所形成的样式。模式所反映的不是系统或过程原型的全部特征，但能够描述出原型的本质特征。[①]减刑假释程序模式是建立在减刑假释权属性质基础之上，对于程序运行的基本抽象和概况。而影响刑事诉讼模式的构成要素主要包括程序在历史上的来源和发展；程序核心特征的诉讼控制分配情况以及在程序背后起着支配和制约作用的基础性价值观念和思想。这三大要素可以成为程序模式的划分标准。[②] 总体上减刑假释程序可分为下列几种模式。

第一节　行政模式

行政模式存在于减刑和假释两种程序中。行政模式又可分为行刑机构独权模式和行政分权模式。

行刑机构独权模式是指减刑假释权主要由行刑机构自行控制行使。提请、裁决和执行均由行刑机构独立进行，行刑机构具有完全的减刑假释决定权。该模式的建构基础主要是刑罚执行方式变更理论。减刑假释决定程序即为行政审批程序。例如，在法定的无条件减刑中，由行刑机构自行启动；在裁量减刑中一般需罪犯提出申请。优点在于简便易行，执行效率高；缺点在于行刑机构一权包办，容易缺失监督。在各国的行刑实践中，采用行刑机构独权模式适用减刑的国家不在少数，如美国、巴基斯坦。也有一些国家采用行刑机构独权模式适用假释，如瑞典假释的决定权及撤销权均由监狱独立行使。

行政分权模式是指矫正机关等机构是罪犯减刑假释的建议者，国家元首、

① 陈瑞华：《刑事审判原理论》，北京大学出版社 1997 年版，第 298 页。

② 陈瑞华：《刑事审判原理论》，北京大学出版社 2003 年版，第 265 页。

司法部长或州长等行政官员是减刑假释的决定者。基本理由在于行刑机构熟悉了解罪犯，但由行刑机构完全行使假释权力则易掺杂个人偏向，此外，行刑机构也易于过分强调监管秩序的维持，影响人权保障及假释的公正适用。因此，有必要以建议权与决定权相分离的形式防止减刑假释权力的滥用。故在此模式下，决定权与审查权相分立，审查权的享有者可能是行刑机构，可能是专门的委员会，也可能是其他负有审查义务的机构。相较于行刑机构直审，增加了行政层级和内部监督，监督程序更加完善，但审批程序较为烦琐，耗费的时间也较长。例如，其中的国家元首或州长决定模式，主要是采传统观点，将减刑与赦免相连，将减刑作为赦免的一种重要形式，属于国家元首或州长所享有。采此模式的国家和地区包括英国、加拿大、澳大利亚、日本、我国香港地区等。

行政模式的主要特征是：

第一，司法行政机关主导减刑假释程序。不论是行刑机构独权还是行政分权的具体模式，司法行政权均控制了整个减刑假释程序。审判权、社会参与监督权以及检察权在减刑假释程序中很难渗入。同时，行政模式下的程序运作方式多为书面，不予公开，透明度较低。

第二，罪犯等参与人的程序权利的保障度较低。在这种密封式的刑罚变更执行程序中，罪犯等参与人几乎没有与国家权力进行有效对话的可能性。参与权、陈述权甚至救济权都往往失却保障。同时，行政模式下的减刑假释程序极易受到行刑政策的影响，程序变形的可能性大，因此人权保障和程序正义的实现受到影响。

第二节　司法模式

司法模式多为大陆法系国家所采取。司法模式是指由法院来决定是否给予罪犯减刑和假释。司法模式下的减刑假释具备司法活动的所有特征，其程序启动主体具有多样性，罪犯申请、行刑官、检察官提请等都可启动。在一定情况下，法官还可以自行启动程序。但因法院与矫正设施分属两个系统，法官通常不熟悉矫正事务，故往往需要熟悉矫正业务的机构或专家作为法官裁决的辅助。

同时，在司法模式中可再细分为专门法官模式和普通法官模式。专门法官模式是指法院设置专门的法官，负责减刑假释案件的审理及对监狱等行刑机关进行监督，如法国、意大利、西班牙等国采此方式。普通法官模式是指法院内部不设专门的执行机构和执行法官，由普遍法官审理假释案件，如俄罗斯、德国、卢森堡。两者相较而言，由于行刑及矫正是专业性较强的领域，由专门的法官进行审理更有利于积累审理经验，探索总结减刑假释案件司法适用的规律。因此，专门法官模式比普通法官模式往往更为科学。

司法模式的主要特征是：

第一，法刑关系中，法院司法监督，行刑机关具体执行。裁判权是刑事司法机制中的核心权力，居于主导地位，行刑权力是次要性权力，行刑权从属于裁判权。同时在司法模式中，行刑机关要接受法院基于裁判权延伸而产生的各种司法监督，如执行法官驻监、法官巡查制。意大利以监察法官实施对监狱的监督。法国将司法对刑事执行的监督嵌入监禁场所中，建立了体系庞杂的视察监督制度。刑罚执行法官每月至少得巡查一次监狱。[①] 减刑假释程序中，行刑机关多处于建议者的角色，这种建议包括启动程序或在裁决程序中发表意见等内容，如法国的监管人员是刑罚执行委员会的当然成员，对执行法官作出减刑假释裁定产生影响。

第二，检刑关系中，检察机关行政主位，行刑机关行政次位。行刑机关与检察机关的关系实质上是一种主位的行政权力对另一种次位行政权力的行政监督。这种监督的合理根据在于检察机关在刑事司法中的职能处于指挥者的地位，而行刑机关是具体执行者。检察监督权限的大小在各国的设定有所不同，就是否作用于监狱具体行刑活动为限，有全面的指挥监督权、一般监督权或无监督权的基本划分。例如，德国刑事诉讼法第451条规定，刑罚执行由检察院负责具体实施，监狱附属于检察部门；瑞典、荷兰等国的检察机关则具有与建议权相连的一般监督权力。此外，少数国家的检察机关对行刑机关在减刑假释中的具体行刑行为不具有任何监督权，如西班牙、比利时等。同时，裁判权与检察权对行刑权进行监督制约的内容有所不同。法院一般侧重于对刑罚执行变更有关方面的监督，而检察机关侧重于对行刑机关具体行刑行为的全面监督，以利于在减刑假释程序中行使建议权。

第三，法检关系中，检察机关建议，法院裁决。减刑假释裁判行为属于审判权，应由法院行使，以维持法院对审判权的独占。检察机关通常行使程序启动和建议职权。例如，在法国的刑罚变更程序中，检察官具有建议权，同时规定了检察官具有向法官报告情况的义务；此外，检察官是刑罚执行委

---

① 司法部编：《外国监狱法规汇编（四）》，社会科学文献出版社1988年版，第274页。

员会的当然成员。[①] 我国澳门地区的罪犯在可能被假释前 10 日，检察机关须就假释问题在原卷宗内表明是否应当假释的意见，然后由法官作出是否给予假释的决定。但是这种情况也有少许例外，在极少数国家由法院裁决减刑假释的同时，对于减刑假释的撤销检察官具有完全决定权。例如，希腊刑事诉讼法第 549 条规定，公诉检察官有权决定或准许撤销假释。同时，减刑假释具体程序具有多样性。审理采听取意见式，开庭审理或书面审理方式兼有。法官具有较大的主动调查权力，以确定客观事实，判断罪犯的人身危险性程度的变化，综合考虑是否符合减刑假释条件。

第四，保障罪犯等参与人的基本程序权利。采司法模式的国家中，较为普遍地设置了罪犯等相关参与人的意见陈述权、上诉救济权等基本程序权利，一些国家还赋予了罪犯律师帮助权。但这种权利在减刑程序和假释程序中设置有别，同时各国撤销程序未较裁决程序设置保障程度更高的权利内容和行使方式。

第三节　委员会模式

虽然英美法系国家传统上将减刑假释权统一视做行政权，但它们通常认为法官来决定减刑假释具有很多困难。最为困难的是在罪犯犯罪许多年后，即使是当时判案的法官也无法评估决定是否给予罪犯减刑假释的所有信息。最为尖锐的反对将减刑假释权归于司法权的观点认为诸如减刑假释之类的权力是定罪和量刑这种司法权力以外的。但这种刑罚执行变更权具有刑事司法性，与一般行政权具有差异。这种差异和准司法化的需要催生了委员会的出现。

委员会模式即由委员会来决定减刑假释，主要形式是假释委员会。[②] 假释委员会本身体现了假释系统的开放性和专业性，强化了假释决定权的社会化色彩。[③] 此外，委员会模式也包括其他较为少见的特殊委员会类型，如监务委员会。监务委员会作为监狱与社会的桥梁，吸收了社会人士和专家参与，增强了社会化。例如，我国台湾地区的“行刑累进处遇条例”第 28 条规定，“缩短刑期，应经监务委员会决议通知其本人，并报法务部核备。”再如由释

---

① 罗结珍译：《法国刑事诉讼法典》，中国法制出版社 2006 年版，第 537 页。

② 日本的地方更生委员会与假释委员会不具有实质上的区别。

③ 王宏玉：《非监禁刑问题研究》，中国人民公安大学出版社 2008 年版，第 144 ~ 145 页。

放委员会决定假释。在斯洛文尼亚，司法部长从最高法院法官、检察官以及其他负责司法事务的人员中任命释放委员会的主席、副主席以及其代理人。委员会由3人组成合议作出决定。[①] 假释委员会通常对授予假释或撤销假释具有完全的决定权力，而对于减刑或善行折抵的决定权力主要体现在两个方面：一是假释委员会最终决定善行折抵，这种情形适用相对较少。二是假释委员会仅在罪犯因违反监规而撤销善行折抵或在撤销假释中就是否恢复折抵期之时介入善行折抵问题。通常情况下后种情形在实践中适用较多。

以假释委员会的独立程度进行分类，可主要分为三类。

一为矫正系统中的假释委员会。假释委员会成员全部来自于矫正体系中的工作人员。利弊都很明显，利处在于熟悉罪犯和矫正设施的情况，能作出较为准确的评价；弊处在于易掺杂私人情感和将重心放于矫正设施利益的维护。在实践中，此种模式因未对假释委员会与矫正设施之间设置一定的“隔离带”，实质上与矫正设施行政决定模式没有太大的区别。

二为半独立的假释委员会。假释委员会设在州矫正局中，委员既有矫正机关的人员，也有非矫正机关的人员，委员会相对独立地行使权力。半独立模式能够较完善地发挥假释委员会的作用，如美国的联合模式，决定和取消假释的权力由假释委员会行使，假释后的监督权力由矫正局行使。在科罗拉多州、罗德岛州和许多具有假释委员会的州适用。[②] 但因在假释决定中过于强调矫正机构的因素，半独立的折中模式遭受了质疑。

三为独立的假释委员会。假释委员会完全独立于矫正机关的设置，一般由州长直接任命假释委员会委员。委员独立客观性强，但通常并不了解监狱的情况。故独立模式招致了一些批评，主要就在于假释委员会委员是矫正工作的外行，通常对矫正计划不太关心，将审查的重点不放于矫正设施而关注矫正设施外的因素过多。由此独立假释委员会的发展经历了由高到低再逐渐平稳的起伏过程。

委员会模式的主要特征是：

第一，委员会的成员组成通常考虑社会性和专业性。一般采听证方式审查减刑假释案件。委员会也具有较强的调查权，以集合各方的信息和意见。同时，委员会具有较大的自由裁量权。

---

① ［荷］皮特·J. P. 泰克：《欧盟成员国检察机关的任务和权力》，吕清、马鹏飞译，中国检察出版社2007年版，第356页。

② Howard Abadinsky: Probation and Parole: Theroy and Practice, Prentice Hall Inc 1997, p. 233.

第二，行刑机关具有建议权，委员会具有决定权。行刑机关协助罪犯做好假释准备、制订假释计划，委员会进行审查核准。同时，部分假释委员会吸纳行刑机构人员参加。在此情况下，行刑权渗入了委员会的权力。

第三，审判权和检察权并非完全退出委员会模式。一是委员会作出的决定通常要接受法院的司法审查。二是法官、检察官还可提出意见。有的假释委员会审查案件需征求原审法官的意见以及吸纳法官参与案件审查。例如，美国密歇根州，在量刑法官判决的终身监禁或定期刑的案件中，法官有权获取假释听证的通知，如果法官提交书面反对意见，假释委员会无权对罪犯进行假释。[①] 同时，假释委员会通常咨询检察官的意见，但英美法系国家的检察官一般在刑罚执行中不具有职权。比较特殊的是日本，检察官对罪犯是否可以假释以及何时开始假释均可向刑务所提出意见。

第四，罪犯等参与人获得与最低正当程序标准相适应的权利保障。但权利保障的内容并不稳定，如罪犯或被害人是否具有提交证据的权利，对不利证人进行询问的权利、获得律师帮助的权利甚至罪犯或被害人是否能够到场，都在各国家或地区具有不同的法律规定及运作方式。

此外，还有由法院与司法部长分享减刑假释权的混合模式。通常法院享有一定刑期以下的独立减刑假释权，而司法部长享有此外所有刑期的减刑假释权，以示对减刑假释的双重控制。此模式横跨行政与司法两个领域，操作比较复杂，并且这种控制也不符合减刑假释的权利化倾向，故原采该模式的许多国家都已经进行了司法改革，现今仅有极少数的国家还予以保留适用。

另外，值得注意的是减刑假释作为行刑个别化和社会化的产物，社会组织和个人虽然不影响程序的基本构造，但发挥了相当大的作用，突出地体现在提请程序和假释监督程序中。前者如监狱顾问委员会充当监狱与社会的中介人的角色。[②] 后者如将罪犯的假释监督交予社会力量独立进行时，社会组织个人与行刑机关是并立关系，与假释裁决机构之间是协作关系。或对罪犯的假释监督交予假释官，而社会力量予以支持配合时，假释官与社会组织个人之间是被协作与协作的关系，两者整体上与假释裁决机构之间为协作关系。

---

① United Nations Department of Social Affair: Parole and Afer - care, United Nations Publication 1954, p. 64.

② 翟中东主编：《自由刑变革——行刑社会化框架下的思考》，群众出版社 2005 年版，第 145 ~ 146 页。

第四节 减刑假释程序模式的评论

一、对减刑假释程序模式的评述

首先，行政和司法都是执行法律的活动，两者的职能区分主要在于所针对和处理的社会事务不同。行政的任务在于积极地营造一个社会成员能够自由地谋取利益的社会秩序并预防社会秩序被破坏；而司法的使命在于通过解决社会纠纷恢复被破坏了的社会秩序。行政与司法的这种职能的不同决定了其必须适用不同的程序并通过不同的程序制度表现出来。司法程序与行政程序的不同之处在于：第一，司法程序是判断程序，作出的判断必须建立在当事人举示并经双方质证，法官认证的证据所确认的事实依据之上，适用具体法律并说明理由。如果不严守程序规定将导致程序无效，实体判决被撤销。而行政程序是执行程序，其不如司法程序严格，一般只需满足最低程序要求即可。第二，公正平等是司法程序的首要价值选择，而效率效益则是行政程序的第一目标追求。第三，司法程序凸显出程序的自治性，而行政程序受到行政政策的影响，产生变更的可能性极大，故程序内部的自治性较弱。第四，司法程序保障各主体之间的交涉性，而行政程序保障权力主体的主导性。此外，行政系统内的官僚等级性也会冲击行政程序的适用。第五，行政权系执行法律的主动权力，而司法权是裁决司法争议的消极权力。

因此，行政模式与司法模式相较而言，很难说孰优孰劣。司法模式多以简略的庭审方式审理案件，在效率上与行政模式相比其实差别并不太大，故行政模式具有一定的效率优势，但并不突出。一方面就实现公正和人权保障的价值而言，司法独立，而矫正机关内部或假释委员会受行政权的影响大，因此司法模式权力主体的中立性更强。另一方面在救济渠道上，司法模式以上诉方式为主，由上级法院审查并监督；而行政模式多采行政救济的方式。因此，救济主体、层级、方式的不同带来救济效果的不同。司法机关在人权保障上更具优势。但就实现实体公正而言，行政模式因为系近距离观察，更为熟悉罪犯的矫正情况，有一定优势；而司法模式是远距离观察，第一手信息较少，因此行政模式占优。但英美法系国家普通法院对行刑机关以及假释委员会的决定具有司法审查的权力，可以矫正行政程序保障公正和人权上的一些不足。同时，多采司法模式的大陆法系国家可以通过咨询矫正人员、寻求专家意见等方式弥补矫正信息和专业知识的不足。所以，比较后的基本结论是行政模式公正为短的弱点可由司法审查矫正；司法模式法官不熟悉矫正事务的不足可由法官增大调查权，并听取咨询参考意见的方式弥补。

其次，委员会模式对行政模式作出了修正，增强了中立性以实现程序公正；同时，委员会模式更为接近矫正机构，可使作出结论的依据更加真实可信，因此可在一定程度上弥补司法模式的短处。实现委员会模式的效能，须同时具有委员会相对独立和适用准司法程序的前提条件来防止背离设立初衷，即本意在吸取行政司法两种模式之长，而实践效果却兼具两者之短。但事实上，真正兼具这两个前提具有相当的难度。

完美无缺的减刑假释程序模式只是理想化的状态，选择一种程序模式受到法律习俗、司法传统等多种因素的影响，不论是行政、司法还是混合模式均有其突出或独到的优势，但同时也具有各自不同的不足与劣势。因此，吸收各种模式中的合理因素弥补既定模式功能的不足，才能最大限度地保障减刑假释程序价值的全面实现。

二、形成不同模式的原因分析

（一）法律传统不同

善行折抵和假释发端于英美法系国家。而欧洲大陆从荷兰第一例减刑案后就再无大的发展，而后是减刑假释制度从美洲传回欧洲大陆。英美法系国家一般把假释视为行政措施，最初由狱政部门，后来由专门的假释委员会决定假释，而大陆法系国家一般都严守分权理论，将与审判权相联系的行刑制度都囊括于审判权之内，故认为假释涉及受刑人的刑期变更，而将其视为司法措施，由法院享有决定权。①

（二）权力观和人权观不同

首先，各国分权理论的不同是产生对减刑假释权不同认识的重要原因。与英美法系国家相比，大陆法系国家对分权原则的贯彻更为严格，或者说大陆法系国家对分权原则的理解似乎过于机械。大陆法系国家的行政权的强势地位更突出。在法国和德国，法院的司法行政事务在很大程度上要受到司法行政机构的控制，从法院的财政预算到法官的任免、升迁和薪金，司法行政机构都拥有相当大的决定权。德国的法院与检察院更是同归司法部管辖。因此，司法权与行政权的力量对比并不平衡。其原因在于在大革命中，大陆法系国家的法官因为维护旧势力，同样成为了革命的目标。孟德斯鸠和其他思

---

① 李贵方：《自由刑比较研究》，吉林人民出版社 1992 年版，第 310 页。

想家们所创造的防止这种不法行为的唯一可靠手段是首先实行立法、行政、司法权力分立，改革司法制度，保证法院自觉地适用立法机关创制的法律，而不干涉行政管理职责和政府官员的活动。[①] 相反，英国和美国有着与之不同的司法传统。重要的差异在于法官常常是与人民站在一起反对统治者滥用权力的进步力量。故英、美不存在对于法官造法和司法干预行政的恐惧，英美普通法院获得了广泛的司法审查权力；而大陆法系国家对分权原则的理解排除了普通法院行使违宪审查权的可能性。此外，美国民主宪政的先驱汉密尔顿发展了三权分立理论，认为权力的局部混合恰恰是权力制约与平衡的需要。[②] 因此，美国权力制衡的精髓之一就是权力的相互混合。所以，美国出现了假释委员会这种具有行政性质的机构以准司法的程序来审查假释案件的方式。同时，大陆法系国家完善的减刑假释立法制度也是其立法实证主义规范化的显现。进一步说，大陆法系国家将行刑中的行政权（普通行刑权）和司法权（行刑变更权）严格区分，分归于行政权和司法权的不同疆域，也是为了行政与司法互不干预的需要。

其次，各国家或地区的人权观不同。大陆法系程序法中的理性和良心不同于英国早期科克等人信奉的自然公正，其是以逻辑学和可以被验证的理性认识为基础的。由此造成权利保护的出发点有所不同。大陆法系国家在传统上都是中央集权的国家，因此大陆法系重集体权利，更加强调对已然之罪的否定评价和惩罚；而英美法系国家崇尚个人自由，重个人权利，更加强调对未然之罪的矫正防卫。在此人权观的基础上，大陆法系国家更加注重社会的安全和稳定，对维护法院的权威，维持司法判决的既判力惩处犯罪极为重视，因此大陆法系国家的减刑假释的适用较英美法系国家更为保守，同时将减刑假释权力归属于传统司法权范畴。另外，基于基本人权观的不同，两大法系在减刑假释程序设置上出现了一定的差异，英美法系国家以行政便利或准司法程序原则高效率决定罪犯的减刑假释；而大陆法系国家则以司法程序正式审理减刑假释案件。

（三）违宪审查模式不同

违宪审查又称宪法监督，是指特定的机关依据一定的程序和方式，对法理、法规和行政命令等规范性文件和特定主体行为是否符合宪法进行审查并

---

① ［美］约翰·亨利·梅利曼：《大陆法系》，顾培东、禄正平译，法律出版社2004年版，第16页。

② 樊崇义主编：《诉讼原理》，法律出版社2003年版，第556页。

做出处理的制度，以保障公民的自由权利。世界上绝大多数国家都建立了违宪审查机制。违宪审查或由最高权力机关行使，或由普通司法机关行使，或由特设机构行使。特设机构包括宪法法院、宪法法庭或宪法委员会等专门机构。有的国家可以对一切法律、法令和行政法规进行审查；有的国家可以对法令和行政法规进行审查及变更；有的国家则可以对行政法规和地方性法规进行审查和变更。例如，在英国，公民的权利和利益受到行政机关侵害时，向普通法院请求救济有三种方式：第一，提起普通法上的一般诉讼；第二，上诉；第三，请求高等法院根据它对下级法院和行政机关所具有的传统监督权，对后两者行为的合法性进行司法审查。① 上诉是制定法所规定的救济手段，当不存在制定法或没有诉由之时前二者的救济都受到限制，因而司法审查可视为最为强大的救济手段。英国的罪犯可以申请司法审查，而美国的普通法院与德国的宪法法院有权受理囚犯在接受狱政管理中的申诉，但法国宪法委员会则无权受理。因此，在大陆法系国家，罪犯在减刑假释中的违宪救济并不完全畅通，从这一层面上说，将减刑假释权归属于司法权，以占主导地位的审判权来监督次要地位的行刑权行使更具权利保障可行性。

（四）国家程序体系构造不同

大陆法系国家的程序构造是科层制和政策实施型，而英美法系国家是协作制和纠纷解决式。② 这决定了在刑事司法体系中，大陆法系国家更倾向于以国家司法权力审判的方式审理减刑假释，而英美法系国家更强调社会协作，倾向于以行政委员会制解决罪犯的减刑假释法律问题。

---

① 王名扬：《英国行政法》，北京大学出版社 2007 年版，第 115 页。

② ［美］米尔伊安·R. 达玛什卡：《司法和国家的多种面孔——比较视野下的法律程序》，郑戈译，中国政法大学出版社 2004 年版，第 25 页。

第三章　减刑假释程序的运行

减刑假释程序中的权力主体具有一定的特殊性，除了公权力主体之外，还包括承担一定程序职能的社会组织和个人；权利主体则主要指罪犯和被害人。相较于刑事审判程序，减刑假释程序的对抗博弈性有所减弱，但基于罪犯的受限制地位，对其构建较为充分的权利保障机制尤为重要，此外，关注和强化对被害人的权利保障，以实现权利保障的平衡。另外，基于对减刑假释程序不同模式的选择和不同具体制度的建构，各国及我国港澳台地区的减刑假释程序呈现出不同的状态和特点，主要体现在权力主体权限、参与人权利保障以及具体程序运行三个方面。

第一节　减刑假释程序权力主体

广义的减刑假释程序权力主体，包括国家权力主体和承担一定监管职能的社会组织和个人。

一、减刑假释程序权力主体的特征

（一）行刑机关

减刑假释的适用刑种主要是自由刑，即有期徒刑和无期徒刑两种类型。一些国家也规定可以适用于其他有限度剥夺自由的刑罚，如管制、社区刑罚等。因此，对应的行刑机关主要为监狱，也包括拘役所、劳动矫正设施等。

行刑机关在减刑假释程序中总体上具有审查者、建议者、裁决者或执行者四种功能角色。首先，在将减刑假释视做行政权的理念之下，如前述基本程序设置是行刑机关与司法部分权，或行刑机关独享减刑权。在行刑机关独享减刑假释权的情形下，行刑机关成为裁决者。其次，在将罪犯个人申请作为启动程序的情况下，行刑机关系提请程序中的审查者，其对罪犯的个人申请负初步查证的职能。再次，程序建议者的角色是行刑机关的基本程序功能定位。减刑假释制度生根于矫正教育的刑罚目的理念。行刑机关对罪犯的人身危险性的改良变化具有直观的经验判断，此外，还有科学测试方式以增强判断理性。因此，行刑机关在减刑假释程序中成为建议者。这种建议职能总体上具有三种实现途径：一是直接提请给予或撤销罪犯的减刑假释；二是建议提请权主体如检察机关启动对罪犯的减刑假释程序；三是在审查程序中陈述建议意见。关于第一、二种方式的差异主要在于各国司法传统的不同和对减刑假释本质的不同认识，一是受到检察机关在行刑中功能定位的影响，二是受到启动申请权是否必须依罪犯申请程序前置的影响。而行刑机关在减刑假释裁决程序中普遍具有建议职能。最后，执行者的程序角色。包括执行减刑之提前释放以及协助假释委员会实施罪犯的假释前准备程序等。

行刑机关的主要特征是：第一，从刑罚本质而言，行刑机关须与社会保持适度的分离。自由刑是剥夺人身自由的刑罚，因此，行刑机关具有限制罪犯人身自由并剥夺“舒适度”的功能，以实现刑罚的报应。从这一层面来说，监狱与社会生活的适度分离是刑罚实现报应目的的需要。但过度的隔离必然带来报应的绝对化，对实现矫正目的产生障碍。这种障碍主要体现为：容易造成侵权和不利于罪犯的再社会化，其深刻地反映在以罪犯矫正和权利保障为核心的减刑假释程序之中。而兼顾行刑个别化和行刑社会化，是平衡和协调实现惩罚和矫正两种刑罚目的的基本要义。既不能以行刑社会化来抹杀行刑机关的适度疏离性，也不能以完全隔离来形成矫正的悖论。合理的格局应当是统一惩罚目的和矫正目标，加入社会化的元素。[①] 第二，从控权角度而言，必须抑制行刑机关易滥用的高危权力。行刑机关是具备刑事司法属性的特殊行政机关，具有权力异化的超高风险性。一方面是因为行刑机关的权力行使往往不处于社会监督的阳光之下；另一方面罪犯的权利保障是一个弹性空间较大的系统。在很长时间内，基于罪犯的客体地位和报应理念，罪犯的权利保障未得到承认。此外，加重行刑机关的报应功能，在相当大的程度上也符合一些社会民众朴素原始的恶报观念，更加剧了行刑机关惩罚性行

---

① 有学者直接将行刑权定义为国家和社会的二元权力。例如，认为行刑权是一种由行刑部门为主干广泛吸收社会力量的混合性权力。参见王利荣：《论行刑权运作的两种趋势》，载《政治与法律》2001 年第 3 期。例如，行刑个别化体现在行刑初期是进行人格评估罪犯分类及制订个人矫正计划；行刑中期实施训练计划、处遇方案及进行各种人身危险性评估；行刑后期进行假释释放准备及订立假释后个人计划。而行刑社会化则体现在行刑机关要接纳社会力量更多地参与到对罪犯的矫正中。例如，吸纳志愿者参与、构建社会帮助委员会或社会服务站等。

刑的膨胀。由此，行刑权力与罪犯权利产生了强烈的不对称，命令服从式的关系必然造就行刑机关支配地位的绝对化。在减刑假释程序中，监狱等行刑机关往往成为“隐形的主导者”，应充分警惕行刑机关权力滥用的危险性。

（二）法院

大陆法系国家的传统观念认为减刑假释权力是司法权的基点在于，刑罚执行是裁判权的附属，执行变更与裁决权直接相关，因此归属于审判权，由法院以司法程序裁决之。英美法系国家的法院对行刑机关的行为和决定多可以进行司法审查。

法院的主要特征是：第一，司法独立。依程序公正的基本准则，裁判者中立无偏私，各方参与人均有自由发表意见的机会，并且意见对结果产生实质性意义。故法院在不受行政权力和其他社会力量干预的独立环境之下适用司法程序，充分听取各方意见，对各方平等对待，并依据多方认可的证据材料作出公正的裁决。第二，具有维护与救济罪犯权利的功能。首先，平衡监狱与罪犯之间的不平等关系。在行刑中，构建权利义务型的法律关系至少在目前仅还是理想化阶段，退一步说，即使杜绝纯粹行政式的命令—服从模式，罪犯在与监狱的法律关系中也处于下位。而法院在减刑假释程序中可以通过审判权的向后延伸来实现对这种不平等关系的矫正。例如，刑罚执行法官通过视察监狱，实现对监狱在提请程序中履职情况的监督。帮助罪犯提升地位，以保障其基本权利不受侵害。此外，直接以司法审理的方式来维护罪犯最大的需求“早日获得自由”的权利。由法院来主导减刑假释程序，将在维护人权上更为得力。[①] 其次，提供权利救济。司法权的本质是人权和救济权。罪犯在行刑机关服刑，涉及权利剥夺度的问题。关于度的界限法律规范具有原则性、不完全性和滞后性，因此实际上掌控在行刑机关手中。基于罪犯的特殊地位，以权利来控制权力力度极小，所以以权制权才是设置的重点。当人民对统治者之统治方式发生侵害民权之争执时，法院即以超然于政府之公正第三人立场审判，以维护宪法保护人权之尊严，故称法院为宪法看守人或民权保护者。[②] 因此，司法权将为罪犯提供权利救济。主要是在减刑假释程序中，对行刑机关的行为进行司法审查。在行刑阶段，刑罚目的论本身的意蕴赋予了法院监督执行机关的权力来源。因为社会防卫思想的重要内涵之一就是主张将审判阶段和执行阶段联系起来。认为刑事诉讼应一直延续到对罪犯

---

① 曲新久：《刑事政策的权力分析》，中国政法大学出版社 2002 年版，第 192 页。

② 陈卫东：《程序正义之路》，法律出版社 2005 年版，第 116 页。

采取的最后措施执行完毕。而要求刑事诉讼的延续与连贯，一方面是为了加强法官对刑罚执行阶段的法律监督，另一方面也是为了更好地把刑罚个别化的思想变成实际行动。第三，彰显司法民主。托克维尔论述，“自然环境不如法制，法制又不如民情”①。司法民主是指创建民众参与司法程序的机制，避免司法成为少数法律精英对民众的统治，确保司法服务于民权。在减刑假释程序中，司法民主与教育刑理论暗合。法院在减刑假释审理中吸纳更多的社会力量参与，直接目的是帮助法院作出是否给予或撤销罪犯减刑假释的心证，根本目的是实现教育刑的理念，防卫社会。这在一些大陆法系国家的立法中得到了彰显，如法国、意大利。

（三）假释委员会

减刑假释虽不是一种典型的纠纷争端形态，但对社会、罪犯和被害人的利益均有重大影响，并且代表着国家刑事权的归结。在减刑假释程序中，程序主体应独立无偏私，程序运行应实现公平正义。一些国家设置假释委员会或类似组织，以权力混合和准司法性的程序满足程序公正民主的需求。

假释委员会的主要特征是：第一，与行政机构具有不同程度的亲疏关系。有些假释委员会受政府的财政支持，人员也由矫正局派出。假释委员会委员与普通公职人员的选拔程序相似。即使是完全独立的假释委员会，机构的运作也受到政府财政的支持。因此，假释委员会与行政机构具有联系，只是联系的强弱程度不同。这种特质影响到减刑假释程序的适用，如减刑假释的运行政策会因行政权的影响而波动。例如，当监狱人口处于高位时，为节约行刑成本和预算，假释委员会会受到政府的政策压力，减刑假释程序将简化；在犯罪形势严峻之时，假释的适用将收缩，假释程序也将更为正式和审慎。另外，假释委员会的独立性越强，越有利于保障审查权力的中立和对行刑机关程序义务设置的客观有效。这也是美国的假释委员会从矫正机构内部的行政委员会走向半独立甚至全独立假释委员会的主要原因。第二，彰显减刑假释程序的社会化。这突出体现在假释委员会成员多元化方面。从功能需要上说，人身危险性的判断和罪犯的再社会化问题涉及许多学科，诸如犯罪学、心理学、精神病学、社会学等，需要吸纳不同学科的专业人员参加；此外，罪犯的再社会化需要社区人员和其他民众的帮助。因此，假释委员会的成员一般包括以下几类：监狱人员、专家以及社区和公民代表。在美国一些州的假释委员会成员还包括了法官，以增强程序的司法属性和对报应和矫正双重

① ［法］托克维尔：《论美国的民主》，高牧缩译，商务印书馆1988年版，第358页。

目的的兼顾。第三，审查程序的准司法性。司法类型程序并非一定由司法机关进行垄断行使，其与审查内容的性质和方式紧密相关。假释程序特别是在撤销假释程序涉及人权中首要之自由权利。即使将假释权利视做罪犯的特权，它也仍受到正当程序的保护，只是保护的标准、程序的刚性力度逊于刑事审判程序而已。从刑事权的理性关系上说，刑事执行权是审判权的兑现，是裁判权的逻辑结果。因此，必须尊重在前的司法判决。因此，从涉及权利内容的重要程度以及变更执行权力的来源进行分析，假释委员会实施减刑假释程序的准司法性具有必要性和合理性。第四，假释委员会具有较大的自由裁量权。假释委员会审查案件仅有最低限度的正当程序保障。证据的举示、质证的规则、陈述意见的发表等程序定型程度较低，功能有限，加上证明标准不高，因此假释委员会具有较大的自由裁量权。这种自由裁量权可能会成为政府滥用公权力的工具，损害公正和人权，因此必须进行规制。

（四）检察机关

法国是检察制度的发源地，法国的检察制度滥觞于14世纪的国王代理人和国王律师制度。国王代理人的首要任务是维护国王的领土利益、财政特权和司法特权，同时也负责维护公共利益。① 检察机关成为刑事追诉的中坚力量，但检察机关的职能远远不止于此。作为社会及公共利益的代表者，在大陆法系国家的刑罚执行领域中检察机关发挥着重要的作用。这种作用体现在交付执行、指挥刑罚执行、负责具体刑罚的执行、建议刑罚执行变更及对法院的裁决进行监督等。英美法系国家的检察官通常在刑罚执行中不具有具体的诉讼职能，但在两大法系的融合和国际社会的推动下，这种“定式”已经有所松动，如英国的检察官已经开始在行刑领域获得一定职能。②

在减刑假释程序中，检察机关的主要特点是：第一，具有程序启动者和建议者的角色。这种职能是检察机关公诉权的延伸。法院对被告人量刑程序完毕，仅是检察机关求刑权的形式实现。在行刑阶段，罪犯获得与其犯罪的社会危害性和其人身危险性相适应的刑罚。检察机关启动刑罚变更程序，也

---

① 何家弘主编：《检察制度比较研究》，中国检察出版社2008年版，第116页。

② 英美法系国家的传统观念认为，检察机关仅作为控方当事人存在，因此，在刑罚执行领域并无职能需赋予，故检察机关在刑罚执行中没有主动权力，仅作为被动的被咨询方而存在。但现今，英美法系国家检察官在行刑阶段的功能作用开始受到重视。欧洲理事会犯罪问题委员会于2000年6月修改通过了《欧洲各国检察官在刑事司法制度中的作用》，该文件是目前国际组织关于检察官作用的新文献。其在《关于检察官的职权》中规定，检察官应确保对违法者进行刑事追究法律的执行，既保护个人权利，又注重提高刑事司法制度所必需的效率。促使英国实施刑罚执行改革，检察官已在刑罚执行中开始履职。

是求刑权的实现方式。第二，对行刑机关进行监督。这首先与检察权的性质相关，其次与大陆法系国家的行刑构造设计具有密切的关系。对于行刑机关具体执行行为的监督往往由具有行政属性的检察机关承担。

（五）社会组织和个人

实证学派法学家菲利提出犯罪原因多元论，之所以要对罪犯进行矫治，理由在于罪犯的意志自由有限性，社会对犯罪负有一定的原因责任。对罪犯进行矫治的最终目的是降低其人身危险性，使之成为守法公民，从而降低再犯率和初犯率。对罪犯个人而言，帮助其成功实现再社会化；从社会的角度而言，实现防卫社会的目标。而刑罚目的的实现，离不开社会组织和个人的监督帮助。

在减刑假释程序中，社会组织和个人的监督帮助功能的实现主要体现在以下两个阶段：一是准备和提请阶段；二是考验期阶段。具体而言，首先，在行刑机关相对封闭的环境中，带有人身危险性的罪犯若再与社会长时间隔离，很难成功再社会化。因此行刑社会化需要国家和市民社会两个系统的双向支持，特别是来自于市民社会的支持。故社会的参与和监督也被认为是监狱与社会之间的一种制度化和有代表性的合作形式。在减刑假释程序中，罪犯矫正进步之减刑假释需要社会力量的参与机制。此外，由于社会组织和个人参与了罪犯矫正，了解罪犯的改造情况，故也具有了减刑假释的提请权。其次，减刑假释考验期特别是假释考验期监督程序中需要社会力量的参与。一是协助假释官构建监督程序。假释官与被假释人的人数对比总是悬殊的。例如，有的假释官同时要负担上百件案件，社会组织和个人可以协助假释官完成假释犯的定期报到、家访、心理矫正等程序。二是从广义上说，假释后的监督也包括了帮助和支持。社会组织及个人创建良好社区环境，帮助被假释人顺利回归社会生活。例如，被假释人在出狱初期，往往会遇到生活困难、就业艰难、社会关系瘫痪、心理阴影等困难障碍。此时，社区组织和人员可以创建多种帮助方式，如提供就业培训、帮助修复假释犯的家庭关系等，以使假释犯安全度过危险期。

此外，假释监督主体的设置本身经历了论争。首先，对警察监督经历了对由肯定到否定的过程。警察国家是集权非民权国家的典型特征，立于现代法治的对立面。早期，西方有的国家就把保护观察称为“警察监视”，后来认识到警察监视的弊端因而改为保护观察，并引入社会力量的参与。[①] 在警察监视到保护观察的发展过程中，专门雇用协助警察的市民雇员进行具体监

① 甘雨沛、何鹏：《外国刑法学》，北京大学出版社 1984 年版，第 688 页。

督。这些雇员定期出具报告、每隔两个星期访问被假释人的家，以证实他们的监督有成果，这些人就是假释官的前身。[①] 故否定警察监督，其原因在于：其一不利于犯人的自力更生，反而会增加其精神负担，成为其自力更生道路上的障碍；其二警察机关承担着繁重的侦查职能，没有足够的精力放置于对假释犯的监管之上，影响对假释犯重返社会的心理和能力构建。联合国建议各国假释之监督考察不可委之于警察。基于此，现今世界上极其少数国家仍由警察机关单独负责罪犯的假释监督。在各国的监督程序中，警察通常都是协助主体，配合假释监督主体实施监督。这种合作方式，既能避免警察独揽监督权的弊端，又能发挥警察本身的警力技术及违法犯罪案件处理的经验优势，有利于监督效能的优化[②]。其次，假释犯重返社会生活，监督是在具体社区、具体生活中进行的，与市民社会的特质相吻合，故社会组织个人成为监督主体具有合理性。基于此，一些市民社会发展较为发达和成熟的国家，甚至将假释监督委以私人保护组织、群体和个人进行，国家有关机构退出直接监督者的位置，仅起指导帮助作用。因此，社会组织和个人成为假释监督中的重要力量。

另外，假释监督作为最能体现行刑社会化原则的阶段，各种国家权力机关及社会组织个人的权能均在此交汇，呈现出多样形态。例如，由法院负责监督，法院再指定具体监督机构和人员对假释犯实施监督；设置专门的机构负责监督，如英国的缓刑监督官和工作人员由当地社区设立的专门委员会任命和雇用，缓刑监督机构既负责对缓刑犯的监管，又担负对假释犯的观护监督任务；矫正机构、检察机关或社会团体负责监督等。但几乎在每一种监督方式中，社会组织和个人都发挥了巨大的作用。

二、减刑假释程序权力主体综述

（一）英美法系国家

1. 减刑权力主体

在美国，1817 年纽约州通过《善时法》，规定处 5 年以下有期徒刑之受

---

① Howard Abadinsky: Probation and Parole: Theroy and Practice, Prentice Hall Inc2001, p. 211.

② 如在美国一些司法管辖区，假释官与警察的配合形成了超越传统的特殊领域。在北加州的社区矫正分机构，在城市中实行新的社区警务参与模式。假释官员和警察共同在交通卡点工作或在犯罪高发的地区的社区警务分所工作。假释官员经常与当地警察一道被编成组进行固定的巡逻。这些参与加强了假释官和法律执行机关官员的联系，增加了假释官关于地区犯罪事务的知识，增强了假释监督的有效性。同时，警察也会增多关于假释系统的知识，因此增强监督主体的合力。

刑人，如行状善良，得减少刑期1/4。其后各州也通过类似法案。《美国模范刑法典》第303.8条规定，短期拘禁刑由于善行之刑期之缩短，受逾30日之定期拘禁刑之宣告或为其执行而被收容之受刑人，保持善行、忠实履行义务时，按每月缩短（5日）之比例缩短刑期。典狱长或其他设施之行政长官，依据矫正局之规则得取消、保留或回复刑期之缩短。[①] 依照其第305.1条的规定对罪犯准予减短监禁刑刑期的权力应当由监狱长（负责处遇部门的副监狱长）行使。只有当机构内的改正委员会（或者类似委员会）建议时，才可对行为特别值得称赞或者优秀履行义务的罪犯以减短刑期。第305.4条第1款规定，因行为良好而减短期间的剥夺、中止或恢复。机构内的改正委员会或者纪律委员会召开听证后，监狱长或负责处遇部门的副监狱长可以剥夺、中止、恢复因行为良好和忠实履行义务而减短的刑期。但是罪犯获得假释后，不得剥夺或者中止其减短的刑期。第305.5条规定，准予、剥夺、恢复减短刑期的报告内容。监狱长或负责处遇部门的副监狱长应当向矫正局长定期报告所有因行为良好和忠实履行义务而准予的刑期减短，以及刑期减短的剥夺和恢复。第305.19条第1款规定，因行为良好而减短期间的决定和假释决定的终局性。除法律规定的获得听证的权利被否决外，任何法庭都无权审查或者撤销矫正局或假释委员会的有权官员作出的中止、剥夺、拒绝恢复因行为良好而减刑刑期或者假释考验期的决定。[②]

故总体而言，美国授予或否定善行折抵的法定权利由州长或矫正机构享有。同时，在许多州，善行折抵的决定和撤销有条件假释的决定是各种委员会的职责。在密歇根州，由矫正和人权事务部的缓刑和假释委员会行使。在加利福尼亚州为监狱事务委员会；在俄亥俄州由囚犯审查机构行使。在明尼苏达州，该权力由矫正委员会行使。同时，加利福尼亚州的矫正局有权进行刑期折抵，并设定否定刑期折抵的程序。如果囚犯的善行被否定，囚犯可以通过上诉程序上诉。上诉部门提交监狱事务委员会进行复查，对此将进行听证。在俄亥俄州，囚犯复查委员会具有更广泛的权力。但囚犯有权利通过法律限制刑罚的权力来创建自己法定的善行折抵权利。[③]

英国《监狱条例》规定，服监禁刑囚犯的劳动和行为表现可作为其减刑的根据。在执行减刑过程中刑期届满即正式出狱。服监禁刑的囚犯，在实际

① 刘仁文、王祎等译：《美国模范刑法典及其评注》，法律出版社2005年版，第13页。
② 刘仁文、王祎等译：《美国模范刑法典及其评注》，法律出版社2005年版，第259页。
③ Parrish v. Wyrick, 589 S. W. 2d 74 (Mo. Ct. App. W. D. 1979).

执行刑期超过5天后，根据其劳动和行为，有特殊表现的可被减刑。英国囚犯的减刑由国务大臣及监狱长决定。

加拿大法律规定，犯人一入狱就获得1/4的减刑，因是强制减刑故由狱方直接决定。只有在狱中又犯新罪才没收减刑，其他情况不没收，被没收减刑的罪犯，可以在一定时间内申请恢复被没收的减刑。同时规定，没收30天以下的减刑由狱方决定；没收30天以上的减刑，由地区法官决定；没收90天以上的减刑，由假释委员会决定。因此，加拿大采混合模式，监狱、法院与假释委员会三方均有不同权限的减刑权力。

2. 假释权力主体

在美国，假释的观念随着善行折抵和不定期刑获得了迅速的发展。根据美国假释制度的设置，假释委员会系负责假释的主管机构，享有极大的权限。第一，假释委员会在美国得以普遍建立。玛格丽特·卡哈兰（Margaret cahalan）1986年的报告中指出，假释在44个州得以适用，仅有佛罗里达州、密西西比州、弗吉尼亚州等少数几个州没有建立假释委员会机构。[①] 但同时，假释委员会也经常面临被批判的危险，因为它们释放的是曾经犯有凶残犯罪的罪犯，一些州如弗吉尼亚州、南卡罗来纳州、密歇根州等宁愿支持废除假释和假释委员会，也不愿面对这种经常被批判的体系。1980年，联邦政府和一些州废除了不定期刑和假释释放的制度，仅有少数州使不定期刑和假释制度再次生效。1984年，联邦量刑改革法令废除了不定期刑，以降低量刑的差异，并逐步停止适用假释，以回应对不定期刑和假释委员会的批判压力。但后基于高犯罪态势的压力，又对假释委员会的适用进行恢复。假释领域的一个持续性改革是假释委员会独立性的增强。如前所述，美国适用假释委员会的州的数量超过了总数的80%。通常由州的矫正部门具体实施。其间近10个州，假释委员会负责对被假释者的监督。但同时，美国其余的几个州罪犯假释核准权操诸州长之手，但各州州长的假释之批准，又依赖于法律顾问之意见定之。另有几个州设有多少不等的监狱案件审查机构，专事其事[②]。恢复假释委员会后许多州均将假释委员会转变为独立机构。

第二，通常假释委员会集合了假释的四项功能：挑选和确定假释罪犯；在社区中帮助、监督和控制被假释人；如果被假释者违反假释条件，将被送回监狱；在监督不再需要或刑期届满时结束假释。同时，美国所有的假释委

---

① Howard Abadinsky: Probation and Parole: Theroy and Practice, Prentice Hall Inc1997, p. 212.

② 丁道源：《中外假释制度比较研究》，中央文物供应社1987年版，第98页。

员会，不论是隐含的还是明显的，都具有平衡法官、法院和国家等构成的司法体系的作用。假释委员会的成员通常是资深的退休法官，熟悉所有司法管辖区的司法实践，因此，能够提供全国的通用标准。从而使法官、指控官、辩护律师、陪审团以及公众的情感、被告人的老练等混合在一起的复杂因素导致的量刑差异趋于一致。[①] 故假释委员会作为释放控制管理权力机关存在。美国 80.4% 的假释委员会可发出搜查令，72.5% 的假释委员会决定赦免，70.6% 的假释委员会发传票，70.6% 假释委员会有权进行减刑，27% 假释委员会有权进行假释后的监督，21.6% 假释委员会可以决定逮捕。

第三，各州的假释委员会内设机构差别较大，但听证机构和假释前服务机构两大机构是通常构造。对于假释监督部门以及假释官的设置各州不一，有的州具备完整的机构，有的州未配置监督机构。听证官与假释委员会委员在假释的决定过程中的作用不同。有的州规定由假释委员会委员直接主持听证并作出决定，而有的州受到行政听证的影响要求听证官与承办案件的假释委员会委员必须分离，此时听证官由假释官担任。例如，美国宾夕法尼亚州假释委员会（Pennyslvania's board of probation and parole）设有假释前服务局、听证机构、听证复议机构、假释前案件和记录管理机构、假释公共服务机构，属于全权型的假释委员会。[②]

第四，就假释委员会的权力独立性和人员组成而言，州的假释体系与它们的组织系统和管理程序相关，差别较大。许多假释委员会都是独立的州机构，但仅行使假释权力。各州的假释委员会有 3 个到 12 个成员不等。有 24 个州对假释委员会成员的特别资格具有成文法上的规定，如具备良好品格或有丰富的阅历等。在 41 个州，州长直接负责任命假释委员会成员，如在威斯康星州和俄亥俄州，假释委员会成员来自于文官系列。[③] 假释委员会的组成人员由州长从以前的监狱工作人员或在其他机构担任专职或兼职的人员中任命。有几个州假释也由州长与下设的假释委员会协商后解决，还有的州假释委员会具有对委员进行任命的实质性权力。在 12 个州中，假释委员会均是全职委员，并且有工作报酬。在 15 个州中，假释委员会中有一个是全职的，其余为兼职。7 个州的假释委员会委员全由兼职委员组成。在 10 个州中委员会由官员组成，包括监狱官员、行政长官、总检察长、法官、国务卿、警长和

---

① Howard Abadinsky: Probation and Parole: Theroy and Practice, Prentice Hall Inc1997, p. 25.

② James A. Inciardi: Criminal Justice, Academic Pressinc2006, p. 713.

③ Harry E Allen, Chris W Eskridge, Edward J Latessa , Gennaro F. Vito: Probation and Parole in America, the Free Press1985, p. 97.

其他的一些人组成。同时，既然假释委员会决定假释的释放和撤销，创造假释计划的政策和监督服务。整个假释系统的效率和可行性依赖于假释委员会委员的资格、技能和经验。美国的矫正协会推荐假释委员会成员的委任不考虑宗教信仰、肤色或政治派别。拥有学院的培训胜任专业工作，具有处理违法犯罪一般情形和问题的相关知识。因此，许多州要求假释委员会成员具有特殊资格，如是律师、刑罚学家、社会学家、心理学家、医生、当地的官员或受过矫正犯人训练或参与社会工作的人士。

第五，就假释官的功能与角色而言，假释官与假释委员会委员的角色并不同一。在美国，假释官主要分为两种类别：一是在矫正机构内的假释官，负责罪犯假释前的准备工作，并提供指导。二是在假释委员会中配备假释官，一方面主要负责与矫正设施就假释准备的衔接，另一方面在假释考验期内行使监督权力。而假释委员会委员是否是给予罪犯假释或撤销罪犯假释的决策人员，假释官却不参与假释的决策，但一些州的假释官可作为听证官参与听证。在矫正机构，假释官进行案件管理以及给被指定的罪犯群体提供咨询。会见有资格假释的罪犯，取回犯罪和量刑的资料，证实资格假释和被释放的日期是正当的。同时，获取罪犯参与矫正计划的信息，为犯人提供假释进展程序的信息，对案件进行审查，确保提供给委员会的建议意见与假释委员会的标准相符；联系被害人和罪犯家庭在假释听证时参与；确保罪犯的文件完善，参与假释听证并起到行政听证官的作用；给假释委员会呈递案件文件，依据案件文件回答假释委员会成员提出的疑问；在假释听证时作记录，记载正式的观点和程序，处理违反假释规定的案件等。

第六，在美国的一些州，假释委员会的决定受到州长等行政长官的审查，如加利福尼亚州的假释指南规定，假释委员会掌管所有不定期刑符合假释条件的人的假释听证。加利福尼亚刑法典要求假释小组由一些成员组成。委员会也通常确定假释释放日期，必须以联系对公共的威胁统一考虑相似的犯罪严重程度和量的标准下进行。如果全体假释小组成员确信囚犯有资格获得假释，州长将有权审查或推翻这个决定。对州长复查权的一个限制是州长的决定必须考虑和使用在假释委员会作出适当的决定时相同的因素和指南。

第七，美国的假释犯监督管理机构总体上可分为三种情况：一为矫正设施管理机构，美国大部分州的假释监督工作由矫正设施管理机构管理；二为假释委员会，一些州的假释监督由假释委员会管理；三为其他独立机构。假释监督机构的通常职能包括：获取被假释者活动和需要的信息；对被假释者违反假释条件的行为进行干预，对损害公共安全或被假释者的情况进行干预；

在监狱和释放的转换中对被假释者提供支持帮助；与需要和必须知晓信息的法律执行机构和其他私人机构分享被假释者的信息。为拉近监督者和被监督者的距离，通常假释官都在总部之外的分支机构工作，如纽约州的假释机构，在全州设有20个地区办公室对被假释者和有条件释放者进行监督。加利福尼亚州也设有服务分支机构。为提高工作效率及专业化监督管理水平，美国假释监督官内部具有细化的分工，如针对罪犯的类别，不同专业背景和经验的假释官将分配不同的案件，对财产型犯罪、滥用毒品和酒精的罪犯以及性犯罪者进行分别的管理。[①] 此外，美国私人或私人机构的监督十分发达。这些私人监督机构主要包括：由志愿者所组成的监督委员会；私人化的罪犯再社会化帮助组织；志愿者参与的公共行政辅助机构等。

在英国，原有权力模式是假释委员会具有建议权，国务大臣具有决定权。对于已判处监禁并交付执行的罪犯，如司法当局认为可以提前释放，便采用假释的方式，而不采用减刑的方式。英国有关于假释的专门立法，在司法实践中假释的适用面很广，60%的罪犯均在服刑一定时间后假释出狱。[②] 较减刑而言，英国人更为重视假释程序。《英国监狱法》第1187条规定，经假释委员会提议，国务大臣可将正在服监禁刑但不包括无期徒刑犯的人假释。同时，对于某些案件无须提交到假释委员会，经地方复查委员会提议，即可假释。《英国监狱法》第538条规定，国务大臣有权对其批准的假释随时撤销或更改。当假释委员会建议将被假释的人重新收监时，国务大臣可以撤销其假释并将他重新收监。如若国务大臣在假释委员会建议之前认为为了维护公众利益应即刻将假释的犯人收监，可以取消该犯的假释证，并可以在未经假释委员会的同意下将其重新收监。例如，原英格兰和威尔士的假释委员会建议国务大臣对服监禁刑的犯罪人进行假释以及对假释犯进行监督。假释委员会通常由1名主席和4名以上由国务大臣任命的成员组成。假释委员会必须包括以下成员[③]：1名担任或曾担任司法职务的人；1名研究精神病学的注册医务工作者；1名国务大臣认为有罪犯释放后的监督和安置方面的知识和经验的人；1名国务大臣认为曾经研究过青少年犯罪原因或罪犯出狱政策的人。因此，在英国的假释程序中，对于国务大臣而言，假释委员会仅为建议机构。

---

① 刘强：《对美国社区矫正管理机构和人员配备的借鉴与思考》，载《犯罪与改造研究》2007年第4期。

② 朱华荣主编：《各国刑法比较研究》，武汉出版社1995年版，第211～212页。

③ 司法部编：《外国监狱法规条文分解》（上册），社会科学文献出版社1990年版，第267～268页。

自20世纪90年代之后，英国假释委员会的职能经历了一系列的变化。首先是内政大臣授权假释委员会具有决定刑期在4年至15年的罪犯在服刑一半之后获得释放许可的权力。其次是假释委员在所有案件中被给予权力，即在所有的案件中给予被撤销假释的定期刑犯再释放的权力以及1998年引进延长刑罚后，假释委员会有权决定释放并获得了在撤销假释的情形下再行释放罪犯的权力。

在假释委员会与内政部的关系上，1991年之前假释委员会唯一制定法的权力就是对终身监禁人的潜在释放提出参考意见，内政部在没有假释委员会释放建议的情况下不能释放终身监禁人。后在欧洲一体化的格局下，为了回应欧洲人权公约，政府作出了不得已的宣告，承诺将假释委员会建成独立的类似法庭的组织，授予其决定假释的权力。因此，在1991年刑事司法法案中，英国明确宣布假释委员会将以类似法庭组织的形式来组建。故当假释委员会起着类似法庭机构以口头听证的方式决定释放囚犯时，假释委员会被当做是具有不同于执行建议的职能。此后，根据欧洲公约第5条第4款以及1998人权法令第6条第1款的规定，以及在一系列的案件和刑事司法法令的推动下，英国的假释委员会演变成为类似法庭的独立组织，具有包括终身监禁者在内的决定释放罪犯和撤销决定的功能。[①] 现今英格兰和威尔士的假释委员会有156名成员，由副主席、高等法院法官、巡回法院法官、心理学家、缓刑官、犯罪学家和社会人士组成。除了3名独立委员外其他的成员都为兼职。假释委员会由委员会管理机构负责管理。同时，英国对假释犯的监督由假释委员会负责，社会组织个人辅助。

然而事实上，即使是改造后的假释委员会仍具有相当浓厚的行政色彩。国务大臣和假释委员会之间具有相当紧密的联系。国务大臣是假释委员会运作的一方，并且是监狱和罪犯管理的成员机构。他指派假释委员会的成员，

---

① 欧洲披露资料以及不说明理由。在欧洲人权法院的推动下，正当程序大为强化，假释程序愈加完善。其原由首人权法院推动了英国假释委员会假释程序的完善。英国假释委员会原有审查形式为书面化、不先在于犯人接触法庭权是西方国家一项公认的犯人权利。在美国大量的判例确认了犯人的这项权利。在欧洲，《欧洲人权公约》（Echr）确立了犯人的接触法庭权，并且规定犯人可以通过接触律师权（right of access to lawyer）行使这项权利；英国假释委员会的原审查程序不具有普通法庭听证的一般元素。Echr推动了包括口头听证在内的正当程序的广泛发展。因为假释委员会是一个无偏私和独立的机构，如果要满足公约第5条第4款的规定，假释委员会审查案件就必须包含普通法要求法院的正当程序。其公正程序义务包括为申请人提供口头听证，并由他或他的代表对抗撤销假释的许可等。如果假释委员会没有完全做到就违反了公约规定。再如假释委员会不披露书面材料违反了公约第5条第4款的规定。

决定假释官员的任期，负责假释官的惩处和解雇。内政部资助假释委员会，对由假释委员会运行的政策和程序施加巨大的影响。此外，它的执行主席有时坐在假释小组的席上，但他的角色是保持与假释资助者的内政部保持基本联系，没有制定裁决指南也没有总的政策对假释小组的工作进行指导。这些问题延误或阻碍了假释委员会的工作或对假释适用带来了风险。同时，内政部直接决定预算如何使用，因此极大地影响听证的进行。例如，2005 年在上议院就假释犯史密斯和维斯特的案件作出裁决时，假释委员会在撤销定期刑程序中引入听证程序，假释小组被要求只有一名成员组成，即使与撤销的案件相似的释放案件的听证是由一个小组两名成员以书面方式决定的。这种情况纯粹建立在财政支持的基础上。因此，客观地说英国假释委员会名为完全独立，实为相对独立。

新西兰的假释是刑罚和政治因素的结合，其假释是自由裁量程序，因此即使罪犯变得可以假释释放，也不能保证罪犯一定能够获得释放。[①] 新西兰的假释委员会和矫正局互不隶属，但是矫正局必须为假释委员会提供管理和训练方面的支持。[②] 新西兰 2002 年假释法令意在阻止近年来监狱人口的飞速增长，涉及刑事司法体系的各个方面，分解成保释、量刑、假释三个方面。新西兰未来假释的走向为从立足于单一的预防再犯风险到对社区安全支持和涉及对假释原理的明确。因此，假释委员会被定义为具有决定罪犯是否假释释放和制定释放条件功能的独立法定机构。[③] 进一步强化了假释委员会的独立性和假释权能。

加拿大是假释程序较为发达的国家，加拿大的假释委员会决定罪犯的假释及撤销。加拿大的假释委员会还具有特殊的机制，全国假释委员会监督省假释委员会的工作。假释委员会委员有专职和兼职两种类别。假释委员会的专职委员不得担任与其职责相矛盾的职务。加拿大对完全假释犯的监督由加拿大矫正局负责，他们雇用假释官进行具体的监督工作。此外，加拿大的私人保护协助组织也很发达。其民间组织包括约翰·霍华德协会、伊丽莎白·弗赖协会、友谊中心、救世军等，协助假释官对假释犯进行监管，并提供各

① Peter Southwick："Release on Parole：Gambling with Community Safety or Effective Risk Management?"，Victoria University of Wellington Law Review，vol. 24，September，2008.

② ［美］罗伯特·J．威克斯主编：《各国矫正制度》，郭建安等译，中国政法大学出版社 1988 年版，第 396～397 页。

③ see "New Zaland Parole Act ，2002"，section 7，规定了假释委员会作出假释决定时需考虑的因素。

方面的帮助。

（二）大陆法系国家

1. 减刑权力主体

《法国刑事诉讼法典》第 721 条规定了减刑的实体及程序要件。[①] 法国的减刑主要有两种情况。一是一般减刑。据《法国刑事诉讼法典》第 721 条规定，每一个被判刑人均可享有减刑待遇。可以享有减刑待遇的时间，第一年最高为 3 个月，以后每一年最高可减刑 2 个月以及每一个月最高可减刑 7 日。二是特别减刑。《法国刑事诉讼法典》第 721－1 条规定，被判刑人通过大学或职业培训考试的，增强了再适应社会的能力，可按第 721 条规定的程序和方式给予特别减刑。故在受刑人及检察人员提出请求后执行法官具有是否给予被判刑人减刑的权力。就减刑的撤销而言，被判刑人获得释放后，在相当于按照 721 条第 1 款之规定或相应情况下按照第 2 款给予的减刑时间内，又因实行重罪或轻罪再次被判处自由刑时，审判法院得命令全部或一部分撤销原已给予的减刑，并命令执行相应的监禁刑，并且不与新的有罪判决判处的刑罚混同。故在押被判刑人表现不好的情况下，执行法官应具有应监狱机构或检察官的请求，撤销减刑或主动听取执行委员会的意见后撤销减刑的权力；同时，执行法官具有对受刑人状况的复查权。《法国刑事诉讼法典》第 712－1 条、第 712－3 条、第 712－5 条及第 712－16 条等条详细规定了执行法庭和执行法官的权力。[②] 执行法官和刑罚执行庭是管辖刑罚执行的一级刑罚执行法庭，由其负责按照法律规定的条件确定剥夺自由之刑罚或某些限制自由之刑罚的主要执行方式，并引导和监督这些刑罚的执行条件。并且充分考虑到法院不熟悉矫正工作的情况，设立刑罚执行委员会或被判刑人社会回归与考验事务委员会。减刑或撤销减刑裁定的作出，法官需听取前后两者的意见。因此，法国的刑罚执行庭及执行法官掌握了减刑及减刑撤销权力。

《意大利监狱法》第 54 条规定了提前释放中的减刑：对被判处监禁性刑罚的受刑人，如果确已接受再教育，为使其更有效地重返社会，可以每服 6 个月监禁性刑罚减刑 20 天。在获得该优待后的行刑期间犯非过失之罪而被判刑，意味着撤销该优待。第 70 条规定了“监察厅的职权和决定”：在各上诉法院管区和各上诉法院巡回法庭管区设立专门的监察厅，它负责管理交社会服务站考验、提前撤销保安处分、半自由管制、减刑提前释放等事宜。因此，

---

① 罗结珍译：《法国刑事诉讼法典》，中国法制出版社 2006 年版，第 554～556 页。

② 罗结珍译：《法国刑事诉讼法典》，中国法制出版社 2006 年版，第 535～543 页。

监察厅的功能有二：一是监督监狱的机关，二是审理刑罚执行中的变更事宜。同时，《意大利刑事诉讼法典》第666条规定了执行程序，执行法官根据公诉人、关系人或辩护人的要求进行诉讼。此外，第681条详细规定了提出的减刑请求权人包括被判刑人、他的近亲属、共同生活人、监护人、保佐人、律师、特别代理人等主体。减刑建议由纪律委员会主席签署，并向监督法院提出。此外，执行法官（监察厅法官）也可以在未提出请求或建议的情况下准予减刑。因此，执行法官（监察厅法官）具有决定减刑或撤销减刑的权力。公诉人的职权由监督办公室驻地法院的共和国检察官行使或由驻上诉法院的检察长行使。[①]

《德国刑法典》第49条规定了特别之法定减刑理由。同时，法院可依据适用于本条规定的法律酌定减刑，可将刑罚减至最低刑，或以罚金刑代替自由刑。[②]《德国刑事诉讼法》第451条规定，刑罚的执行由检察机关负责，检察机关之间的刑罚执行任务可以互相委托，以符合受有罪判决人的利益，经刑罚执行庭所在地点检察院同意为限。[③] 因此，德国法院具有减刑权，检察机关则是刑罚执行的指挥者。

在西班牙，劳动减刑（reducing of the sentence throngh work）措施1944年被引入西班牙法典，见诸《西班牙刑法典》第100条。它与盎格鲁—撒克逊量刑法中的善行折抵的含义相当。西班牙由执行法官裁决减刑。《西班牙监狱组织法》第76条具体规定了执行法官的职权内容。执行法官的职责是执行对犯人的判决，保护犯人的权利，对于在实施监狱制度中出现的滥用权力和各种偏差予以纠正。执行法官的具体任务包括采取必要的措施执行判决，履行审判法官和法院的责任，处理对犯人的假释建议、处理犯人通过申诉手续对监狱纪律处分的申诉、视察监狱等。[④] 法官作出的决定往往更能保证决定的公正性，因此由独立法官作出决定较附属于刑罚机制的管理人员作出的决定更为可取。[⑤]

葡萄牙对正在服刑的罪犯的减刑，一般由执行机关、当地政府和社会团体等向执行地的法院提出减刑建议，由法院审查裁决。在前苏联，原苏俄刑

---

① 《意大利刑事诉讼法典》第678条。黄风译：《意大利刑事诉讼法典》，中国政法大学出版社1994年版，第239页。

② 徐久生、庄敬华译：《德国刑法典》，中国方正出版社2004年版，第18页。

③ 李昌珂译：《德国刑事诉讼法》，中国法制出版社1995年版，第168页。

④ 司法部编：《外国监狱法规汇编（一）》，社会科学文献出版社1988年版，第383页。

⑤ 谢望原：《欧陆刑罚制度与刑罚价值原理》，中国检察出版社2004年版，第109～111页。

法第53条规定，减刑由被判刑人服刑地点的法院，根据主管执行刑罚的机关和地方代表苏维埃委员会所属监督委员会的共同建议加以适用。日本的减刑是日本刑罚“恩赦”制度的方式之一，由宪法规定，属内阁的权限。刑务所向法务部提请，法务部部长决定。

2. 假释权力主体

《法国刑事诉讼法典》第729条规定，假释的目的是让被判刑人回归社会，预防重新犯罪。待服一项或多项自由刑的被判刑人，如其在社会再适应方面明显作出了努力，特别是证明其从事职业活动，努力接受教育或职业培训，或者为回归社会参加培训或临时性工作，或者对家庭生活有根本性的参与，或者因医疗之必要，或者作出努力，给予受害人以赔偿，可获得假释。作为采司法模式的国家，法国的假释权力主体与减刑相同，现同为法院。同时，由执行法官监督假释犯。

在德国假释被称为“余刑缓刑”。除了须符合实体条件外，还必须被判刑人本人表示同意。德国的法院和检察院都是司法部的下设机构，现德国的假释是由司法部下设的法院决定。德国的假释监督人被称为假释帮助人。由法院负责执行监督，指派司法行政人员具体实施，具体实施监督的保护人员具有向法院和主管法院的司法部报告监督情况的义务。因此，德国许多州的司法部都设有刑罚执行处，设置专职的假释监督保护人员履行监督职责。

葡萄牙自从1893年引入假释制度以来，关于有条件释放的规定已经有过多次重要修改。其中，最重要的一次发生在1945年，司法部授权一位判刑法官来验证假释制度是否正确。现今，葡萄牙的假释采取两种形式，即任意假释和强制假释，均由判刑法官审理。同时，审理假释案件的特别法庭由法官、检察官代表和秘书组成。法官由司法部挑选，他必须有超过6年当法官的经验，并且审理这种特殊的案件6年以上。

《意大利刑法典》第176条规定，被判处监禁刑的人在刑罚执行期间表现良好，令人确信有所悔改的，如果至少已服刑30个月或者至少已服满所判刑期的一半并且剩余的刑期不超过5年，可以获准假释。《意大利刑法典》第177条规定了假释的撤销或者刑罚的消灭。《意大利刑事诉讼法典》第682条规定，监督法院具有假释的准予和撤销的裁决权。[①] 故意大利的假释权归属于法院，由执行法官（监察法官）开庭审理。同时主要由执行法官（监察法官）负责假释犯的监督，由社会服务中心的社会扶助员具体实施。在法院

---

① 黄风译：《意大利刑事诉讼法典》，中国政法大学出版社1994年版，第243页。

监察办公室的所在地设立社会服务中心，司法部长以命令的形式决定为数个监察办公室设立一个社会服务中心并确定其所在地，社会服务中心隶属于司法部狱政管理机关，设置社会扶助员。现意大利全国在20个大区的68个省设有社会服务中心，共计1400余人，由社会扶助员具体负责对假释犯的监督。①

在俄罗斯，由刑罚执行机构或机关向法院提交对被判刑人的假释或假释监督报告，由法院决定驳回、准许或撤销。假释监督由法院组织实施。

阿根廷假释必须由罪犯本人提出，由特别法庭决定是否适用。特别法庭通常包括行政长官、医生、教师和看守负责人、劳动负责人和妇女社会调查机构。对被假释人的监督机构是私人或省属的机构。

《日本刑法典》第28条规定了假释。被判处惩役或者监禁的人，如果有悔改表现，在有期徒刑的执行经过1/3、无期徒刑的执行经过10年后，可以根据行政机关的决定准许假释。第29条规定了假释的撤销。② 日本司法部下设更生保护局，负责全国的假释工作。全国设立8个地区的地方更生委员会，这8个更生委员会分布在高等法院的8个司法管辖区。地区更生委员会的主要职权包括两个方面：一是作出假释决定；二是若假释犯不遵守假释条件，作出撤销假释的决定。其功能类似于西方国家的假释委员会。由此，通过制定并屡次修改《犯罪者预防更生法》，日本由第二次世界大战前司法大臣享有决定权的欧陆型假释制度转变为在法务省下设置专门的“地方更生保护委员会”主管假释的制度。根据《犯罪者预防更生法》的规定，专门的假释监督保护机构是法务省保护局、地方更生保护委员会和保护观察所。法务省保护局是法务省的内部机构，主要负责社区矫正工作，直接管理地方更生委员会和保护观察所。故实际上是多个行政机关的联合监督方式。日本的私人保护组织也很发达，如大哥大姐协会等。

荷兰公诉检察官可提出延迟或拒绝提前释放的诉讼请求，准许、拒绝或延迟提请释放的权力由上诉法庭行使。在捷克法院可以根据被授权人员如检察官、监狱指导官、被判刑人、被判刑人的代理人或市民协会的申请，甚至在没有申请时，决定有条件地将罪犯从监狱释放。

丹麦没有专门办理假释事宜的假释局或假释审查委员会等机构。所有假

---

① 刘晓梅：《意大利刑罚执行制度中的社区矫正及其对我国刑罚制度改革的启示》，载《犯罪研究》2005年第4期。

② 张明楷译：《日本刑法典》，法律出版社2006年版，第17页。

释条件的审查及假释监督保护工作都由各监狱分别办理。对假释犯的监督管理方式，由监狱负责组织领导，出狱人保护组织与警察机构协助。

此外，我国香港地区政府设立了受监管下释放囚犯委员会，主管假释。该委员会成员由港督委任，人数不少于5名。委员会的主席由一名现任或曾任司法聘任的人士出任，其他成员包括一名富有精神病学经验的执业医生以及其他对协助犯人改过自新的工作关注和具有这方面工作经验的人士。委员会的职责为考虑囚犯提出的早释申请，囚犯提出的要求审查有关案情的申请以及在何种情况下取消监管令，并就这些问题和其他有关问题向港督提出建议。总督有权根据“受监管下释放囚犯委员会”的建议，颁令释放囚犯。同时，香港承袭英国的法律制度，建立了比较完善的社区服务制度。香港设有首席缓刑官、缓刑官和督导缓刑官。首席缓刑官的职责包括组织缓刑（假释）服务、监管及训练缓刑官（假释官）并分配缓刑官（假释官）的工作。香港的民间保护组织也很发达，如善导会等民间组织，提供包括服刑人员释前辅导、在社区内的个人家庭辅导、就业辅导、戒除不良行为辅导等多项内容。

《澳门刑法典》规定的假释的前提条件是服刑者被判处6个月以上的剥夺自由刑。当被判罪者服刑已达到所判刑期的一半，并且表现出适应社会正常生活的能力和愿望时，法院可命令将其假释，也即有条件地不再执行原判刑罚的剩余刑期。如果被假释者在假释期间犯有与前罪同一性质的罪行，或犯有应判处剥夺自由刑的欺诈罪行，法院则应废止假释。同时，当被假释者明显违反被法院列明的某种义务或无良好行为的，也可以废止假释或更改有关假释的条件。因此，罪犯向法院申请假释，获准后可以被提前释放。被判刑者一旦获得假释，必须到社会重返厅接受社区矫正。社会重返厅将安排社会重返技术员为其提供支援服务及监督其假释义务的履行。现社会重返厅共有公务员35人，其中16人直接面对当事人从事社区矫正工作，他们一般都具有良好的社会学或心理学知识背景，称为社会重返技术员。① 同时，假释犯若具有撤销假释的情形，法院将撤销假释。

我国台湾地区现行“刑法”规定受刑人累进处遇进至二级以上，后悔向上，而与应假释情形相合者，可予假释出狱。核准受刑人假释的权力属于“法务部”，撤销假释亦然。具体由“法务部矫正司第二科”负责审查假释案

① 司法部基层工作指导司社区矫正工作处：《关于澳门社区矫正和香港更生康复工作研讨会有关情况及思考》，载《人民调解》2008年第1期。

件，并签呈依层次而上，最后由部、次长核定。提请假释的主体为受刑人或行刑机关，假释撤销则由检察官通知典狱长报请“法务部”进行撤销。各地方法院检察处的检察官负责对假释出狱及受保护管束及监督，假释保护管束由保护司具体负责。同时，台湾各监狱中设置有假释审查委员会，聘请心理、教育、社会、法律、犯罪等学者专家及其他公正人士共同参与假释审查。

第二节 减刑假释程序中的权利保障

一、罪犯的权利保障

（一）罪犯权利保障的概况

在很长的历史时期中，罪犯都被认为是刑罚执行法律关系的客体，其被剥夺权利接受刑罚被认为是罪刑关系的当然逻辑结果。因此，行刑机关就是国家代表社会和公众对罪犯进行合法报应的场所，人们对罪恶的憎恨已完全淹没了对罪犯权利的关注。所以，在古典报应刑论的理论下，不具有罪犯权利生长的空间。刑事实证学派勃兴之后，基于矫正罪犯、防卫社会的功利需要，人们对罪犯本身的改造需求才开始加以关注。而矫正罪犯这一命题需要将罪犯作为主体，帮助罪犯实现自我改善，健全罪犯正常人格的发展，实现罪犯顺利回归社会成为守法公民的行刑目标。在保障人权的潮流下，罪犯逐渐获得了主体地位，具有了与人格尊严和合法权益保护相适应的实体及程序权利。反对行刑机构的恣意专横由此具有了对抗的声音，监狱与罪犯也具有了平等对话的可能，行刑民主和公正由此催生。所以，对罪犯主体地位的确认和关注，是现代社会法治和理性的表征。罪犯的程序权利正是其主体地位所派生。罪犯主体地位的意义在于即使获得减刑假释是国家的恩赐，在减刑假释程序中，罪犯都是案件当事人，处于正当程序的保护之下。因此，国家行使减刑假释权力必须以程序价值为依归，不得滥用。

《世界人权宣言》第 1 条规定了天赋人权。人人生而自由，在尊严和权利上一律平等。第 6 条、第 7 条规定在任何情况下，公民都应被承认在法律前的人格；法律之前人人平等，享有同等保护的权利。第 8 条规定任何人当宪法或法律所赋予他的基本权利遭受侵害时，合格的国家法庭具有权利救济功能。《公民权利和政治权利国际公约》第 14 条强调所有人在法庭和裁判所前一律平等。人人有资格由一个依法设立的合格的、独立的和无偏倚的法庭进行公正和公开的审讯。因此，在刑事追诉程序中被告人具有不强迫自证其罪权、程序告知权、证据知悉权、申请回避权、陈述辩护权、提交证据权、质询不利证人权、翻译帮助权、律师帮助权、请求公正及时审判权、获得法律援助权、获得救济权等多项诉讼权利。在减刑假释程序中，罪犯的身份地位与在无罪推定中的被告人有所不同，故程序权利保护也有差异。减刑假释程序中，罪犯的程序权利内容主要包括申请减刑假释权、程序知悉权、申请回避权、提交证据权、反驳不利证据权、陈述权、获得法律帮助权、程序救济权等。例如，《俄罗斯联邦刑事诉讼法典》明确规定了被判刑人在刑罚执行变更程序中的诉讼权利包括获得告知、提出建议、公正及时审理请求权、程序选择权、获得法律帮助等。此外，基于假释犯与监禁中的罪犯自由程度有实质上的差异，故假释撤销对假释犯自由权利的影响超过裁决程序中给予假释权利，因此在假释撤销程序中对假释犯诉讼权利的保护应比照刑事审判程序构建，比裁决程序更为周全。

总体而言，罪犯在假释程序中获得的权利保障超过减刑程序。但罪犯各项权利的应然保障与实然享有之间并不完全一致。首先，对罪犯参与权和救济权保障普遍较为充分。就参与权而言，一是保障知情权，如在罪犯入监时告知减刑假释权利，并在减刑假释到期日到来之前进行预告。二是保障陈述权。许多国家都设置了减刑假释裁决机构成员与罪犯见面并听取意见的程序。一些大陆法系国家还设置了对席辩论程序，法官要听取罪犯等多方意见后作出裁决。三是保障提交有利证据权利。同时，各国家或地区都较为注重罪犯与被害人程序权利的平衡。就救济权而言，普遍设立了上诉、复查等救济方式。对于罪犯回避申请权也保障较好，不允许有偏私或不公正之虞的人员审查案件。其次，法律帮助权的实现则在各国差别较大。一些国家允许罪犯雇请律师等人员为罪犯提供帮助。帮助的内容包括在听证中向罪犯提供建议、代表罪犯回答听证官的提问等。为帮助罪犯在减刑假释程序中更好地维护自己的权利，少数国家还根据罪犯的意愿，免费提供律师。但基于罪犯受限制保护的地位，法律帮助实际上也受到较大的限制，一些国家或地区不允许律师等人员对罪犯提供法律帮助。

此外，罪犯具有申请减刑假释的权利，并非必然具有直接提请减刑假释的权利，因为这种权利并非诉权。其理由在于：第一，诉权具有双重内涵，即程序意义上和实体意义上两个方面。其中程序意义上的诉权，是指原告向法院提起诉讼的权利和被告针对原告请求的事实和法律根据进行答辩的权利，通常称为起诉权和应诉权。实体意义上的诉权，是指原告通过法院向被告提出实体上请求的权利和被告通过人民法院反驳原告提出的实体请求的权利。[①] 而罪犯的申请不是提出为防止或救济合法利益受到损害时的起诉，而是在行刑阶段个人悔罪请求轻缓刑罚量度的请求。因此，与诉权的权利基础具有差别。第二，从狭义刑事诉讼法律关系来分析，执行已经不处于刑事诉讼之中。不应赋予罪犯假释申请权，因为假释也是处遇的一个方面，应当将是否开始审理假释视为国家的裁量。所以不应当赋予受刑人有假释申请权或假释请求权。[②] 第三，在减刑假释案件中，没有争议中的利益相对方，所有的参与者都是为实现社会防卫目标的意见陈述者、建议提供者和执行协助者。因此，这并非是一种争端。故罪犯的申请权不属于诉权的范畴。

但也有观点认为罪犯的申请权就是诉权。主要的理由是增强人权保障的需要。第一，以广义的刑事诉讼论，执行处于刑事诉讼之中。诉权是程序正义的重要内容，是诉讼权利的起点。而减刑假释权利化是不可阻挡的发展趋势。第二，承认罪犯的诉权，才能在提请阶段中充分保障罪犯的权利，杜绝监狱等提请机关侵害罪犯权利的情形。第三，应当肯定减刑假释审理中存在一定的对抗性，如检察官或被害人不赞同对于罪犯减刑假释并举出相关证据。因此罪犯具有应诉权，可要求平等对待，在应诉权基础上行使辩论权、程序选择权等程序权利。第四，更为重要的是承认罪犯诉权，罪犯在减刑假释程序中的各种程序权利才有附着的基础。第五，诉权与审判权对于诉讼进程和结局的控制，决定了诉讼的构造。而确认罪犯的诉权是制约审判权的有效方式。第六，是各机关分工负责制在刑事执行领域的延伸体现。因为监督缺位造成司法权威在行政膨胀中减损，而将减刑假释启动权以诉权的方式逐步交给罪犯本人，可增强对监狱行刑的监督[③]。第七，减刑假释提请权是司法权，它的本质就是诉权，通过提请法院审判来达到自己的诉讼请求——减刑假释。没有起诉就没有审判，而提请减刑假释所引起的审判活动说明它具有起诉的功能，是诉的表现形式。因此，把它作为司法行为（准确说是诉讼行为）符合它的本质属性。[④] 笔者认为，罪犯的提请权是诉权的论断比较牵强。其缺陷在于，首先，诉权基于争端所产生，在减刑假释程序中这种利益争端并不实际存在。例如，既不能假设给予罪犯减刑假释与社会利益相对，也不能假设与被害人或其他个人的利益相对；再如并没有司法权或确认或变更或恢复

① 潘剑锋：《民事诉讼原理》，北京大学出版社 2001 年版，第 52 页。
② ［日］大谷实：《刑事政策学》，黎宏译，法律出版社 2000 年版，第 272 页。
③ 魏小娜：《刑事正当程序原理》，中国人民公安大学出版社 2006 年版，第 226 页。
④ 李忠诚：《减刑假释应当由检察机关统一提出》，载《检察日报》2005 年 9 月 16 日第 3 版。

某种社会关系的需要。因此，程序本身并非是解决争端的需要，而只是刑罚执行的变更调整。其次，否认罪犯的诉权，并非就在逻辑上否定了罪犯的程序权利。罪犯在减刑假释程序中的权利是基于其程序主体的地位，这是权利产生的核心。最后，混淆了罪犯程序权利与起诉权之间的关系。因此，认为罪犯具有诉权的观点并不具有合理性。

另外，减刑假释程序中罪犯权利保障水平的高低反映了对减刑假释本质属性的不同认知态度。如果认为减刑假释是权利，则罪犯享有最多的权利保障，国家权力将受到最强的制约；如果认为减刑假释是罪犯的特权，则个人权利基本上处于国家权力的控制之下；反之如果认为减刑假释本身就是国家的恩赐，罪犯的权利保障必然无法受到足够的重视。同时，各国家或地区对于罪犯的权利保障水平并不稳定，仍处于发展完善过程中。但可以预见的是权利化的发展趋势势不可挡。因为首先，各国宪政的发展将进一步推动包括罪犯权利在内的公民权利保障水平的提高。虽然美国、英国、加拿大、日本和俄罗斯等国宪法的制定背景、价值观念和文化传统有着较大的差异，但宪法规定的公民刑事程序权利在其基本权利中占据着重要的分量，有的甚至接近或超过了一半，如俄罗斯为41.7%、日本为50%、美国为52.2%。刑事程序权利在宪法中的规定从无到有、从少到多直至刑事诉讼中被追诉人的一些重要的程序权利都成为宪法性权利的趋势，如美国罪犯对善行折抵和假释的救济就属于宪法修正案附随权利的救济范畴。其次，权利运动将推动罪犯权利保障的完善进程。罪犯的权利运动涉及如何将犯罪控制和有利于罪犯回归社会更好结合的问题，继而推动了全社会对罪犯权利保护的关注，如对监狱行刑行为的司法审查、建立最低正当程序标准等都是权利运动推动的成果。最后，国际社会包括区域共同体的推动。大批有关保障罪犯权利的国际公约如《公民权利和政治权利国际公约》、《囚犯待遇最低限度标准规则》的签署生效。一些区域组织有力地推动了减刑假释程序的发展，如欧洲经济共同体的发展以及欧洲人权法院的法律机制使欧洲各国传统的法律制度产生变迁。欧洲共同体法院有权撤销与共同体法有冲突的成员国的国内立法，个人也可以向欧洲人权法院提起侵权诉讼，从而整体提升了欧洲各国罪犯在减刑假释程序中的权利保障水平。

（二）罪犯权利保障综述

1. 英美法系国家

（1）美国。

首先，善行折抵程序中美国联邦法院和大多州认为取得刑期折抵是罪犯的特权，仅有极少数州认为是自由权利。在囚犯要求恢复因过错行为而失去善行折抵时间时，此时的权利是权利还是特权具有争议，但美国各州基本的观点是仍将其视为特权，而非宪法所保护的权利。就特权、权利和正当程序的关系而言，首先，特权常用于指当事人依法享有为或不为特定行为的自由，泛指法律赋予某人或某类人的特别权利或豁免，有的特权在任何情况下都不能剥夺，此为绝对特权；有的特权只在特定情形下享有或在特定情形下可剥夺，此为限制性特权。[①] 囚犯的善行折抵权利实际上是限制性特权。宪法性的权利实际上是最基本、最低限度的权利，正当程序的保障应满足权利的普遍实现。但一旦定性为特权，正当程序仅在权利满足附条件的要求时实施，故比无条件权利正当程序保障的标准为低。因此，在善行折抵中，美国一方面建立起了最低正当程序原则，另一方面又不赞成给予罪犯完整的正当程序保护。具体的权利保障情况如下述：

在美国，囚犯权利运动在 20 世纪 60 年代首次在联邦法院有所实践，关于第五修正案和第四修正案正当程序的条款被充分地运用起来，但仅仅在特定的环境中。法院的职能仅是正当程序，应该仅仅是防止监狱管理者的反复无常和滥用权力。例如，在 1966 年，在 landman v. peyton 案中，联邦上诉法院法官陈述：缺乏有效的监督程序导致对囚犯施加反复无常的额外的处罚，宪法正当程序和第八修正案必须可以适用。[②] 因此，美国既设置了罪犯在善行折抵中的正当程序保护，如 1974 年最高法院裁决不论在监狱秩序管理行为以单独限制的方面威胁了他们的“自由”，还是减少了行使因良好行为获得减刑的特权，国家应当提供最低程度的正当程序保护。[③] 但同时这种权利又具有限制，如规定获得善行折抵的囚犯在起刑时就开始折减。在服刑进程中，累积折减刑期，不经正当程序这些累积的折抵刑期不能被非法剥夺。[④] 然而监狱官员对罪犯的善行折抵具有巨大的自由裁量权。例如，即使囚犯享有第四修正案关于善行折抵范畴内自由权利的保护，他也没有在现行法律下获取善行折抵恒定量的权利，监管当局可以仅给予囚犯 85% 的折抵刑期[⑤]。尽管囚犯有权利积累提前释放的分数，但在适用释放分数中囚犯并没有可强制执

---

① 薛波主编：《元照英美法词典》，法律出版社 2003 年版。

② James A. Inciardi: Criminal Justice, Academic Press Inc 2006, p. 674.

③ Howard Abadinsky: Probation and Parole: Theroy and Practice, Prentice Hall Inc 1997, p. 199.

④ See McGinnis v. Royster, 410 U. S. 263 (1973).

⑤ Frazee v. Maschner, 12 Kan. App. 2d 525, 750 P. 2d 418 (1988).

行的自由权利。[①] 甚至在监狱的惩戒程序中，缺乏正式的听证程序，在监狱官员的自由裁量权范围内，囚犯可以被单独监禁、失去一些或全部特权，或被剥夺善行折抵的权利。在此过程中，证据并不是必要的，囚犯很少被允许为他的利益陈述，同时正当程序规则通常被忽略。

如果监狱官员未遵守宪法性规定和未对囚犯说明遵守监狱惩戒的规则，囚犯的权利则受到联邦法院的救济。[②] 如得克萨斯州给予囚犯在监狱中良好行为的刑期折抵权利，仅因做错一些特定的事而失去，囚犯的利益构成宪法保障自由的权益，囚犯被起诉将剥夺他的刑期折抵权利，在此情况下他应当有最低限度的正当程序权，这些正当程序将确保他的权利不被非法侵害；如果监狱官员作出撤销良好行为折抵的决定必须有正当程序权利得到满足。[③]

故虽然联邦宪法未明确将善行折抵当作囚犯的权利，联邦最高法院仍认为不论何时要否定公民基于宪法第四修正案所赋予的权利，都只能是发生了严重的违法行为。例如，监管人员必须证明拒绝惩戒听证会上目击证人到场是合法的。如果在良好行为被撤销之前，他未从委员会获得充分的通知和听证，未获得折抵刑期被撤销的细节说明，善行折抵就不能被撤销。同时听证应按合乎法律程序的方式构造组成，必须在考虑囚犯陈述的基础上才能行使自由裁量权。[④]

确立了一定程度的律师帮助权。未通知囚犯或未给予囚犯聘请律师的机会就拒绝或撤销良好行为折抵是不合宪法的，因为它否定了法律的正当程序原则。[⑤] 此外，美国法院判决监狱官员应允许犯人之间提供法律帮助。[⑥] 法院通过规定监狱管理人员应为犯人提供法律资料、法律书籍、立法规范等方式来扩大罪犯的权利。[⑦]

关于罪犯因监狱惩戒而失去折抵的正当程序设置，标志性的案件是沃尔

---

① Crumrine v. Stewart, 24 P.3d (Ct. App. Div.2 2001).

② See Paprskar v. Estelle, 566 F.2d 1277 (5th Cir. 1978).

③ Spaulding v. Collins, 867 F. Supp. 499 (S.D. Tex. 1993). 但在 Turner v. Johnson, 46 F. Supp. 2d 655 (S.D. Tex. 1999) 的案件中，将恢复被取消的善行折抵时间当作委员会的自由裁量权，而非囚犯的自由权利。印第安纳州的罪犯在获取良好行为折抵中具有受宪法保护的自由权利。当折抵面临危险时，罪犯具有获得事先书面通知的机会，传唤证人和提供书面证据，接受处罚委员会基于依赖证据说明的书面决定原因声明。(see, Groves v. VanNatta, 27 Fed. Appx. 605 (7th Cir. 2001).

④ See, Littlefield v. Caton, 679 F. Supp. 90 (D. Me. 1988), aff'd, 856 F.2d 344 (1st Cir. 1988).

⑤ Glass v. Tinsley, 154 Colo. 70, 388 P.2d 249 (1964).

⑥ jobnsonv. Avery, 393, U.S., 483.

⑦ Youngerv. Gilmore, 404 U.S.. 15.

夫诉麦克唐纳一案。该案中联邦最高法院要求在涉及监狱处罚听证时须考虑正当程序原则，包括指责的书面通知以及记载惩戒措施理由的书面说明。① 确立了因惩戒程序而不给予囚犯善行折抵的最低正当程序具体要求：一是提前给予指控的书面通知；二是对于违反监规原因的书面陈述；三是如果不会损害矫正设施的安全，传唤证人和提供证据的机会。② 但建立这些规则之后，正当程序的范围并未得到充分延展。法院指出，没有宪法所要求的保留或指派律师，没有对质和交叉询问的权利。③ 两年后的 Fano 案，法院进一步强化了善行折抵中正当程序最低标准的论调。④ 此外，在 Greenholz v. Inmates of neb. penal and corr. Complex 案⑤中，最高法院指出成文法所倡导的减刑政策没有增加对囚犯自由权利的保护。

同时，在 Institution v. Hill 一案中，美国最高法院继续适用了 Wolff v. McDonnel 案的标准，认为因囚犯过错行为失去善行折抵刑期，囚犯必须获得预先书面的指控；运用证人或书面证词对抗处罚。但在 Wolff 案中，法官

---

① Wolff v. mcdonnell, 418U. S. 539(1974).

② Wolff v. mcdonnell, 418 U. S. 539, (1974)最高法院判决如下：1. 控诉罪犯的事先书面通知必须在先于他出现在监狱听证委员会面前至少 24 小时前提供给他。2. 必须有依赖证据支撑的事实发现的书面陈述和惩戒行为的原因。3. 囚犯应当被允许传召证人和提供辩护证据，行为不能对监狱的安全或矫正目标造成不正当的风险。4. 囚犯应当被允许以律师代替他本人，当囚犯是文盲或当案件的复杂程度超过了囚犯理解能力的时候适用。5. 听证委员会应当无偏私。

③ James A. Inciardi: Criminal Justice, Academic Press Inc 2006, p. 675.

④ Meachum v. Fano (427 U. S.. 215(1976). Meachum v. Fano 和 Montanye v. Haymes[427 U. S. 236(1976)]成为了类案。囚犯法诺是被指控为防火罪被关押在中等警戒矫正设施中的几名囚犯之一。法诺被转移到另一个州的最高等级的监狱中，移监和伴随的降低特权损害了囚犯的权利。最高法院认为，第四修正案的正当程序条款本身并未给予囚犯在转换矫正场所前进行事实听证的权利。Montanye v. Haymes 案中这一点得到更进一步的强化。正当程序条款并不要求听证与囚犯不良行为的结果或被标签为惩戒或惩罚的结果相联系。Wolff 和 Meachum 两案的本质不同在于争论的问题是自由利益和巨大的损失利益。第四修正案禁止任何州不经正当程序剥夺公民的生命、自由或财产。刑法典在剥夺违法犯罪者的自由判处他刑期的同时，隐含了两项权利，在通常的监狱人口状态下被监禁和获得善行折抵的权利。在沃尔夫案惩罚性的隔离和减少善行折抵表示对自由权利的巨大损失，在 Meachum v. Fano 和 Montanye v. Haymes 案中，这种利益并未涉及。如同法院在 Meachum 案中所阐释的：宪法并未保证被定罪的人将被置于特定的监狱服刑。被告被定罪时，他的自由权利就授予了国家将他限制在某一个监狱中，于是不复存在。

⑤ 442 U. S. 1, 12(1979). 内布拉斯加州的囚犯以联邦法典第 42 章第 1983 条提起诉讼认为假释委员会否定了他们的正当程序。内布拉斯加州的地区法院和第八巡回法院支持了他们的诉求。第八巡回法院认为，为了满足正当程序的要求，州必须遵守以下的程序：1. 提供给每一适合假释的囚犯以完整正式的听证程序。2. 在听证前通知他们并告知他们委员会得出决定可以适用的因素理由。3. 允许囚犯在听证中到场，并在委员会面前提供证据。4. 保持程序的记录。5. 为囚犯提供假释委员会所依赖事实的完全的书面解释和假释委员会作为否定假释决定的理由。

要求纪律委员会提供以证据为基础的决定原因的书面小结。对此，Hill 案的法官认为纪律委员会不能如此粗暴地作出撤销 Hill 善行折抵刑期的决定。因此，Hill 案法官认为要使囚犯失去的制定法的善行折抵刑期满足优势证明标准就符合正当程序的要求。由此，完善了善行折抵撤销的正当程序标准。

就撤销善行折抵的听证主体而言，委员会尽管至少 3 名成员（委员会有 10 名成员）听证和决定由矫正局提出的监狱因罪犯违反监狱规则而要求撤销善时折抵的案件，如果折抵的时间超过 30 天或者在 12 个月之内，矫正局应作出决定，但若委员会没有权力复查折抵少于 30 天的案件，在委员会的建议下可对先前撤销的期限予以恢复。①

另外，就善行折抵中的平等保护而言，准司法性的自由裁量权受到了法院的支持。在起诉矫正机构违反宪法修正案正当程序和平等保护条款的公民权利诉讼中，法院认为具有激励性质的善行折抵规定并没有创造基于正当权利保护的自由权利，折抵规定是给了矫正机构在对罪犯授予激励性质的折抵的自由裁量权。该规定并没有违反同等保护条款。② 在监禁状态下平等具有特定含义，如平等地保护原则并不要求终身监禁的囚犯获得相对于假释资格期勤勉的良好行为折抵。对终身监禁犯获得善行折抵是否符合正当的矫正政策产生了争议。③ 纽约州立法规定违反假释或有条件释放条件的囚犯在回到监狱后若余刑距离最高刑期少于 1 年，将不会具有善行折抵的资格。刑期超过 1 年者则可以获得，这是依据善行折抵目的所作的资格区分，并不违反平等保护的原则。④ 另外，对于累犯和严重罪犯者的善行折抵一些州有特殊规定。立法依法拒绝给予被关入监狱的谋杀者善行折抵，拒绝给予终身监禁刑的囚犯善行折抵，并不违反国家和州宪法下的平等保护原则。⑤

罪犯的折抵时间被撤销将受到司法审查，⑥ 如撤销囚犯的良好行为折抵必须权衡宪法的标准。如果监狱官员未遵守宪法性规定和未对囚犯说明遵守

---

① Howard Abadinsky: Probation and Parole: Theroy and Practice, Prentice Hall Inc 1997, p. 234.

② Conlogue v. Shinbaum, 949 F.2d 378 (11th Cir. 1991).

③ Parker v. Percy, 105 Wis. 2d 486, 314 N.W.2d 166 (Ct. App. 1981).

④ McNeill v. New York State Bd. of Parole, 57 A.D.2d 876, 394 N.Y.S.2d 230 (2d Dep't 1977).

⑤ Jennings v. State, 270 Ind. 699, 389 N.E.2d 283 (1979).

⑥ 纵观美国的历史，法院通常不愿意干预监狱的行政决定，担心司法审查会动摇监狱的安全和秩序。一旦依照罪犯正当程序被定罪和量刑后，司法通常对罪犯的监管采取放任不管的不干预政策。此外，监狱很难管理，这种困难让法官不愿意以法律标准来代替监狱管理者的管理技能。然而，1961 年布莱克·马斯里开始在纽约制定了第一个修正法令，开启了监狱诉讼洪水般的闸门。

监狱处罚的规则，囚犯的权利则受到联邦法院的救济。人身保护令是一种可用的救济途径或当囚犯申诉监狱官员没有在监狱管理委员会面前给予他在听证程序中传召证人的权利，侵害了正当的程序性权利，《美国法典》第1983条也是一个可实施的控诉理由。[①] 但从某种程度上说，这只是停留在纸上的权利，实践中很难获得法院支持。

如因良好行为而被有条件释放的联邦囚犯因违反释放条件的规定而被逮捕入狱，假释委员会取消了其已服完的良好行为的折抵刑期，他向法院提起人身保护令，认为这是违宪的。但法院并未认同此请求。此外，在Crowley案中，克劳利经历四场惩戒听证的结果是失去了640天的折抵时间。但他没有寻求司法审查，而是提交了人身保护令，申诉因为在听证中未获得确定的书面证据和证人证言而违反了正当程序。法庭指出申请者应当主动在先提出保护人身的司法审查，在此之前没有权利先提出人身保护令。法庭认为即使克劳利能够成功解决自己的问题也非立即释放，而是举行一场新的听证。但如果在善行折抵中，囚犯已经用完了他的全部救济权利，此时人身保护令是可用的。阿韦里特（Averet）法官指出人身保护令建立的基础不同于一般的指控、审判、控告和量刑行为。因此，法院判决囚犯并不能清楚证明在先于处罚听证和委员会决定之前未获得对他不利益的书面通知，建立在传闻证据推断之上的假定确定是任意和变化莫测的，由此挑战监狱处罚委员会剥夺囚犯良好行为时间折抵的人身保护令申请，法院同样不予支持。

在假释程序中，罪犯具有被告知假释的权利。监狱内的假释官将在新犯入监时即行召开会议，与他们讨论有关假释的问题。并且当囚犯被给予假释或已经具备有条件释放的资格，他将获得监狱假释官员有关释放计划和在离监前监督规则的最后讨论。正当程序规则给予了罪犯较减刑程序更多的权利保障，但仍受到相当大的限制。

第一，在假释取得程序中，Menebino v. Oswald案申请者控诉他的正当程序权利在假释听证中受到了侵害。他声称他的权利是宪法给予的，包括被通知、律师帮助、交叉询问和提出证人权利在内的一次公正的听证机会；假释委员会在其决定中给予原因说明。[②] 但联邦上诉法院指出，假释程序在本质上是非对抗的，因为委员会和罪犯双方都关心罪犯改造。即使假释撤销听证

① Umar v. Johnson, 173 F. R. D. 494 (N. D. Ill. 1997).

② 430, f. 2d 403 (2d cir. 1970).

不是事实发现程序，因为认定事实的结论建立在很多确切或不确切的因素之上，囚犯没有私人的利益可被保护。因为他已经被监禁，没有什么可失去的，并且在正当程序进行之时他的利益已经被考虑。但最低程度的正当程序应当被提供。上诉法院进一步提出的问题是假释委员会是否被要求一定要进行听证决定罪犯是否应该被假释释放，本身就具有争议。

在 Greenboltz v. Inmates of the Nebraska Penal and Correctional Complex① 案中，内布拉斯加州的囚犯以联邦法典第 1983 条提起诉讼认为假释委员会否定了他们的正当程序。内布拉斯加州的地区法院和第八巡回法院支持了他们的诉求。第八巡回法院认为，为了满足正当程序的要求，州必须遵守以下的程序：（1）提供给每一适合假释的囚犯完整正式的听证程序。（2）在听证前通知他们并告知他们委员会得出决定可以适用的因素理由。（3）允许囚犯在听证中到场，并在委员会面前提供证据。（4）保持程序的记录。（5）为囚犯提供假释委员会所依赖事实完全的书面解释和假释委员会作为否定假释决定的理由。但 1979 年联邦最高法院撤销了第八巡回法院的判决，并声明被定罪的罪犯没有宪法权利在刑期届满之前被释放。尽管州可以建立假释释放体系，但这并非宪法性义务。所以，假释委员会并不需要满足在刑事审判中所有的正当程序元素。同时宪法并未要求给予罪犯在假释委员会听证中取得参与的机会或者给予被拒绝假释的原因通知。然而，斯坦利（Stanley）法官总结说，在现行的假释体系下，听证是代表国家传统和文化的必要元素。每个人在被指控和判刑时都要听取他们的意见。在作出不利于他的决定之前，如果不让他们知晓作出决定的依据，这种情况让人感到残忍。在听证中罪犯至少能够被给予陈述意见、纠正错误的权利，对委员会表达他们改造决心的机会，不论是真的还是口头声明的。可见最高法院指出州囚犯在假释中没有受宪法所保护的权利，除非假释成文法包括了对限制假释委员会自由裁量权的强制性规定，但囚犯获得假释的合法期望不能被否定。

故即使囚犯在州的听证会上被授权提出有利于自己的书面证据，如证人的书面证词，但他们通常被否认有传召证人到场的权利。因此，囚犯应享有新的或扩大的权利去反对检察官的证据、传召证人或在特定的听证中获得律师的帮助。此外，许多州的假释委员会已具有强制性获得证据和书面材料的权力。

另在 Menecbino 案中，上诉法院认为假释程序是一个非对抗性的程序。

---

① 442u. s. 1(1979).

因为委员会的决定建立在许多不够确切的因素之上。当决定是否指派律师时，假释机构被允许具有广泛的自由裁量权。假释委员会不指派律师并不违反正当程序，因为被假释人能够有效地表达自己。如果假释机构拒绝了律师的请求，应该在听证记录上简要地记载拒绝的原因。① 由此，在假释程序中囚犯没有聘请律师的必然权利。②

如前述，在救济权和救济方式方面，联邦囚犯的诉讼依据为《美国法典》第1983条③，或者联邦人身保护令法案（《美国法典》第2254条）。1973年联邦最高法院宣布除了第1983条的规定之外，对监禁期间发生争议以人身保护令的方式提起诉讼是例外规定。即使当人身保护令不可适用，囚犯以第1983条进行诉讼可被允许。④ 但实际上，法院更习惯在人身保护令下判决假释事项，如联邦法院应该对人身保护令的范围作更广泛意义的理解。⑤ 支持囚犯提出人身保护令的请求反对假释适当程序的违宪性。⑥ 支持被假释者提起人身保护令反对假释监督条件⑦等。因此，联邦人身保护令法律和第1983条是囚犯用来反对违法假释的两个主要手段。许多囚犯更情愿使用第1983条，因为人身保护令要求囚犯用尽所有的州救济措施并且不能获得损害赔偿。其设置救济穷尽限制性条件的目的是避免联邦和州系统之间不必要的摩擦，给予州法院体系纠正自己宪法性错误的机会。但同时，囚犯在提起第1983条的诉讼前，也必须用尽监狱行政性的诉冤程序。⑧ 另外，法院对于假释委员会滥用自由裁量权的审查仍然非常困难，如以《美国法典》第3401条（b）款允许假释委员会在不论何时认定罪犯所犯之罪是穷凶极恶的就可以拒绝假释。故对假释委员会决定进行司法审查的主要障碍就在于法院很难

---

① Barton v. Malley ,626 f. 2d (10th cir,1980).

② Mccall v. Pataki,232,f,3d (2d cir,2000).

③ 《美国法典》第42节第183条。对于被剥夺权利的公民诉讼。每一个人在制定法、法令，规则、习惯或者惯例的规定下，在任何州或任何疆域或哥伦比亚特区，美国公民或属于其司法管辖区的其他人被剥夺了根据宪法和法律所给予的权利、特权或者豁免权，能够在侵权诉讼中作为当事人以平等或其他恰当的程序寻求救济，除了反对司法官员或轻视司法官员的能力外，禁止令不能被授予或除非违反正式的法令或正式的救济是不可获得的。

④ De Walt v. Carter ,224,f. 3d ,607 (7th cir,2000).

⑤ Hilton v. Braunskill,481,U. S. (1987).

⑥ California Dept of Corrrs,v. Moarles,514,U. S. . (1995).

⑦ Jones v. Cummingham,371,U. S(1963).

⑧ Porter v. Nussle ,534,U. S. (2002).

有认定假释委员会滥用其自由裁量权的有意义标准。① 此外，联邦法院在作出授予人身保护令的裁判决定时具有很大的自由裁量权，提供给州自行纠正通过法院发现的宪法性违反的机会。②

第二，在假释撤销程序中，由于对假释人员在社区中的身份存在着不同的看法，早期的改革者认为假释是矫正当局给予当事人的一种恩赐，根据这种观点，权力机关可以在任何时候或以任何理由撤销假释。此后，改革者逐渐认识到假释是犯人的一种特权，这种特权是犯人通过在监狱中的良好行为表现获得，获得假释后通过遵守假释的条件来保持这种特权。现在，一些学者认为假释是在狱中服刑一段时间后罪犯的权利，但这种观点未占据主导地位。故基本观念的分歧影响到对被假释者的权利保障的完善度。尽管一些州的政策表明，对于违反假释规则的罪犯尽快撤销假释是合理的，但实际上不允许被假释者联系证人，对不利于证人进行交叉询问以及审查不利于他的证据时，就侵犯了被假释者的程序权利。③

20 世纪 70 年代，假释机构的运作不受司法干预。然而，当纽约州上诉法院受理 Menecbin v. Warden 案时，这个政策发生了改变。第一次给予被假释者诉诸法庭和在撤销假释听证中传召证人的权利。尽管这个决定仅适用于纽约州，但它标志着法院在假释案件中有了判决监督权，同时也给联邦最高法院提供了案例。此外，以 4:3 的结果判决律师应在假释被撤销听证时到场。不论被假释者是否得到联邦或州宪法的授权，都应在撤销假释听证中获得律师帮助。

在 Morrissey v. Brewer 案④中，联邦最高法院首先指出假释撤销并不发生在个别案件中，据统计 35% 至 40% 的被假释者受到假释撤销被送回监狱，这就显得在假释撤销中保护被假释者的权利非常必要。然而被假释者的权利受到限制，因为假释撤销并不是刑事指控的一个方面。假释监督也并不直接由

---

① Alexander K. Mircheff: “In re DannenbeARG California Forgoes Meaingful Judical Review of Parole Denials”, Loyola of Los Angeles Law Review, vol. 32, August 2006.

② Hilton v. Braunskill, 481 U, S, (1987).

③ Belk v. Purkett, 15, f, 3d (8th cir, 1994).

④ 408 U. S. 471(1972). 莫里西作有罪答辩后，他被判处 7 年监禁刑。1968 年 6 月，莫里西从俄亥俄州立监狱被假释，7 个月后他的假释监督官在他的家乡逮捕了他并将他送入当地的监狱。在对假释官员的书面报告审查一周之后，俄亥俄州假释委员会撤销了对莫里西的假释，他又回到了监狱。在撤销决定作出之前他未接受任何听证。莫里西违反监督条件是因他用虚构的名字购买了汽车，并没有获得假释官员的准许就进行驾驶。同时，在一个小交通事故发生之后他给警察当局和保险机构提供虚假的信息。此外，莫里西用假名字获得了贷款，并未将他的住址报告给假释官员。

法院实施，而通常由行政机构进行，因此，假释撤销的问题有时在法院管辖内有时在行政权限内。在撤销听证中罪犯的程序权利主要包括：（1）对撤销假释声明的书面通知；（2）对于不利于被假释人证据的披露；（3）亲自参加听证的机会与举出证人和书面证据的机会；（4）对质和交叉询问不利证人的权利，除非听证官员有正当的理由不进行对质；（5）由中立和不偏不倚的听证机构审查，成员并不必须是司法官员或律师；（6）建立在证据基础的事实发现和对撤销假释原因的书面说明。但对于律师帮助的问题悬而未决。莫里西案成为在撤销程序中赋予被假释者权利的标志性案件。此外，Goldberg v. Kelley 案也被认为给被假释人建立了最低限度的正当程序保护标准，成为联邦最高法院标志性案件。[①]

法院明确提出主持初步听证的官员不能是假释委员会的成员，只能是与本案无关的人员。获得最终听证是被假释者的权利，即使当被假释者犯新罪时假释也并不自动撤销。[②] 因为被假释者在失去有条件释放的可能性上具有个人利益，最高法院建议在撤销听证中建立对罪犯最低程度的正当程序保障。包括（1）对于被控诉违反假释者的书面通知；（2）向被假释者披露不利于他的信息；（3）亲自听审的机会和提供证人和提交书面证据；（4）对抗和交叉询问不利于他的证人的权利，除非假释官员有合理理由认为不需要对抗；（5）不偏不倚的听证组织，如传统的假释委员会并不要求成员一定是司法官员或律师；（6）关于有证据证明的事实和撤销假释理由的书面陈述。

同时，对于争议较大的律师帮助权问题，尽管没有明确的判例规则，但一些州的判例认为被假释人具有被通知聘请律师的权利。[③] 但法庭指出假释机构应该被允许在是否指派律师的问题上享有自由裁量权。其原因在于 Gagnon v. scarpelli 案中[④]，法院就被假释者是否在假释撤销程序中获得律师帮助的权利指出，对于贫穷的州是否应该指派律师值得考虑。法庭认为，首先，假释和缓刑撤销听证并不是刑事指控的一部分，第六修正案并不直接发动。其次，假释的目的不同于刑事指控。最后，假释机构不仅是法律执行者或公

---

① Goldberg v. Kelley, 397, U. S. . (1970). 法庭认为在撤销听证之前被假释人的权利包括以下内容：1. 提供打算终止假释监督期的及时、准确和详细的原因通知。2. 给予被假释人有效的机会，通过对抗不利证人和口头提供自己的陈述和证据防御违反指控。3. 若期望获得，则可以获得律师的帮助。4. 一位没有偏见的决定者。5. 决定仅依靠法律规则和在听证中提出的证据作出。6. 有权获得对决定的原因和证据来源的陈述。

② U. S. v. Cornog. 945f. 2d. (1th cir, 1991).

③ Gagnon v. Scarpelli 411 U. S. 778(1973).

④ 411U. S. 778(1973).

共安全保护者也是社会帮助者，应使被假释者顺利回归社会。故法院认为律师在撤销听证中到场并不必要。因为在矫正理念下假释机构具有帮助被假释人的良好态度。因此，法庭尊重地方假释机构作出自主判断是否需要在案件中指派律师。而现加利福尼亚州的被假释人在假释撤销程序中获得律师保护的完整权利，呈现了律师帮助权的发展趋势。但同时，尽管被假释者在假释撤销听证中可以有律师帮助的限制性权利，但并没有被赋予由代理人来表述意见的机会。

在假释撤销的救济权方面，罪犯具有上诉权或复查权。

（2）英国。

首先，在减刑程序中，《英国监狱法》第1143条规定了囚犯的特权：监狱内必须建立一套有关囚犯权利的制度，并且经过国务大臣的批准。监狱内的制度应适用于在本场所关押的各类囚犯，有关该种制度的书面材料必须发给囚犯。此外，《欧洲人权公约》中关于权利和义务的规定也适用于囚犯。英国不仅是公约的签署者，并且承认个人请求的权利，即个人可以向欧洲人权委员会提出请求，说明自己是受害者，其被公约所保护的权利遭到侵犯。[①] 就权利救济而论，通常囚犯具有三种救济途径。第一，向国内法院请求司法审查。此途径曾遭到保守势力强烈的反对和阻挠。[②] 支持者则认为监狱行使法定处理权必须得当，并且需要法院加以监督。自然公正法则适用于提交到视察委员会的狱内惩罚程序，但得同普通法保持一致。第二，行政诉冤程序。监狱官员必须将囚犯每次向其提出的要求视察监狱的官员或视察委员会的成员会见的申请记录下来，并且立即转给监狱长。视察委员会及其成员必须听取任何囚犯的控告或申请，囚犯同时有权向国务大臣递交申请书。有关审判问题的控告向国务大臣递交，有关监狱官员不正当行为的控告得向监狱长或国务大臣递交，有关其他问题的控告可要求递交给国务大臣或视察委员会或国务大臣派出的视察官员。第三，向欧洲人权法院寻求救济。

其次，在假释程序中，英国的假释委员会具有公正行为的义务，囚犯必须在他的最低刑期服完之后获得迅速的听证，并且给予一段固定的时间使罪犯有准备地参与到听证中。假释委员会必须提供适当的程序保证，其不应当明显低于在刑事法庭中的程序保障水平。给予囚犯和国家作为双方当事人以

---

① 司法部主编：《外国监狱法规汇编（二）》，社会科学文献出版社1988年版，第138、155页。

② 在英国，法官曾建议不论谋求何种补偿都不得提起任何诉讼，原因是不论是监狱条例还是监狱规则都未授予囚犯可以诉讼的形式行使特权的权利。

平等的保障，保证对双方平等对待，具有一定对抗性质。允许进行口头听证，囚犯在听证中能够获得法律帮助。因此，囚犯具有获得预先通知、提交证据、审查证人、知晓案件是否符合条件及完全参与程序的充分机会。同时，以前假释委员会无须向囚犯披露证据，说明理由。但现在假释委员会作出假释决定不向囚犯本人披露决定所依据的资料，并否定囚犯表述意见的机会将被认为是违法的。同时，假释委员会将提供给囚犯一份简要的理由陈述，使囚犯相信他的申请已被仔细考虑并得到决定为何不利于他的原因说明。但囚犯和他们的代理人仍然抱怨假释程序不公正。这种抱怨来源于完备的假释委员会规则的缺乏以及对权利保障的不尽周全，如未完全确定文件披露的时间和方式，未明确代表人的权利等。此外，因假释撤销而被重新收监的犯人可以提出申诉。

（3）加拿大。

加拿大假释委员会备有假释手册，在受刑人入监之初即行发放，以便告知假释权利。参加审查可能导致产生偏见之虞时，假释委员会委员不得参加案件的审查，以保障囚犯获得公正审理的权利。同时，各假释委员会应当向罪犯及时提供相关信息、所作决定的理由和要求对所作决定复议的渠道，以保证有条件释放程序的公正。罪犯具有较为充分的程序选择权利，如可以撤回假释申请或以书面形式放弃听证或拒绝听证。委员会应允许罪犯获得其所选择的人的帮助。罪犯选择的人通常享有下列权利：在罪犯参加听证时参加听证；在听证的全过程中向罪犯提供建议；代表罪犯回答在审理中有助于听证有效进行的委员会成员的提问；为不能完全理解任何一种加拿大官方语言的罪犯在听证中提供翻译帮助。除为公共利益和安全考虑之外，假释委员会应在审查罪犯案件日期的15日前，向罪犯进行信息披露。当假释审查中的程序违法时，罪犯具有申诉权。加拿大在申诉程序中，设置了矫正调查人。在调查过程中，矫正调查人可以举行任何听证和进行任何其认为必要的质询，但是任何人都不享有接受矫正调查人听证的权利。除非由于缺乏管辖权，对矫正调查人所做的包括提出报告和建议在内的任何事项都不能反对、审查、撤销和质疑。

就囚犯的救济权而言，适用人身保护令。加拿大最高法院认为在该申请人获得假释前，人身保护令不是合适的救济措施。当申请人提出的假释申请被驳回时，法院通常也不支持申请人提出的人身保护令申请。只有当假释委员会批准了在押犯的假释申请，但是由于其他原因监狱当局没有根据假释令中规定的条件释放该在押犯，或者已经被假释的在押犯在假释期内被终止假释时，该在押犯可以向法院提出人身保护令申请。此外，当在押犯申请假释的权利被非法剥夺时，该在押犯可以向法院提出人身保护令申请以获得假释，即使最终是否批准假释的权力取决于假释委员会。同时，在加拿大当假释委员会不遵循法定程序非法撤销假释，或者宪章确保的在押犯享有的程序性权利受到侵害时，在押犯经常使用人身保护令对此提出质疑，并且通常能够获得法院的准许。

2. 大陆法系国家

法国的被判刑人在开始受到关押时，由书记员进行权利告知，告知其可以预计的获释期日，并且告知在表现不好的情况下撤销减刑的可能性，如在获释之后又犯新罪，则将全部或部分撤销减刑；被判刑人获释时，应再次向其传达这一通知。《法国刑事诉讼法典》第 712 – 11 条规定了被判刑人的上诉权。假释程序中，允许被判刑人聘请律师。《法国刑事诉讼法典》第 712 – 6 条规定对于假释的判决，在对审辩论中执行法官应听取被判刑人的陈述说明，同时在相应情况下，听取被判刑人律师的意见说明，给予了被执行人一定程度上的程序选择权。若执行法官经检察官以及被判刑人或其律师同意，不得进行对审辩论，准许采取这些措施中的某一项措施。[①] 被判刑人同样具有上诉救济权。

当德国的被判刑人提出中止申请，检察官、监狱赞同中止执行刑罚，法院也有中止执行的意图时，法官可以径行判决。德国的法官须在裁定中说明原因；并且被判刑人不服裁判时，准许立即抗告。

在意大利，对法官附理由不接受诉讼的宣告受刑人可以向最高法院提出上诉。法官或合议庭庭长可以为没有辩护人的受刑人指定一名辩护人，确定在合议庭进行庭审的时间应预先通知受刑人和辩护人，并且至少先于庭审日期 10 日通知或送达，在庭审前的 5 日内可以向文书室储存备忘录。在进行庭审时，辩护人应参加，提出陈述要求的受刑人还可以亲自接受询问。此外，对于法官的裁决受刑人也可以提出上诉。

葡萄牙的法官在作出假释决定之前，需听取犯罪人本人的意见。准许被判刑人聘请律师。在假释撤销程序中，给予被指控人的律师 3 天时间进行准备，并允许犯罪人本人进行陈述。被告律师可以代表被判刑人就针对是否撤销假释的决定提出上诉，上诉的理由包括事实或法律理由。

此外，我国《澳门刑法典》第 56 条第 3 项规定适用假释须经被判刑者

---

① 罗结珍译：《法国刑事诉讼法典》，中国法制出版社 2006 年版，第 537、573、578 页。

同意，因此就是否启动假释程序被判刑人可以进行选择。

二、被害人权利保障

（一）被害人权利保障的概况

在刑事诉讼历史上，被害人的地位经历了一个由高到低再逐渐提高的过程。在国家公诉前，被害人处于原告地位，在国家公诉后，被害人仅在诉讼中处于控方证人的地位。20 世纪 60 年代之后，这种状况发生了很大的变化，被害人在各国刑事程序中的地位日益得到重视，被称为“恢复被害人权利”运动。[①] 刑事诉讼以报应满足对社会正义的实现，对被害人具有抚慰补偿的功能。通过刑事审判，以公力救济取代私力救济，修复社会秩序，平缓被害人的复仇心理，能够起到一般预防的作用。现今，经历了起落之后被害人作为犯罪的直接受害者，其主体地位得以回归，诉讼权利重新得到重视，如就有学者提出构建四方诉讼构造的设想。[②]

在行刑阶段，囚犯的减刑假释对被害人具有心理和现实的双重影响，首先体现在对被害人对于刑罚公正乃至法律公正的心理感受产生影响；其次体现在对被害人的人身安全可能造成隐患。同时，被害人参与减刑假释程序的理论基础在于人权保障、刑罚理性和程序公正。人权保障是指基于被害人的主体地位，为维护自身的合法利益不受侵害，在减刑假释程序中享有受保障的权利；刑罚理性是指兼顾报应和功利的平衡；程序公正则主要是指裁决机构无偏私地保护各参与方的程序权利。此外，国际公约《为罪行和滥用权力行为受害人取得公理的基本原则宣言》第 4 条规定同情罪行受害者并尊重他们的尊严；第 6 条规定受害者有获知有关信息、参与诉讼和提出有关主张的权力。在整个法律过程中向受害者提供适当的援助。结合法理和国际公约中被害人权利保障的最低标准，需为被害人设置获得程序通知权、发表意见权、免受第二次伤害权、救济权等程序权利。

另外，平衡保障囚犯权利与被害人权利。首先，程序主体之间的权利保障应当同等关注，使之平衡。《联合国非拘禁措施最低限度标准规则》中规定应力求在囚犯的个人权利与受害者的权利与社会对于公共安全和预防犯罪的关注之间达到妥善的平衡。各国的刑罚执行立法原则和具体程序中也有明确的规定。例如，《法国刑事诉讼法典》第 707 条规定，刑罚的执行在尊重

① 谢佑平主编：《刑事诉讼国际准则研究》，法律出版社 2002 年版，第 209 页。

② 房保国：《被害人的刑事程序保护》，法律出版社 2007 年版，第 109 页。

社会利益与受害人的权利的同时，有利于被判刑人回归或再回归社会，有利于预防犯罪的再次发生；第 712 -7 条第 1 款规定，上诉法院刑罚执行庭除庭长外，合议庭成员中有一名被判刑人回归社会协会负责人和帮助受害人协会的一名负责人组成，以示对双方的权利平等保障。[①] 其次，有别于刑事审判中被告人与被害人之间的天然敌意，在减刑假释程序中被害人与囚犯的权利对立并非不可调和。其一在于随着刑罚理性的增强，更多的被害人认识到囚犯的病态人格是造成罪犯犯罪的重要原因，对此需要救治和矫正；其二在于恢复性司法为罪犯与被害人提供了协商对话的机制，被害人对于罪犯复仇心理得以平和。因此，对于罪犯的减刑假释，许多被害人的态度肯定且支持，他们认为社会对罪犯具有矫正改造义务。此外，假释犯还能在假释监督中以工作或服务方式向被害人补偿犯罪伤害，实现被害人的受补偿权。所以，罪犯权利与被害人权利具有平衡的基础。具体而言，罪犯权利与被害人权利的平衡保障体现在对参与权、陈述权、救济权、请求公正审理权等诸多方面的平等保护之上。切实防止重罪犯权利保障、轻被害人权利保障的现象。一旦平衡被打破，除背离程序的公正平等价值外，亦使被害人基于报复心理可能成为最大的潜在犯罪人，从而影响到减刑假释一般预防功能的实现。

此外，在被害人权利保障的具体机制上，大陆法系国家与英美法系国家具有差异。大陆法系国家一般是被害人在参加诉讼中主动行使权利，然后由官员裁量决定；英美法系国家则是由有关官员直接向被害人征求意见，被害人行使权力相对处于被动的状态。但不论方式如何，被害人的程序权利均应在减刑假释程序的设置中得以彰显。包括裁决机构在开始审理程序之前通知被害人，由被害人选择是否参与审查程序；在审查程序中被害人参与全过程，提供证据、陈述意见并且对裁决结果若具有异议可以申诉；在作出假释决定后，裁决机构应通知被害人假释犯的住址地点，假释官做好被害人的防护工作；被害人有权对假释条件提出修改意见；在撤销程序中参与并陈述意见等。

（二）被害人权利保障综述

第一个有关犯罪被害人的报告产生于 1982 年，包括 68 条对被害人进行保护的建议，有 5 条与假释委员会相关。鼓励假释委员会做到以下四项：（1）通知被害人假释听证。（2）允许被害人参加假释听证，同时进行记录。（3）矫正触犯了新罪的被假释者。（4）在撤销假释的听证中不允许有例外规则。因此，假释委员会除首要考虑公共安全外，也会引入被害人参与和致力

① 罗结珍译：《法国刑事诉讼法典》，中国法制出版社 2006 年版，第 530、538 页。

于通过确保被假释人的监禁、控制和处遇等措施实现司法行政目标。[1] 近些年来，绝大多数假释委员会都授权被害人在假释听证中提供意见的机会。

具体而言，首先，美国各州允许公众从互联网上知晓被假释者的姓名和被释放的时间。宾夕法尼亚州的数据显示，2000 年 10187 份通知送达了登记的犯罪被害人，在 2268 件案件中被害人表示同意假释，占总人数的 22%，在 329 件案件中被害人提交了拒绝囚犯假释的申请，占总人数的 3%。从 1996 年的统计资料看，少于 5% 的登记被害人选择提交拒绝囚犯假释的申请。事实上，被害人对囚犯重入社会如何反应取决于许多因素，包括犯罪的严重性、罪犯在监狱中服刑时间的长短、被害人的个人和经济环境、被害人与囚犯之间的关系、囚犯回归后的危险程度、社会支持和帮助的质量等。在许多情况下，被害人了解罪犯，并希望他们被帮助。故被害人、罪犯以及假释委员会在防止罪犯再犯和增加罪犯重新融入社会的成功率上具有共同的利益。其次，在美国，超过 30 个州允许被害人或他们的亲属参加假释听证，另外近 12 个州允许罪犯提供书面材料以便在假释委员会听证时作考虑。按照法律规定，在假释听证时在场是被害人的权利，他们可选择陈述意见的方式。例如，在内华达州允许被害人参与假释委员会的会议。如果被害人提供了准确的地址和要求被通知的申请，假释委员会将在听证前通知被害人。在亚拉巴马州，暴力案件的被害人和被虐待儿童的家庭在假释委员会考虑假释罪犯之前将被通知，被允许在假释听证中到场和表达他们的个人意见以及依据法律规定书面向假释委员会提供意见。并且假释委员会将优先于罪犯陈述考虑暴力犯罪的受害人和被罪犯侵害的孩子的家庭的陈述。在新泽西州，被害人有在假释听证中发表意见的机会，或在委员会考虑犯罪对被害人的伤害时提供个人证据。假释委员会将会通知那些联系了委员会要求提供机会表述意见和提供证据的被害人或他们的亲属。在康涅狄格州，被害人将被通知即将开始的听证，而且被告知具有到场和提供证据的权利。同样，在衣阿华州，被害人能够运用居住地附近的双向可视通信系统向委员会表达意见。许多州的书面文件中将被害人影响力陈述作为一个部分，是假释委员会考虑是否给予囚犯假释的重要内容。此外，美国近 2/3 的州已经修正了它们的宪法以考虑被害人的权利，通常包括被通知的权利、到场权等权利内容。但只有 15 个州在假释听证被预期时通知所有的被害人。在其余的州，只有在被害人申请时才通知被害

---

① Bret Keisling："Cimaszewski v. Pennsylvania Board of Probatition and Parole, Annual Survey of Pennsylvania Administrative Law", Widener Law Journal vol. 19, 2006.

人。另外，阿肯色州、佐治亚州、夏威夷州、北卡罗来纳州、怀俄明州、堪萨斯州6个州明确不允许被害人在假释听证中到场。在假释撤销听证中，22个州的被害人被允许参加。同时，几个州在被假释人违反假释条件和面临被撤销假释的状态时还须主动通知被害人。此外，一些州的假释委员会，例如南卡罗来纳州、弗吉尼亚州，还指派一名假释委员会成员专门帮助被害人。因为不仅仅是被害人给假释官提供信息，假释官也应帮助被害人减轻与囚犯碰面时的恐惧，同时帮助被害人确信他的意见将在假释决定中被考虑的前景。

马萨诸塞等州具有专门的被害人援助组织。创建于1987年的被害人援助组织提供对被害人支持和服务的广泛领域。组织的成员可以作为提供给假释委员会考虑信息中被害方提出意见和证据的代理；对被害人及时通知假释听证举行的时间和听证的结果；提供假释和囚犯犯罪记录的信息；帮助市民完成影响力陈述；作为附带的帮助向其他的刑事司法或社会服务机构送交材料等。许多州将被害人等同于事实上的被害人、被害人家庭或被害人组织，他们都被允许提供意见。在亚拉巴马州、南卡罗来纳州、内布拉斯加州等5个州，不仅允许被害人还允许普通公众作证反对囚犯释放。

在给予囚犯假释后，美国一些司法管辖区的假释官员要负责将即将释放特定罪犯的事项通知被害人和当地的法律执行机构。同时，一些州要求当罪犯被释放时，被假释者居住地、案发地的警察机构均要被通知。

但同时，尽管几乎所有的州在假释听证中都有被害人参与程序，并具有通知被害人囚犯释放时间的义务。但事实上，据假释机构的报告显示，不到半数的假释案件通知了被害人，被害人也仅参加了1/4的假释听证。其原因主要在于被害人有义务通知假释委员会他的住址改变情况，许多被害人忽视了该环节。同时，当假释委员会提供听证的时间和地址时，许多被害人未被告知怎样提供信息或提出证据。因此，假释委员会应进一步加强对被害人知情权、参与权等权利的保障。

加拿大规定应被害人要求，全国假释委员会应当或可以向被害人披露有关信息：罪犯的姓名；罪犯被定罪的罪名和定罪的法院；罪犯服刑的起止时间；申请假释的日期、委员会审查罪犯假释申请的日期、听证日期、罪犯假释监督的条件、罪犯的监管情况及住址等。在披露中兼顾对罪犯隐私权的保护。同时，保障被害人参与权、免受第二次伤害的权利。

新西兰假释程序也最大限度地保障了受害人的参与权利和救济权利，带来两个方面的益处：一是抚平受害人因为犯罪行为造成的正义感失衡；二是通过受害人的亲身参与，使其感受到假释制度的正义。

在法国，如果刑罚执行庭认为适当，也可以在作出任何决定之前，直接或通过律师间接告知受害人可以提出自己的意见说明。受害人的意见说明应在向其通知此事由后15日内以书面的形式提出。

第三节 减刑假释程序的具体运作

一、裁决程序

（一）准备及提请程序

1．权利预告程序

第一，减刑假释权利先行告知。

先行告知指在罪犯入监之初，即告知罪犯具有减刑假释的权利。例如，前述美国、加拿大、法国等国均设置有权利告知程序。

第二，减刑假释到期日预告。

到期日预告的目的是提醒罪犯及时提出减刑或假释申请，并做好减刑或假释前的相关准备。因减刑通常属强制减刑类型，故由监狱机构自行处理即可，这一程序往往仅对假释适用。例如，在英国，罪犯将在假释资格期日前6个月被告知可以申请假释。当罪犯的服刑时间接近假释的规定时间时，狱方提醒罪犯提出假释申请，并给予适当的引导。

2．准备程序

第一，假释计划及假释前准备程序。

假释计划是指罪犯对假释后工作生活状态的安排，是使假释委员会相信罪犯已具有再社会化能力的重要依据。假释前准备则是监狱的心理咨询师、职业训练者、矫正官员对罪犯在假释前的技能、心理等各个方面进行的综合准备。假释计划和假释前准备都在监狱假释官的指导帮助下完成。

如在假释程序制度处于世界先进水平的美国，假释人员定期更新附加信息，请专业人士访问会见罪犯家庭成员和未来的雇主。监狱内的假释官对罪犯进行心理和生理的测试，获取的信息将作为给罪犯制订矫正计划之用。当罪犯做好准备面对假释委员会时，假释人员提交有关罪犯表现的报告，对罪犯从初入狱始的变化进行评价。这个报告应包含假释指南的格式和建议。有的州假释计划在罪犯预计假释的前一年就开始准备，而有的州假释准备是在假释委员会确定假释期之后。计算机将提前在罪犯有资格假释的时间内生成名单，被害人和审理官员将被通知，并提交给监狱内的过渡计划部门。这些文件将准备好以备假释官会见罪犯时使用。加利福尼亚州假释委员会运用模型计算有资格假释罪犯的释放时间。内华达州还具有充分的假释准备计划程序，成立了为将要释放回社区的囚犯假释工作的专门机构。在囚犯将要释放的前三周内，囚犯被当做学生接受每天三小时的教育。课程表包括课堂讲座、讨论，活动和家庭工作。科目包括假释适应、目标，决策技能，防止滥用毒品，家庭联系，家庭责任，公民的权利和义务，求职技术，性教育，法律，保险，社会关系，驾驶培训等。此外，终止释放前的假释计划，并不违反溯及力条款，因为是否给予囚犯假释计划的决定完全属于矫正机关的自由裁量权范畴。①

同时，美国一些州的书面审查程序实际上也可归于准备程序中，如加利福尼亚州对罪犯有一个书面听证程序。假释委员会根据书面标准，如工作表现、在改造和自助项目中的参与、监禁中的行为等，来决定在假释日期到来之前多少分数在罪犯服刑期间应该被给予。

日本从囚犯进入刑务所服刑时开始，保护观察官或保护司就着手其若假释或刑满释放后的居住环境调查工作。《日本犯罪者预防更生法》第28条至第31条规定在假释期日到来前，监狱长需向地方委员会通告。

第二，提交申请程序。

罪犯提交假释申请的意义在于：第一，表明已经做好了假释准备；第二，选择假释并预备接受假释监督条件；第三，作出不再犯的承诺。例如，根据英国有关规定，罪犯在服刑至假释资格期日前4个月将有机会了解有关假释报告的内容，并作出书面陈述，提出自己应当被假释的理由。再如日本，符合假释条件的服刑罪犯在拟假释之日前50天由刑务所向地方更生保护委员会提出假释申请书。

此外，在减刑程序中，提交申请的程序往往被省略。在一些国家的假释程序中，基于自动审查机制也可以被略去。加拿大受刑人的刑期如为2年以上者，不论备文申请与否，均将自动接受该会假释之审查，对希望提出假释申请及出狱后之计划者，假释委员会均应予以核准。只有对刑期未满2年之受刑人，其假释之核准才以提出申请者为限。同时，假释申请被拒绝时，对再次审查的日期还应进行预期。在美国，尽管通常规定囚犯必须提交带有签名的假释申请，在一些司法管辖区此程序通常被简化，事实上假释权力机构

① Powell v. Ray 301f. 2d (10th cir,2002).

可以自行提起。[①] 受刑人声请假释被驳回者，每隔 5 年应给予其特别审理的机会。

第三，会见调查程序。

会见和调查罪犯的目的在于深入了解罪犯的真实情况，为是否给予罪犯减刑假释提供各方面的依据和资料。

在美国的许多司法管辖区，在制定法的规定中有资格假释的罪犯将获得假释委员会的面见。例如，新泽西州的听证官员在囚犯有资格释放前的 4～6 个月间会见罪犯后考虑是否给予假释。在联邦系统中，联邦假释委员会至少每个季度对每个刑罚执行机构进行假释会见已经固定，并可预期。委员会将会见监狱中所有有资格获得假释的囚犯。为了使委员会的工作平等并给予每个委员机会，定期听证将在五个成员中轮流进行，会见情况将被逐字记录。在会见完毕之后，会见的成员将提供会见摘要并分析案件。会见的摘要和囚犯的所有信息将提供给每个参加会见的成员。成员们将通过结合会见副本和全部记录，为假释或拒绝释放给出意见或建议，以后重新考虑的明确时间也将预定。委员会至少每年审查一次所有被驳回假释请求的案件。同时，就调查和预测而言假释前有效的检测已经具有相当多的科学因素，由一个专家来决定已经不再可能。除了对生理和心理的训练外，关于罪犯社会关系的深度信息也是必要的。在犯罪和刑罚领域需考虑的大量信息同样需要。这个结论是由包含很多领域专家的一个团队来作出的。整个假释的测验是由监狱官员来组织的。不光进行人格测验，还进行监狱外社会生活的检测。这些细节不仅通过问卷，还通过监狱官的调查。但这种由监狱官组织的方式也遭到了很多批评。因为监狱官受到监狱总体理念的影响，他们更多地考虑不安因素，倾向于否定评价以及重刑的倾向。有时释放前的调查由私人机构的专家进行，他们在假释监督领域工作或在这一方面有专长。有时假释监督机构的志愿者也可以进行调查。同时，由监狱雇员进行调查，能综合监狱官员和非政府机构调查的优点，是不错的选择。

在英国，罪犯在服刑至假释资格期日前 3 个月将接受假释委员会成员的考查。该成员将向假释委员会书面报告考查情况，罪犯可以了解这个报告的内容并提出自己的看法。罪犯在服刑至假释资格期日前 2 个月将接受假释委员会的专门小组考查，这个小组将主要考查罪犯的人身危险性和研究防止罪

---

① United Nations Department of Social Affair: Parole and Afer – care, United Nations Publication 1954, p. 63.

犯再犯的方式。

日本由地方委员会进行调查并派出委员接见拟假释人，作出决定后发出《假释决定通知书》。与此同时，刑务所还要向保护观察所提交罪犯《身份调查书》和《假释环境调查书》，一方面向未来假释执行人（保护观察所及保护司）提供服刑罪犯的基本情况，另一方面对未来假释罪犯的社会环境作出调查。为审理需要需征求矫正设施内的人员的意见，并可进行见面会谈。必要时监狱长或其他监狱官员应到场。保护观察所将《假释环境调查书》提交给地方更生保护委员会作为作出是否给予假释决定的参考。同时，保护观察所还要把假释期间个案的注意事项经刑务所向被假释人进行教育。①

我国《澳门刑法典》规定，在可容许被判刑者假释之日两个月前，社会重返厅须向法官提供一份调查报告，分析刑罚对被判刑者人格所起的作用、其家庭及职业背景以及重新适应社会生活的能力及意愿。

3. 提请程序

提请程序指由提请权人向裁决机关正式提请对罪犯进行减刑假释。基于减刑与假释功能的差异，减刑提请程序比假释提请程序的构造更为简单。在设置法定减刑的国家中，减刑程序往往没有具体的启动者，由监狱直接依法减短罪犯的服刑期限或改变行刑种类。通常提请权人包括受刑人、服刑机关、检察机关、政府和社会团体、专门委员会等。在少数国家中，法院不需要其他机构或个人的提请就可直接审理，因此，提请程序并不具有必然性。在上述五类提请主体中，罪犯个人提请、服刑机关提请以及检察机关提请是三种常见的方式，如加拿大、阿根廷的假释程序由罪犯个人申请启动，法国减刑程序的启动者为受刑人及检察人员。英国罪犯在1991年刑事司法法令生效后也获得了向假释委员会申请假释的提请权。我国澳门地区罪犯也可以向法院申请假释。其他主体类型如在葡萄牙等国执行机关、当地政府和社会团体有权作为提请主体；英国地方复查委员会是向国务大臣提请假释的机关；美国一些州的假释委员会可以成为提请和裁决之双重主体。意大利的提请权主体规定较为特殊，《意大利刑事诉讼法典》第681条规定提出的减刑请求可以由被判刑人及他的近亲属、共同生活人、监护人、保佐人、律师或者特别代理人签署并提出。同时，这一环节还可具有层次性，如监狱向检察官报告，由检察官提请。在提请后，监狱并不能立即卸去职责，还要配合决定机关对罪犯假释进行审查。因此，在将检察机关作为行刑指挥监督者的国家，多为

① 郭建安主编，《西方监狱制度概论》，法律出版社2003年版，第82页。

检察机关或刑罚具体实施机关向法院提请减刑假释。在社会组织或委员会组织对监狱进行严密督察而不信任行政权力行使的国家中，由这些外部监察机构进行提请。在一些职权主义国家，因不存在针锋相对的利益争端，法官的积极能动作用得到增强，可以直接向启动程序主体施加压力甚至自行启动，只需对原有启动主体负通知义务。这些都反映出减刑假释程序法律关系的特点。

在葡萄牙，监狱长等应当向判刑法官提供有关犯罪人适宜假释的报告材料。同时，缓刑管理部门也要提出假释建议，被假释者在假释期间将由缓刑管理部门负责监督和指导改造。囚犯向刑罚执行法庭提交有条件释放的请求，这些请求包含合理的理由。请求包含以下信息：囚犯释放后具有养活自己及诚实生活的能力；囚犯生活简历的数据、社会援助机构的调查和监狱刑罚执行专业机构的意见将作为参考。

在阿根廷，囚犯向刑罚执行机构提出诉求；典狱长组织刑罚执行机关所有人员共同撰写详细的报告；这些文件由典狱长传递给分类机构；再由分类机构传递给审查中心；审查中心对报告进行评注，然后传回分类机构；分类机构将把囚犯分为很难适应社会、一般适应、容易适应社会生活的三种具体类型，连同文件传回典狱长；典狱长再将这些材料提交给法庭。同时，在法庭决定前，要在监狱内收集有关囚犯的必要信息。

俄罗斯由刑罚执行机构或机关向法院提交对被判刑人假释或将未服满的部分刑罚改判较轻刑罚的报告，报告中包含悔罪态度、在服刑期间的表现、学习和劳动态度等内容。刑罚执行机关决定是否提请的期间为1个月。

4. 救济程序

罪犯如果认为自身符合减刑假释条件，而权力机关并未提请，则可以寻求救济。主要途径有四种：第一，进行内部行政申诉；第二，申请司法审查；第三，直接向裁决机关提交个人申请或向外部监察机关申诉；第四，裁决机关通过与监狱共享的罪犯信息，督促提请机关对符合条件的罪犯提请减刑假释或自行依职权提请。例如，英国、美国在减刑假释程序中对罪犯的救济权利保障以及法国执行法庭的职权。此外，一些国家的减刑假释裁决机构具有自行审查权。例如，日本对监狱长提请的囚犯地方委员会应指定委员会进行审查。通告之内的人员，即使监狱长未提请，委员会也可以进行审查。

（二）裁决程序

在减刑假释决定程序中，主要是书面行政审批、听证以及审理三种方式。纵观各国的立法和实践，听证或审理程序因更能体现公开公正的程序正义，获得了越来越多的重视和适用，而纯粹书面行政审批方式因欠缺公开透明，不利于对相关关系人权利的保障，故逐步减少了适用。此外，听证程序主要是针对委员会模式适用，审理程序主要是在司法模式中适用。①

1. 书面审批程序

书面审批程序主要是指在行政模式中直接进行书面审查核准的程序，在由监狱长、司法部长等行政长官直接决定的减刑假释程序中适用。这类程序通常不听取当事人的意见。例如，美国罪犯获取善行折抵的程序、美国一些不给予听证的州裁决权主体以书面程序决定是否给予罪犯假释、巴基斯坦罪犯减刑程序、我国台湾地区由“法务部”核准受刑人假释或撤销假释的程序等。囚犯多被行政官员直接通知审批结果，并且救济权利受限。

2. 听证程序

首先，并不必然对每一个罪犯均进行听证。例如，美国的八个州根据其法律规定对于同意或拒绝假释可以进行非正式的听证。但通常许多司法管辖区在假释决定之前必须进行听证，除非囚犯的记录达不到假释的要求或只能在有选择的案件中或在反对异议被提交时。根据《加拿大矫正与有条件释放法》的规定，对于初犯等轻微犯可以以不听证的方式作出假释决定。就完全假释的初次审查而言，在假释被中止、取消、终止或撤销之后的审查或法定释放被中止、终止或撤销之后的审查等情形下，假释委员会必须采用听证方式审查案件，除非罪犯以书面形式放弃听证或拒绝参加听证或罪犯以书面形式接受假释条件下准予假释。对于其余案件，假释委员会以听证的方式审查。

听证包括正式和非正式听证两种方式。例如，在美国一些州，假释释放由会见罪犯并向委员会提交书面意见的假释委员会成员以非正式听证的方式决定。这种非正式听证可以由假释委员会的一个成员实施，也可能由假释委员会的全部成员进行。因此，美国的一些假释委员会是全部委员会成员审查一个案件，一些假释委员会则分成几个部门在不同的司法管辖区进行假释听证。同时，非正式的听证中，囚犯可以有机会提出代表他意见的声明以满足正当程序的要求。英国最近的标志性案件是 Smith v. Parole Board。上议院认为假释委员会没有给予两名被判处定期刑的罪犯口头听证程序是违法的，鼓励在假释程序中适用口头听证程序。

此外，听证也不必然公开。例如，美国一些州的听证是秘密的，仅有罪

① 此外，还有一些需进行听证的行政模式也适用类似的程序。

犯、假释委员会、监禁囚犯的监狱代表以及听证中的记录员参加。仅在 15 个司法管辖区，假释听证是公开的，至少根据立法规定对于一些案件如此。[①]例如，在内布拉斯加州，假释听证向公众公开，任何与此有利害关系或持反对意见的人都可以参加，被应邀参加充当证人和提供证据。相似的情况还有英国，原英国的假释委员会很少实施口头公开听证。通常听证都是在监狱秘密进行，并且采书面方式。在刑事司法法案实施后得到改善。现假释委员会对所有的假释撤销进行口头听证，但决定假释的程序中很少适用口头程序。公开为听证的一般原则，不予公开则为例外。这种例外通常包括以下情况：由于申请旁听者参加或与其他人共同参加听证，听证很有可能被打乱或委员会考虑事情的能力很可能受到负面影响；很可能对被害人、被害人的家庭成员或罪犯的家庭成员等向委员会提供信息的人产生消极影响；可能对该人或公众知情权与罪犯有效回归社会的公共利益之间的适当平衡产生消极影响以及危及听证机构的安全和良好秩序。

（1）听证准备。

第一，听证的时间、地点通知以及证据准备通知。通知的三个方面很重要，即是何时发出的，向谁发出的，又包含什么内容。即使是非正式听证也只是正式听证在某种程度上的简化，因此不影响通知的对象及通知内容。[②]例如，加拿大假释委员会受理案件时须提前通知罪犯案件已被提交和审查。

第二，征询意见程序。例如，在英国，案件提交到假释委员会前，一般应征求审判法官的意见。假释委员会考虑实行假释时，审判法官所提出的司法建议虽不是判决的组成部分，但假释委员会得给予相当重视。

（2）听证主持人。

为确保听证裁决者中立无偏私，须对听证主持人的设置和选任进行规定。

在美国，个案都被分配给假释委员会的各个成员。他们将审查案件并给出初步的建议。这些建议通常会被接受，尽管有时假释委员会寻求更加详细的建议。为了保障听证的公正进行和决定的理性作出，有的州在裁决程序中专门设置了听证官以主持听证，而假释委员会成员不能参加听证，假释委员会委员仅负责根据听证笔录作出假释决定。因此听证记录具有重要的意义。参与人在假释程序的准审判式听证中富有意义地行使参与权，就必须知道相

---

① United Nations Department of Social Affair：Parole and Afer－care，United Nations Publication 1954，p. 64.

② ［美］迈克尔·D. 贝勒斯：《程序正义——向个人的分配》，邓海平译，高等教育出版社 2005 年版，第 55 页。

对方会利用什么证据来反对自己，并能够利用反诘问和反驳证据进行争辩。一旦决策人可自由考虑记录之外的事实而得不到通知或作出反应的机会，上述权利便可轻易被取消。因此，听证笔录并不仅仅是整个听证过程的单纯机械的记载，其重要的价值还在于它对决定的作出具有约束力。对于假释案件的记录，法官、检察官和矫正官员都可以获得。①

同时，听证官主持听证的方式具有多样性。例如，在科罗拉多州，一名假释委员会成员听审非暴力案件时可以当面进行也可通过电话进行。

《加拿大矫正与有条件释放法》设立了回避制度，当假释委员会参加假释听证可能导致产生偏见之虞时，假释委员会委员不得参加案件审查。再如尽管英国减刑程序的规则较少，但仍要满足普通法自然正义的基本要求，即充分听取各方意见和裁决者中立无偏私。

（3）意见发表及证据提供。

首先，通常允许罪犯到场，但因为不愿假释听证具有更多的对抗因素，少数的国家或地区也不愿罪犯在听证程序中到场，如美国的一些州。罪犯具有陈述意见的权利。假释委员会成员审查监狱提交的记录并在审查中会见每一个囚犯，如在俄亥俄州，假释委员会委员在会见室，使用两条光导纤维通讯线与囚犯进行会见。成员可以获得假释官员或矫正人员准备的案件文件，这些文件中包含调查报告、监狱对于囚犯教育培训、处遇、生理心理检查和不良行为的报告以及如果被允许假释的释放后计划。

其次，除非有充足的理由，假释委员会拒绝当事人传唤对方证人以供质证或者拒绝当事人延期听证以便对方证人出席都是违背自然正义。故一般罪犯可以要求传唤证人提供证言。但受到一些限制，如传唤证人会泄露证人隐私、当事人由于自身的延误没有及时提出传唤证人要求等。原则上允许当事人对相关的证据和争议问题提出自己的看法，并质问对方证人。交叉询问是最为正式的调查证据形式，但仅在撤销程序中适用，在裁决程序中不予适用。

此外，被害人通常也可以被通知到场，主要是对假释委员会提供影响力陈述，发表个人意见。

同时，美国一些州规定具有职能的人在听证时也应在场，如看守或刑罚执行机关的代表、假释官员、教士、医生、心理学家、精神病专家、法官、控方律师等。

---

① United Nations Department of Social Affair: Parole and Afer - care, United Nations Publication 1954, p. 65

（4）调查及意见听取。

假释委员会等裁决机构行使调查权力并充分听取各方的意见，以确定罪犯的真实状况，为是否给予罪犯减刑假释提供依据。

《加拿大矫正与有条件释放法》第101、102、122、123、130、135、140、141、147等条详细规定了假释程序。在决定假释时保护社会是首要目标，各假释委员会应当考虑所有与案件相关的信息，包括量刑法官阐述的理由和提出的建议、来自审理和量刑听证的任何其他信息、矫正当局提供的信息和评估以及从被害人和罪犯那里获取的信息。为获取以上信息，假释委员会可以进行一切相关调查。

在英国由一名法官，一名心理学或精神病学专家，一名独立成员组成的假释小组实施调查程序。包括接受文件和证据、询问证人以及作出小组决定报告。

美国许多州的假释委员会可以向矫正机构要求提供罪犯矫正的资料，并在作出决定之前听取法官、检察官及被害人等多方意见，如在许多司法管辖区，法院或指控机构被需要或被授权提供建议意见。在密歇根州，在量刑法官判决的终身监禁或定期刑的案件中，他有权获取假释听证的通知，如果他提交书面反对意见，假释委员会无权对罪犯进行假释。① 佛罗里达等州的假释委员会需要检察官及被害人提供建议意见。

在日本，为了更有效地开展假释申请的审理工作，地方更生委员会采取了多项措施，一是为发挥保护观察在行刑矫正中的作用，实行让保护观察官长驻行刑设施的设施驻在官制度。二是为了加强对长刑犯的假释审理工作，充分发挥保护观察所为地方更生委员会调查信息的作用。②

（5）证据规则及证明标准。

因为假释听证并非是对抗式的审判型听证，而是协商式听证形式。因此，尽管假释听证的全部证据必须向当事人出示，听取当事人的意见。但听证程序不需严格遵守司法程序中的证据规则，而是根据不同性质的听证适用不同的证据规则，它可以采用比较方便的证据规则，如不禁止采纳传闻证据。其理由在于传闻证据之所以被排除，是因为庭外陈述者未在法庭上作为证人宣誓；庭外陈述者的陈述未经对方律师对其交叉询问，这样对方当事人被剥夺

---

① United Nations Department of Social Affair: Parole and Afer - care, United Nations Publication 1954, p. 64.

② 翟中东主编：《自由刑变革——行刑社会化框架下的思考》，群众出版社2005年版，第120页。

了审查庭外陈述者感知、记忆、表达能力的机会，而对感知、记忆或表达能力的审查是判断其证言可信性的基础。但在减刑假释裁决听证程序中，首先，交叉询问的程序装置并不必然给予；其次，较审判程序不同减刑假释裁决程序中大量存在书面证据或专家意见，而非普通的证人证言，因此在直接言词审查中对证人的询问并非如审判中证据调查般关键。此外，减刑假释裁决程序中存在大量的书面程序和非正式程序，也弱化了这种需要。另以程序价值等级而论，秩序价值的地位并不亚于人权价值，故可合理解释即使在裁决听证中排除传闻证据，也会基于社会安全等原因设置相当多例外的情状。

裁决听证的证明标准为优势证明或合理证明标准。合理证明标准较优势证明标准位次更低，因此，在裁决程序中两种证明标准都可适用，但在撤销程序中往往适用优势证明标准而非合理证明标准，如美国善行折抵裁决中确立了合理证明标准，而在善行折抵被撤销时一般为优势证明标准。Wilson v. Jones 案中，当不良行为的控诉没有由证据证实的时候，正当程序权利被侵害了。因为控诉减低了所获得分的等级，将无可避免地影响到囚犯的刑期。[①] 当罪犯在听证中被取消善行折抵的时间，缺乏相关证据证明指控的可行性时违反了正当程序。[②] 在监狱中的惩戒听证满足优势证明标准，并不一定导致良好行为折抵期的丧失。[③] 加拿大也确立了合理证明标准。尽管合理证明的门槛很低，但能防止一些假释委员会没有理由或以其他滥用的方式干涉罪犯减刑假释特权的行使。

（6）决定的作出。

假释委员会决定的作出须以听证中获取的信息和证据为依据。假释委员会多个成员组成审查小组作出决定时，采用多数裁决原则。如果假释委员会成员未参与听证，只能以听证官主持听证时听证记录的内容作为依据。

事实上，假释权力机构在决定听证如何进行时被给予了很大的裁量决定权，这个决定权力一律受到了法院的支持。同时鉴于听证中证据调查机制不完全充分并且证明的标准较低，假释委员会成员在作出决定时也享有较大的自由裁量权。假释委员会在决定是否给予囚犯假释时会充分考虑囚犯的人格因素、性格因素、态度等，职业的前景也在考虑范围之内。此外，在美国许

---

① Wilson v. Jones ,430 f ,3d (10th cir,2005). Louis v . Dep't corr. Services of Neb. 437 f. 3d (8th cir,2006). 当尿检的结果作为惩戒程序中的证据影响到善行折抵的时候，囚犯的正当程序权利未被侵害。

② Mathews v. Eldridge ,424 U. S. . (1976) ;Luna v. Pico,356 ,f. 3d. (2d cir,2004).

③ Jones v. McDaniel, 552 F. Supp. 2d 1141 (D. Nev. 2008).

多司法管辖区，监禁机构的建议或者令人满意的监禁记录是给予罪犯假释规定的要求。假释委员会在授予还是拒绝假释时还依据对特定囚犯的近期信息，在决定早期释放时必须将这些信息加以考虑。① 但同时，美国许多州的立法中未规定假释的明确标准，对假释机关的活动问题缺少应有的监督，故假释机关极有可能轻易修正法院的判决，有的还不给予关于拒绝或授予假释的理由说明。因此美国矫正协会（the American Correctional Association）制定了假释指导准则。② 此外，美国主管假释工作的人员召开全国性假释会议。与会者除少数州的州长代表外，还有法官、联邦与州、市的警官、宗教界、社会各界人士以及代表各种不同刑罚制度、矫正制度的专家。共同制定了《假释原则宣言》（a declaration of principles of the national parole conference）③。各州也相继制定了各自的假释指南或假释指导原则。

因此，规制假释委员会自由裁量权的滥用，一是适用假释指南。但事实上，假释指南对假释委员会自由裁量权的规制能力是有限的。因为假释委员会内部的指南也不能创造自由权利。这些指南是说明性的，并不具有法律效力。④ 当假释委员会未遵守内部的假释政策时正当程序未被违反，因为内部的政策和程序指南并不创建正当程序权利。⑤ 二是规定假释委员会的说明理

---

① John Marshall:“Putting Parole Back on the Table:An Efficiency Approach to Georgia's Aging Prison Population”,John Marshall Law Journal ,vol. 9(2008).

② 其建议如1. 宜有独立性之机构专办受刑人之假释事务。此类机构办理假释工作时，应不受政治等不良因素的干扰. 2. 假释者于假释期间，应交付保护管束。执行保护管束工作者宜由学验俱望的观护人担任。3. 法律对受刑人的假释之规定应较具弹性，不宜太过僵化。4. 假释出狱人于释放前，宜有妥善之出狱准备，并应接受适切之更生保护等。参见丁道源：《中外假释制度比较研究》，中央文物出版社1987年版，第103页。

③ 1. 假释主管当局应本着公平及不受政治干预之原则，以专家及干练者的身份处理有关事宜。其对每一假释案件均应有必要时间之全盘考量，以期周延。2. 刑法及假释法均应赋予假释主管当局于决定受刑人释放时间及条件方面较宽大之自由裁量之权。3. 假释主管当局应齐备完整而可资信赖之受刑人背景及释放后可能面临或急需的各项资料. 4. 假释出狱人之处遇及训练计划应列为完整刑事司法制度中不可或缺之一部分。5. 为期受刑人将来得以适应自由社会生活，其在监期间应为职业上、身体上、心理上及精神上的各种准备。6. 不论公立或私立的社会机构，均应与假释主管部门密切合作，共同改善假释出狱人之家庭、邻居环境及为释放后之妥善准备负起责任。7. 假释出狱人应接受严格之保护管束。尚难成为守法公民时应即返原监狱继续执行。8. 假释出狱人之保护管束，应由训练有素且有指导适应社会生活经验的人担任。9. 各州政府对假释制度提供财政支持。其中并应包括足够之工作人员及基于功绩而保障其工作等规定在内。10. 社会大众应予假释出狱人公平谋生与维持自尊心之机会，加速达成改悔向上，适于社会生活的要求。参见丁道源：《中外假释制度比较研究》，中央文物出版社1987年版，第25~26页。

④ James v. U. S. Parole Commisson ,159,f,3d ,(9th ,cir,1998).

⑤ James v. U. S. Parole Commisson,159 f. 3d (9th cir,1998).

由义务。在减少和增多的情节中，假释委员会也可以超出量刑指南，但详细原因应书面提供给罪犯。说明理由制度对自由裁量权的正当行使具有较好的促进作用。其一，防止专断。其二，说明理由可以防止错误或不正确的决定。其三，如果说明了理由决定就可能更加统一。其四，人们可以知道某个决定是为何作出的以及就该决定提出上诉是否是合理的。其五，当决定不利于个人时，说明理由可能使得该决定更可接受。① 但同时即使联邦最高法院指出正当程序要求假释的拒绝必须给予理由说明，即使是个草率的决定，也必须明确给予决定的依据。实践中由于拒绝假释通常很难被审查，因此说明理由义务遵守得并不太好。因此假释委员会的自由裁量权仍然很大。此外，在美国的许多司法管辖区，囚犯马上就可以口头听到是否给予假释的结果。在另一些司法管辖区，囚犯在晚些时候知晓，如在新泽西州这个时间是 3～4 个星期。

《日本假释和保护观察法》第 19 条规定对囚犯的假释审查应至少每 6 个月进行一次。第 32 条规定假释决定应基于囚犯有悔悟的感情和更生的欲望，并无再犯之虞以及社会舆论对假释出狱的认可等因素综合作出。②

（7）假释协议的签订。

通常假释委员会对罪犯作出假释决定时，罪犯要与假释委员会签订假释协议，在协议中明确规定假释犯需遵守的监督条件，如囚犯有对儿童进行性侵害的历史将被禁止接近儿童经常聚集的某些区域；有酗酒历史的罪犯将被禁止喝酒或进入一些涉酒场所。一旦假释犯违反这些监督条件，将面临假释被撤销的风险。假释协议在美国、英国、加拿大、日本等许多国家适用，如在日本，审查小组合议之后的审理结果可以准许或驳回，并规定囚犯在假释期间应遵守的事项。囚犯本人签名盖章，宣誓遵守。在规定的时间内，假释犯必须到所属的保护观察所报到，回到指定的归住地，开始接受保护观察。

此外，美国的一些州在正式听证之前设置初次听证程序程序，以对囚犯是否适宜假释以及假释释放具体时间的确定进行初步审查。例如，根据内布拉斯加州法律，至少一年内应对每名囚犯进行初次假释听证，不论其是否符合假释资格。在初次假释听证上，委员会审查罪犯总的记录和在罪犯提交陈述和文件支持释放请求时提供非正式听证。如果委员会从记录和听证中得出

---

① ［美］迈克尔·D. 贝勒斯：《程序正义——向个人的分配》，邓海平译，高等教育出版社 2005 年版，第 93～94 页。

② 司法部编：《外国监狱法汇编（二）》，社会科学文献出版社 1988 年版，第 409～410 页。

罪犯可以释放的结论，那么决定性听证将排期。初次听证主要有四个目标：第一，与被假释人建立起社区矫正联系。第二，保证被假释人能够参与到分析他的问题中。第三，对被假释人就开始全面的假释计划如何行为提出建设性的建议。第四，使被假释人对做到被期望的目标保持积极的自信，这些被看做是被假释人的定期进步。[①] 在一些州仅对暴力案件的罪犯适用初次听证，如在科罗拉多州假释听证的形式取决于罪犯的严重程度。暴力犯罪或罪犯有使用暴力的历史，两个假释委员会成员将进行初次听证，将他们的建议提交7个成员的委员会，4票通过囚犯就获得假释。加拿大设置加速审理程序。初次判刑被投入监狱的罪犯可要求假释委员会加速审理，但提出要求的罪犯假释被终止或撤销时，罪犯无权再适用该优惠。

（8）审查时间。

一个及时的听证所涵盖的并不仅仅是听证开始前的准备时间，还包括听证（包括休庭）的持续时间和作出决定的时间。[②] 因此，审查时间主要指假释委员会审查罪犯减刑假释所可耗费的最长期限。一些国家作出了明确的规定，如日本《假释和保护观察法》第52条规定，审查会须在受理审查请求之日起60日内作出裁决。[③] 一些国家没有进行明确限定，如在美国，在假释委员会的审查时限上存在两个问题，一方面一般审查时间耗时很短，另一方面即使假释委员会拖延作出决定的时间，罪犯也无法提起诉讼。美国假释委员会听证的平均消耗时间在12分钟到15分钟之间，美国学者斯科特发现印第安纳州假释听证的平均耗时不超过8分钟。国家顾问委员会指出，假释委员会每天听证的假释案件接近20个。另据研究，假释委员会小组花在阅读囚犯文件、会见申请者、作出决定的总体平均时间是5.9分钟。卡萨斯假释体系报告描述了相似的场景，发现假释官员对每一释放听证投入的时间是2分钟至3分钟。仅一天就可处理135个案件。毫无疑问，这个时间对于作出正确的结论是不够充分的。同时，对被告假释决定的延迟也并不能成为宪法性控诉的理由，因为假释成文法中的自由裁量本质使假释的获得具有极强的推断性。[④]

---

① Howard Abadinsky: Probation and Parole: Theroy and Practice, Prentice Hall Inc 2001, p. 358.

② ［美］迈克尔·D. 贝勒斯：《程序正义——向个人的分配》，邓海平译，高等教育出版社2005年版，第54页。

③ 司法部编：《外国监狱法汇编（二）》，社会科学文献出版社1988年版，第428～429页、第437页。

④ Malchi v. Thaler, 211, f, 3d (5th cir, 2000).

（9）权利救济。

在减刑假释裁决程序中，各国对罪犯均设置了一定的救济程序，但对被害人救济权利的行使途径和方式较少予以明确规定。

罪犯的救济途径包括向假释委员会（地方更生委员会）申请复查或上诉，如在英国，如果假释委员会拒绝了罪犯的假释申请罪犯在1年内仍有进一步被考虑的余地。如果未批准申请，假释委员会向罪犯所在的监狱递送详细说明理由的通知。同时，会向罪犯发送复印件。[①] 罪犯个人也可以向欧洲人权委员会提出请求，说明自己是受害者，其为公约所保护的权利遭到侵犯。加拿大若假释申请被直接拒绝，对再次审查的日期应进行预期；若假释委员会在听证后拒绝罪犯的请求，应将此案连同拒绝理由交另一审查小组复查。在假释决定的有效期内，假释委员会每年进行一次审查，启动自动复查机制。假释委员会在每次审查时应进行调查，以确定是否有足够有关罪犯的新信息来支持和修改决定或作出新的决定。同时，日本不服地方委员会决定作出的处分者，可向审查会提出审查请求。

3. 审理程序

审理通常指有管辖权的法院对诉讼当事人之间存在的事实争议和法律纠纷进行审查，并就当事人之间的权利义务关系或当事人提出的请求作出裁断的司法行为。[②] 减刑假释审理程序无必要如庭审程序般严谨完善，但公正民主等程序原则仍要遵守。就减刑程序与假释程序两者而言，各国在具体适用中具有一定差别。例如，法国的减刑程序为不开庭书面审理，不经对审辩论作出，实质上为听取意见式，执行法官听取检察官和被害人的意见；假释程序则要经过对审辩论。在同类程序中，大陆法系各国之间也具有区别。例如，在减刑程序中，意大利采用开庭审理的方式，检察官和律师在此程序中表现活跃，法官需充分听取当事人的意见，较法国的执行法官审理案件相比，更加强调当事人之间的对抗。假释程序中德国不经过言词审理，法官在听取检察官、当事人的意见之后作出裁定，甚至在各方意见一致的情况下，听取意见程序均可省略。而法国、意大利均规定需进行言词审理。相较采委员会模式较多的英美法系国家，采司法模式较多的大陆法系国家一般在言词审理程序中都保障了罪犯的出庭权。

就审理方式的选择而言，提高审判效率的两种基本途径是书面审理和简

---

① 郭建安主编：《西方监狱制度概论》，法律出版社2003年版，第81页。

② 薛波主编：《元照英美法词典》，法律出版社2003年版，第1357页。

化审理程序。在减刑假审理释程序中，罪犯并没有获得开庭审理的权利，因为此时他的身份不是处于刑事追诉中的推定无罪之人，而是接受法律惩处的受刑者，故在减刑假释程序中开庭并非刚性程序规则。书面审实质上是非正式听证，给予了罪犯陈述表达意见的机会，法官中立无偏私，遵循程序自治与理性原则。法国、德国等国都在减刑书面审理程序中规定适用回避制度、法官听取检察官、被害人、罪犯等各方的意见，在裁决中说明理由等，以确保程序理性公正。

此外，在减刑假释审理中简化庭审程序也得到了广泛的运用。只要满足当事人基本诉讼权利如程序参与选择权等之保障底线，符合程序公正原则，简化审理将优化司法资源配置，取得公正与效率的双赢。具体而言，庭审程序的简化包括准备程序的简化、审判程序的简化及审判期限的缩短等内容。其中审判程序的简化主要是调整调查的顺序、简省调查的内容、放松证据规则对证据可采性的要求等方面。

就审判组织而言，对于初次审理，可采法官独任或合议制；在上诉法庭庭审中，基于纠错职能采合议制。此外，在减刑假释程序中，行刑社会化原则与司法民主原则相契合，因此可以更多地运用参审制，一则吸纳更多的社会力量参与罪犯的矫正；二则增强民众对减刑假释案件审判活动的监督。

对于审判公开问题，审判公开是原则，不公开只能基于特定的事由。这些事由一般源于社会安全或个人隐私权利的保护。因此，减刑假释不公开审理的事由应比照刑事审判程序为之。

审理地点问题，可选择受刑人所在的监狱进行。例如，法国刑罚执行法庭在进行对审辩论时，在同一上诉法院辖区内不同大审法院的所在地开庭或者在该辖区内的监狱机构内进行。检察院的职能由对审辩论进行地或监狱机构所在辖区的大审法院的共和国检察官履行。

（1）庭前准备。

预先通知被判刑人等参与人开庭时间、地点等内容；预先告知被判刑人在减刑假释程序中所享有的程序权利。具有证据披露必要的进行证据披露。

（2）权利告知。

法官告知参与人具有申请回避、提供有利证据、陈述意见、律师帮助等具体权利。征询参与人是否提出回避的意见及请求。

（3）法庭调查。

由提请方承担主要举证责任，法庭也行使调查职权负有查明真实的义务。此外，若检察官、被害人或其他参与方提出反对意见，对己方的主张承担证明责任。事实上，即使由罪犯个人申请而独立启动减刑假释程序，基于其受限制的地位，行刑机关通常有义务协助其完成举证。在质证程序中，各方当事人可以对提交法庭审理的所有文书材料进行争论和质询，检察院、罪犯、被害人均有向证人提问的权利。法官可以根据客观事实的发展进程或其他逻辑关系来安排证据的出示顺序或发问顺序，法官自身享有提问的权利。① 《法国刑事诉讼法》第712－6条规定对于假释的判决，在听取监狱管理部门代表的意见后，在评议室经对审辩论作出。在对审辩论中，执行法官应听取检察院的要求和被判刑人的陈述说明，以及在相应的情况下，听取被判刑人的律师的意见说明。此外，根据案件审理的需要，调查证据的方式可以简化，特别是对于物证、书证以及专家证言的调查，若各方参与人不存在大的争议调查程序可以从略。

就法官调查权的设置而言，第一，在大陆法系国家，法官在庭审中的积极参与被认为是发现案件真实情况的有效方式。大陆法系国家的法官由于职权主义的要求在诉讼中贯彻调查原则，其认定案件事实并不以控辩双方提供的证据为限，而应当符合客观真实的要求，全面调查核实诉讼中的相关证据。② 第二，在刑事审判中，法官对于控辩双方针对特定事实未出示的其他证据，一般不能主动进行职权调查，只有在必要时才可以直接提取新的证据材料。而且法官行使调查权具有一个隐含的规则，即尽可能地收集对被告人有利的证据，而对检察官有利的证据系控方责任，不能越俎代庖。③ 但在减刑假释审理程序中，不具有此种规则，法官可以根据查明真实的需要主动收集新证据，并且平等地收集有利或不利于罪犯的证据。因为此时罪犯是现实上而不是追诉意义上的触法者。其次，在行刑矫正罪犯的阶段，法官也无须过多地考量对抗中的控辩平等问题。第三，在大陆法系国家，如果法官认为某一证据为查明案件真相所必需，而该证据控辩双方未提供，他有权依照一定的程序行使法律规定的庭外调查取证权。但法官庭外调查取证权的行使具有严格程序要求。例如，一般首先是采取开庭审判的方式，控辩双方均应在场，并有权对证人、鉴定人进行询问和质证；其次是制作的书面笔录各方均有权阅览；最后是庭外调查不是收集新证据，而是为了保全或审核证据，以保证庭审的顺利进行。但在减刑假释程序中，法官的庭外调查权行使方式不

---

① ［法］卡斯东·斯特法尼：《法国刑事诉讼法精义》（下），罗结珍译，中国政法大学出版社1999年版，第703～704页。

② ［德］克劳思·罗科信：《刑事诉讼法》，吴丽琪译，法律出版社2003年版，第112页。

③ 黄永：《刑事证明责任分配研究》，中国人民公安大学出版社2006年版，第415页。

同于一般审判程序。体现在法官的庭外调查没有当事人到场的程序，时间上也向前延伸，其收集的证据仅需保证在庭上接受各方参与人质证；其主要是为了维护司法权威，因为减刑假释涉及对原判决的现实变更，而不是对于社会纠纷的解决，而且减刑假释案件证据多产生于监狱行刑机构等特定场所，故调查的方式具有特殊性。第四，混合式刑事诉讼中的法官放弃调查权的方式在减刑假释程序中法官不应为之。例如，在日本混合式的刑事诉讼中，法院具有调查证据的职权，但在证明主体未履行证明责任的情况下法院也可以放弃调查证据的权利，直接作出不利于该证明主体的判决。因此，原则上法院不负证明责任。① 其理由在于在减刑假释程序中法官的调查既是查明案件真实不可或缺的一部分，又是对监狱进行司法监督的重要内容，还是帮助罪犯获得减刑假释权利的重要手段，因此法官的调查职责不能卸去。一旦恣意卸去，在刑罚变更程序中将大为增加监狱行政权力异化的风险，同时导致对罪犯人权保障水平的减低。故在减刑假释审理程序中法官的调查职权得到了强化。例如，法国刑罚执行庭在履行其职权时，得在全国领域内进行或派人进行任何审查、听证、调查、鉴定、搜查或者其他任何必要的措施。相应情况下，可视受害人的状况，就刑罚个别化措施的后果进行调查。意大利的法官可以向主管机关索要他所需要的一切文件和情况，如果需要调取证据，他在庭审中依照对抗原则进行。意大利监察法官具有对抗制下的调查权。充分体现了意大利刑事诉讼的混合模式特征，监察法官既有职权调查权，又致力于维持对抗格局。葡萄牙为了查明请求原因的真实性，执行法官被赋予了进行调查的权力，可向行政机关或私人发放调查问卷以及听取犯罪人本人的意见。

此外，减刑假释的核心基础是罪犯的人身危险性程度，因此，在审理程序中，对罪犯的人身危险性进行鉴定成为了法庭调查的重要环节。例如，德国法院作出减刑假释决定之前，先要对服刑者的危险性作出鉴定。意大利也规定了法官有权调取有关的材料，对罪犯实施人格检测。

（4）意见听取。

与刑事审判程序不同，基于不存在强烈的对抗性，在减刑假释程序中对审辩论的实质是保障参与各方的意见陈述权，由法官充分听取各方意见。这种听取意见的程序还可以依据当事人行使程序选择权而予以省略。例如，《德国刑事诉讼法》第 454 条规定，当存在以下情形之一，便可以免除听取

① 卞建林主编：《刑事证明论》，中国人民公安大学出版社 2004 年版，第 302 页。

当事人的意见：一是检察官、监狱赞同中止执行刑罚，法院也有中止执行的意图；二是被执行人提出了中止申请，但不包括服刑不足2个月等过早申请的情形。在除法定免除情形外，罪犯、被害人、检察机关或监狱的意见陈述权利必须得以保障。或设置专门的意见征求环节，在征求意见时其他各方应该在场，禁止单方单独接触法官提供意见；或在法庭辩论中实现，允许各方对其他方的意见提出反驳。对于书面意见的提供应作一定限制，同时对罪犯或被害人提供法律帮助。此外，有的国家还专门设立了刑罚执行的委员会，帮助法官审查受刑人的矫正表现、人身危险性程度变化等矫正事务，如法国设立由执行法官主持召集的刑罚执行委员会，检察官或者监狱机构负责人为其当然成员。委员会出具咨询意见，法官要予以听取。同时，在假释审理程序中还可包含征询社区矫正机构意见的程序，以进一步考察罪犯的悔改度评估再犯危险，并衔接假释监督观护阶段，帮助罪犯回归社会及确保社区安全。例如，我国台湾地区的观感询问程序包括，警察机关复查资料及反映意见；家里及邻里意见；罪犯对被害人悔悟程度；罪犯对犯罪行为的补偿，出监后生涯规划以及被害人观感。①

（5）裁决的作出。

首先，减刑假释案件的说服责任采优势证明标准或合理证明标准。其次，决定人的事实结论、结论和理由都必须在作出决定之时予以说明或公开，以满足程序正义的要求。法院根据减刑假释的条件标准作出是否给予罪犯减刑假释的裁决。例如，阿根廷法庭考虑是否给予假释的因素主要包括：囚犯居住的环境、囚犯必须接受监督、如果囚犯没有足够的财产维持生活其可以接受雇用等方式维持生活、确保假释犯不会再违法犯罪等。法院作出减刑假释裁决的内容中必须包括：对法庭上已举示证据的采信状况；根据采信的证据得出的事实结论；法律的适用；对于裁定结果产生逻辑理由的说明；各方救济方式及期限的明示。

此外，在减刑假释程序中基于罪犯的人身危险性处于变动之中的特性，在裁决作出前的任何阶段或执行前一旦有新的证据否决罪犯人身危险性程度已降低至无再犯之虞，都可以不给予减刑假释或撤销减刑假释裁定。例如，《德国刑事诉讼法典》第454条a规定，根据新的事实，不能再对受有罪判决人在刑罚执行之外是否将不再实施犯罪行为的实验负责时，在受有罪判决人

---

① 我国台湾地区的假释观感程序处于行政模式之下，但可在司法模式中予以运用。

被释放之前法院可以撤销假释裁定。①

同时，在假释审理程序中，法庭还需确定拟假释犯的监督条件，并要求拟假释犯承诺遵守。例如，德国在适用假释的同时还要实行假释“特殊条件”与帮助与监督措施，这些条件和措施的目的在于使被判刑人更容易适应正常的生活和证明其已回归正常生活。我国澳门地区刑法中具有附随考验制度，要求法院为被判刑人制订重新适应社会之个人计划，并且应使假释计划为被判刑人所知悉，还要求法院尽可能与被判刑人就这一计划达成协议。②

法庭作出的决定必须及时向相关人员告知。例如，意大利对罪犯的减刑决定需通知上诉法院的公诉人、发布行刑决定的法庭或独任法官。葡萄牙法官作出决定后，将结果通知检察官和囚犯本人。德国对中止执行剩余刑时要作的告知应当口头进行，也可委托监狱作出告知，告知应当在释放之前进行。

（6）审理期限。

在减刑假释审理程序中，同样应贯彻不间断的集中审理原则，及时作出裁决。同时具有延期及中止情形。如出现需调取新的证据、罪犯申请法官回避或法庭出现新情况之时延期审理；中止情形则指罪犯个人自动自愿放弃减刑假释程序权利或法庭在裁判之前发现减刑假释不当或提请者提出中止请求并经法庭审核同意等。

（7）权利救济。

如萨默斯所提出的，仅仅规定相应的规则和原则是不够的，还要规定当程序价值被侵害时的纠正和惩罚机制。大陆法系国家上诉权包括要求对事实问题以及法律问题重新认定的权利。③ 上诉制度与法院的审级制度密切相关，基本上可分为实行二审终审制的，以一次上诉为限，实行三审终审制的，第二审为事实审，第三审为法律审，如法国、德国、日本。在大陆法系国家，无论是二审终审还是三审终审制，在审理方式上，第二审程序不存在单纯的书面审理方式。此外，为了限制第三审滥诉大陆法系国家在刑事诉讼法典中明确规定了第三审的上诉理由和条件。

在减刑假释审理程序中，除极少数国家外，各大陆法系国家均较为普遍地规定罪犯、检察官等人员可以提起上诉、询问缘由或重新提请，但对被害

---

① 李昌珂译：《德国刑事诉讼法典》，中国法制出版社 1995 年版，第 170 页。

② 赵国强主编：《澳门刑法》，中国民主法制出版社 2009 年版，第 462 页。

③ ［美］约翰·亨利·梅利曼：《大陆法系》，法律出版社 2004 年版，第 127 页。

人权利的救济程序规定不是特别明确。例如，《法国刑事诉讼法典》第712－11条、第712－15条、第712－12条等条文规定了减刑案件的上诉程序。上诉权人为被判刑人、检察官以及上诉法院检察长。上诉权人享有向最高法院上诉的权利。上诉的庭审方式为上诉法院刑罚执行庭庭长在听取检察院与被判刑人或其律师的意见陈述后，以说明理由的裁定作出裁判。意大利法官以裁定形式向当事人和辩护人送达减刑假释决定后，这些人员可以向最高法院提出上诉。[①] 德国对于不予准许的裁决，当事人不服的，可以立即提出控告。[②] 同时检察院不服中止执行剩余刑的裁定时所提起的抗告具有推迟效力。在葡萄牙，法律上没有规定如何针对判刑法官拒绝假释的情况采取行动。一般而言，如果法官对某案之犯罪人作出不同意的假释决定，该案应当在1年内就是否可以假释重审一次。[③] 但对于法官决定假释的裁定当事人不得上诉。仅对撤销假释的案件具有上诉权。若俄罗斯的法院驳回假释或将未服满部分的刑罚改判为较轻刑罚的请求，在6个月后刑罚执行机构可再次向法院提交，但对于终身监禁的囚犯只能在驳回后3年方可进行。对于撤销假释，至少在1年后才允许重新提请假释。[④] 在阿根廷，没有被假释的囚犯可以向特别法庭询问原因，但不能提出上诉对抗原裁定。

二、监督程序

减刑监督在监狱内进行，监督主体与行刑主体同一、监督程序与行刑程序也未剥离。故关注重点应放于假释考验期中的监督观护程序之上。在罪犯的假释考验期中，为实现再社会化目标，罪犯既需监督也需帮助。因此，从广义上说，假释后的监督在广义上也包括了帮助和支持，但这种帮助不能超越寻找工作和生活的救济。[⑤] 诸如在日本缓刑监督和假释被并称为保护监督。为预防犯人违反条件和重新犯罪进行监督，并为促进犯人复归社会的过程和提高犯人的福利提供指导和帮助。

（一）日常监督程序

报告程序。指假释犯定期或具有特定事由向假释监督主体报告或请示的

① 黄风译：《意大利刑事诉讼法典》，中国政法大学出版社1994年版，第231页。

② 李昌珂译：《德国刑事诉讼法典》，中国法制出版社1995年版，第170页。

③ 谢望原：《欧陆刑罚制度与刑罚价值原理》，中国检察出版社2004年版，第56～57页。

④ 《俄罗斯联邦刑事诉讼法典》第175、176条。黄道秀、李国强译：《俄罗斯联邦刑事执行法典》，中国政法大学出版社1999年版，第166～168页。

⑤ United Nations Department of Social Affair: Parole and Afer－care, United Nations Publication 1954, p. 77.

程序制度。定期报告主要是假释犯根据假释的监督条件定期向监督主体报告遵守情况、工作生活情况、心理动向和困难障碍等问题，以便于监督主体掌握假释犯在考验期中的综合情况。请示报告则主要指假释犯具有正当的理由需突破假释监督条件时，向假释监督官提出请求，等待批准的程序。例如，在美国，假释者必须亲自到当地的法律执行机构去登记。在一些州监狱机构没有专管假释的官员，以一些其他的监狱官员充当假释官员的作用，这些官员有时被称做矫正顾问。英国的假释犯每周向警察机关提交报告，让警察机构知晓每一个变化。除了最低限度地不违反法律、定期书面或当面报告、没有委员会官员的允许不迁居、使委员会机构相信被假释人能够过理性、稳定和勤劳的生活外，监督委员会以及官员还有很大的自由裁量权来决定对每个假释犯实施监督措施的细节。①

家访程序。主要指假释监督主体不定期主动到假释犯的家中了解假释犯的改善状况并帮助假释犯为重返社会建立良好的家庭情感支持帮助环境。具体方式包括与其家人交谈沟通；帮助协调其与家人的关系；了解假释犯在家中的表现并提供指导；检查有无违禁品等。例如，美国科罗拉多州对于假释官的家访作出了详尽的规定，其主要内容包括，确认被假释人的住处，以了解被假释人生活和可能出现的潜在问题确认假释条件；假释监督官与被假释人的家人建立联系；为假释官提供强制实施监督条件的机会，包括合法的指导、建议和咨询；为假释官员仔细检查被假释人的住处有无违禁品的机会；收集假释监督官员尿样的机会；实现与假释监督相适应的其他目标。

调查程序。指假释监督者协同社区志愿帮助者或保护组织到假释犯居住的社区、工作地点以及日常活动的区域，向邻里、同事以及其他较为密切的接触者了解假释犯的表现情况，以防范安全风险并及时调整监督条件。《日本监狱法施行规则》第169条规定，所长认为有必要时，可将应释放者的性格、品行以及有关的保护的意见，向与保护本人有关的机关或承担保护本人的人发出通报。

辅导程序。指监督主体针对假释犯的具体情况，制订心理辅导计划、就业目标辅导计划以及实施在重建过程中急需的各类辅导项目。

此外，在现有构建监督人员网络的基础上，一些国家还运用高科技的电子定位系统等技术手段，对假释犯进行跟踪监督。

---

① United Nations Department of Social Affair: Parole and Afer – care, United Nations Publication 1954, pp. 31, 34.

（二）紧急状况处置程序

通常假释监督官具有在紧急状态下进行拘留、逮捕、搜查和将违法犯罪的被假释者送入监狱的权力。

争议最多的是搜查问题。以美国为例，首先，联邦最高法院指出囚犯在住宅中没有隐私权，但这种对隐私权的限制并未扩张到对囚犯个人身体的搜查上。[①] 其次，1998 年，最高法院以 5∶4 判决确认由假释官员取得没有搜查令状的证据在刑事审判中是被禁止使用的，而在违反假释的听证程序中却可以使用。在宾夕法尼亚州诉斯科特案件中，基思·斯科特因犯第三级谋杀罪被判处 10～20 年的监禁。他签署了假释协议，明确表示：没有搜查令状也可以搜查他个人、财产和住处。搜查的获得物可以在撤销假释的程序中作为证据使用。在获得了斯科特因为持有武器、消费酒品和威胁同事而违反了假释条件的信息后，假释官员获得了逮捕他的令状。后假释官员前往他的住处，在未经斯科特的母亲允许的情况下搜查了斯科特的房间，获取了枪支、弓箭，遂认为他违反了假释条件。在他的撤销假释听证中，斯科特反对适用建立在违反宪法第四修正案不合理搜查基础上获得的证据。听证官驳回了反对并采纳了证据，由此，因为有充分的证据支持指控斯科特入狱，宾夕法尼亚州法院未支持斯科特的理由，宾夕法尼亚州最高法院保持了相同的态度。认为虽然联邦有排除规则，禁止在刑事审判中采用违反保护被告人利益的联邦宪法第四修正案而获取的证据，这并不通常在假释撤销听证中适用。因为假释官在实施搜查的时候就知晓当事人的假释地位。同时，当假释官知道是对被假释人进行的搜查并且不合法获取的证据能在假释听证被采用，这并不造成对非法搜查的鼓励。最高法院支持了州法院的判决。[②] 2001 年，在 United States v. knights 案中，最高法院延伸了斯科特案的判决理由，以一致赞成作出判决。指出被缓刑人的住处可以进行建立在合理怀疑上的无证搜查。这并非违反联邦宪法修正案第 4 条的规定。甚至这种搜查更多具有侦查性质而非缓刑调查性质。其目的主要有两个：改造和在可能的刑事违法中防卫社会。故法院得出结论，对缓刑的推定使缓刑人比其他人更可能违反法律，因此，正当的焦点应关注于对缓刑人的方式不同于对普通市民的方式。对于假释犯的理由同一。因此立法允许假释机构推行假释协议和使用武力搜查被假释人的住所和财产不受宪法修正案第 4 条的限制。建立在合理怀疑基础的无证搜查所

---

① Jordan v. Gardner, 986, f. 2d(9th cir,1993).

② pennsylvanina Board of Probabion and Parole v. Scott 524 U. S. 357(1998).

获得的证据在假释撤销程序中将不适用排除规则。可见，对假释犯的搜查问题法律限制较为宽松。

关于逮捕假释犯和送回监狱的问题。将违反假释协议的被假释人重新送回监狱的权力使假释机构类似于移动的法院系统的职能。对于违反假释监督规则的被假释者，美国宾夕法尼亚州的矫正机构具有48小时内的逮捕权。相似的情形在纽约，假释分支机构具有24小时的拘押权。在宾夕法尼亚州和纽约，获知被假释者严重违反假释纪律的假释监督官员可将被假释者直接送入监狱，但这种临时性的拘押权力必须事后为令状所取代。逮捕仅限于严重违反规则的情形，如吸毒、参与或支持犯罪。在另一些情形下，未达到上述严重程度的违反者将被带至治安法官面前，由治安法官考虑是否给予保释。在衣阿华州，保释由治安法官自由裁量而不是被违反者的权利。大多数的司法管辖区不允许假释违反者以保释的方式释放。① 同时，假释机构行使逮捕权力通常由警察加以协助。

美国假释官关于紧急状况的处置模式是英美法系国家的代表形式。② 在大陆法系国家由于假释监督主要由法院负责行使，故由法官直接签发逮捕令状，具体监督机构没有暂时逮捕的权限；但对于紧急怀疑，警察可以实施临时拘捕，但必须毫不延迟地将暂时被拘捕人带至法官面前。

（三）监督变更处理程序

监督变更处理程序主要依据假释犯在监督考验期中不良表现的严重程度而对监督程序进行的调整变更。主要包括三种程序类型：一为警告程序；二为处罚或变更假释监督条件程序；三为启动假释撤销程序。

警告程序。警告程序主要在假释犯轻微违反监督规则之时适用。假释监督负责机构是警告程序的权力主体。警告的方式有口头和书面两种。在警告程序中，假释犯具有陈述意见的机会，对于严重警告可以以口头听证的方式进行。以书面记录或训诫书的方式记载警告的缘由及经历的过程，假释犯予以签字确认。如果假释犯再有不良行为而招致假释撤销时，警告记载文书可

---

① Howard Abadinsky：Probation and Parole：Theroy and Practice，Prentice Hall Inc 2001 ，p. 264.

② 其他国家如加拿大法规定，当假释犯违反假释条件时，假释委员会可发出拘捕令、中止假释或法定释放、批准逮捕罪犯或批准将罪犯重新投入监禁直到中止被取消，假释或法定释放被终止或撤销或者罪犯的刑期依法届满。警官可协助假释委员会行逮捕之责，但无证逮捕的须在48小时内出示逮捕令，否则应予释放。《英国监狱法规》第560条规定，任何警官如果怀疑假释的犯人有犯罪，或有违反假释条件的行为，或者有不正当手段获取生活来源的行为，无须逮捕证即可将其拘留。如果被假释的囚犯受到指控或被移交刑事巡回法庭判决均可取消假释。

作为前不良行为的证据。此外，设置假释犯申诉救济机制以确保警告程序公正，如社区矫正机构建议假释官员，如果是假释犯条件性违反不必报告假释委员会。作为假释官员可以对被假释者违反假释规则的行为进行口头警告，也可发出书面的斥责意见，告知被假释人若再违反将被撤销假释。基于假释撤销条件从一般性技术违反到严重技术违反或犯新罪的条件变化倾向，近年来警告程序在美国、日本等国得到了较广泛的适用。

处罚或变更假释监督条件程序。主要是指当假释犯实施了较为严重的违规行为，需要对假释犯进行处罚或增加限制程度更高的监督条件时适用。但依假释合同的原理，变更监督条件需要被假释人同意。如果其不同意将启动假释撤销程序，如我国香港地区，获释囚犯必须接受惩教署署长签发的监管令的约束。违法监管令者可处5000元罚款或有期徒刑1年。我国《澳门刑法典》规定，当被假释者明显违反被法院列明的某种义务或无良好行为的，也可以被废止假释或更改有关假释的条件。

启动假释撤销程序。假释撤销程序主要以听证审理方式进行，假释监督主体通常具有提请的权力。

三、撤销程序

在减刑后，当罪犯出现违反监狱纪律、违法犯罪或有证据证明减刑系骗取所得时将其所减刑期予以撤销恢复执行，即为减刑撤销。不论是强制减刑还是裁量减刑均可规定减刑撤销制度。被假释人在假释考验期内重新犯罪、违反法律或违反假释监督条件而被撤销假释予以拘捕重新入狱，即为假释撤销。减刑假释撤销的基本理论主要包括合同说、恩惠说、宽大说、继续监管说等几类学说。减刑撤销的基本制度主要包括减刑合同制、预告减刑制、减刑考验期制、减刑复查制；假释撤销的基本制度则主要包括假释合同制和假释考验期制。减刑假释撤销的具体程序如下：

（一）减刑撤销程序

减刑撤销程序主要包括监狱惩戒程序、假释委员会撤销假释中附带撤销程序以及司法程序。首先，监狱惩戒程序为行政程序，由监狱自行启动以正式或不正式听证的方式作出决定，满足保障罪犯之陈述权和听证主持人的公正无偏私的最低正当程序标准要求。罪犯是否能获得律师帮助具有争议，一般在监狱的自由裁量范围之内法院不予干预；若作出撤销决定，罪犯可有救济途径，主要分为行政系统内和行政系统之外救济方式。行政系统之内的救济主要是诉冤和复议；行政系统之外的救济则主要是诉讼和提请司法审查。

其次，在假释委员会的附带撤销程序中，关于减刑的撤销依假释撤销程序进行。同时如在美国还有制定法上规定的折抵与矫正中的折抵不同程序标准之分。制定法上的折抵比矫正中的折抵权利保障的程度为高。撤销制定法上的折抵满足一些证据防护规则。例如，在惩戒程序中运用报告者所提供的信息受到严密的控制，以防其违反正当程序。这些防护措施意在确保公正的事实认定程序，防止适用不相关的传闻证据以及潜在的对告密者的信息进行滥用。此外，严守合理证明的标准。① 因此，对于公正听证的这些程序性要求能起到平衡双方力量的作用。同时，在对没有争议的事实运用法律的时候，听证也可以不举行。此外，对于减刑或善行折抵的撤销罪犯可独立要求诉讼救济或复查。最后，司法程序中撤销由负责执行的法官裁决，提请人通常为行刑机关、检察官或对罪犯具有监管权力的其他机关组织。执行法官在发现罪犯具有减刑撤销的情形后也可直接启动。例如，法国执行法官应监狱机构提出的请求，或者应共和国检察官提出的意见，受理案卷，撤销已给予的减刑。同时，法官具有复查权。在给予减刑宣告后的当年内，执行法官听取社会回归与考验事务委员会的意见后，也可撤销减刑的一部分或全部。减刑撤销审理一般由法官调查清楚事实情况后，听取监狱方、检察官或刑罚执行委员会的意见后作出裁决。通常罪犯、检察官等可对撤销裁决提出上诉。

（二）假释撤销程序

各国对假释的撤销设置了不同的条件。通常撤销假释基于两种情形：一是犯有新罪；二是技术违规。实践中，由于监狱过于拥挤，所以往往并不会因假释人员轻微违规而被收监，被送回监狱的往往是有经常性违规的假释人员，或工作人员认为有可能再次犯罪的假释人员。事实上大多数撤销假释的

① 关于美国在撤销善行折抵中的证据规则，著名案例是 Superintendent, Mass. Correctional Institution at Walpole v. Hill 一案［472, U. S. 445(1985)］。希兰·克劳福德是马萨诸塞州沃尔波尔岛的州立矫正设施中的囚犯。在陷入与第三方的争斗中，他被控诉攻击了其他囚犯，违反了监狱条例。在独立的听证中，马圭尔（Maguire）警官作证说他目睹了二人打斗的过程。但二人说他是无辜的，并且被害人也陈述说这两人并未伤害他。监狱惩戒委员会认为希兰·克劳福德违反了监狱规则，剥夺了他 100 天的善行折抵并给予 15 天的独居监禁。希兰·克劳福德向监狱长申诉，但监狱长否决了他们的申诉。然后他们向马萨诸塞州高等法院提起诉讼，控诉监狱委员会的行为侵害了他们的宪法权利因为没有证据确认事件发生也没有证据来证实他们二人是否参与。最高法院认为没有宪法规定的充分证据来支持委员会的认定，命令监狱系统使惩戒无效并恢复两人的善行折抵。马萨诸塞州最高法院赞成累积的善行折抵是受宪法第四修正案保护的自由权利，因此，监狱委员会的决定应受到司法审查。法院认为没有达到合理证明标准来支持委员会的认定，即希兰·克劳福德负有责任。

原因是假释人员因犯罪的指控被逮捕或假释工作人员无法对其无法妥善安置。[①] 同时，一些国家规定当假释被撤销时，被判刑人在假释期中经过的时间不计入刑期，极少数国家还规定假释撤销后不得对被判刑人再次适用假释。[②]

1. 撤销的提请

主要包括三大程序内容。一是逮捕假释犯送回监狱，并启动预先听证，确信假释犯违反假释条件或其他违法行为具有可能之合理理由，为正式撤销听证打下基础；而在大陆法系国家，因逮捕令本身由法官签发，在签发过程中已经就假释犯违反规则的情况进行了核实并确信达到了采取人身强制措施之标准，故已经涵括了预先听证的内容。二是违反假释的通知程序。指在羁押假释犯后，及时告知羁押的理由。例如，在美国纽约州，当假释监督官发现被假释者违反监督规则时，在与更高级别的假释监督者会晤后，将在 3 天后通知被假释者违反规则。但在此阶段，罪犯是否享有法律帮助权具有争议。具有两种相反的观点，一种是赞成意见，认为假释犯由半自由状态回转到监禁状况，因此应为其提供法律帮助；另一种是反对意见，认为假释犯本不为具有完全宪法权利的自由公民，此外在后的撤销程序中为其提供了律师帮助，故此阶段律师等法律帮助人不宜介入。持赞成意见的国家是极少数，故通常情况都不提供律师帮助。三是裁决启动程序。主要是以文书方式启动。对假释犯具有撤销提请权的主体通常是在假释考验期中对假释犯具有监管职责的机构和人员。在英美法系国家，一般由假释官员，如缓刑和假释官、假释代理人、矫正计划官员、缓刑假释监督官等向假释委员会提请撤销。例如，在美国的一些州，撤销听证或由假释委员会超过 1 人的委员启动或由给假释委员会提交报告的成员开启。在大陆法系国家，一般为检察官、矫正机构向执行法官申请撤销。例如，葡萄牙被假释者实施新的犯罪被判刑，或被证明不法行为是有罪的或未完成某一项监督事项时，假释将被撤销。撤销应由检察官、警察或监狱管理机构这些对被释放的犯人有监督权的组织来提起，同时提起撤销假释的原因说明和被假释后囚犯的生活状态应附在撤销意见之后。在一定情形下，执行法官也可以自行启动。此外，在行政模式中还有矫正机构向司法行政机关提请撤销的情况，如我国台湾地区。必须在拘押假释犯后及时地在合理时限内实现提请。假若过分拖延，将损害罪犯要求及时裁决的

---

① 刘强：《美国社区矫正的理论与实务》，中国人民公安大学出版社 2003 年版，第 107 页。

② 意大利假释撤销后不允许囚犯请求第二次假释，因违宪而受到广泛批评。

权利，罪犯可以申请人身保护令或向欧洲人权起诉等方式以寻求救济。但客观上由于罪犯的半自由地位所限，法院支持罪犯申请的可能性较低。在大陆法系国家，这种基于效率和人权保障的及时义务弹性较大，一般不能作为罪犯上诉或请求羁押法官审查获取司法令状保护的理由。

因此，假释撤销中的提请程序与假释裁决中的提请程序在方式上没有根本的不同，仅在紧急措施的采取、提请主体及提交的证据材料的规定等方面具有一定的区别。

2. 假释撤销的裁决

英美法系国家在假释撤销程序中较假释裁决程序进一步提高了对罪犯等参与人的人权保障水平，程序设置也更加精巧。在英美法系国家中，尤以美国两步式的假释撤销程序最为正式，凸显出较为强烈的人权保障属性。① 英国、加拿大、澳大利亚等国假释委员会仍以一步式听证方式审查假释撤销问题，但较假释裁决程序就假释犯特权或自由权利的保障度有一定的提高，如在实践中加拿大的证据信息披露程序在撤销假释程序中运作得更加规范。另外，大陆法系国家假释撤销程序与假释裁决程序设置差异不大，甚至更不正式。

（1）听证。

假释撤销一般需以听证方式作出。② 假释撤销程序中蕴涵了更强的个人权利保障内容，如美国设计出多次程序分流的机制，以保障假释犯的假释权利。这种分流机制可概述为：在预先听证中，若听证官查明被假释者并不具有违反监督规则的原因则恢复其假释监督。若查明有违反假释规则的原因，在初步听证后，假释官员准备其违反听证的书面报告，这份报告将被更高级别的假释官员和在假释委员会中准备审查分析和作出决定的地区监督者审查。其后，假释委员会将宣布是否正式惩戒。在此，若决定不予惩戒则罪犯恢复假释；若宣布惩戒后正式的撤销假释听证将预备进行。在进行正式的听证中，假释官将建议撤销假释，若假释官未提出此建议则惩戒被取消，恢复对原罪

① 同时在两步式的正式听证之外，美国的一些州也意在简省程序，为假释犯、假释犯的代理人、假释机构、假释监督官建立“会商”环境，设立了混合一步式的程序。例如，在威斯康星州，假释委员会在假释犯违反监督条件时进行案件审查。这种审查将焦点放于三个方面，决定是否确信有违反假释的合理原因，如果有合理原因决定从矫正的角度是否撤销假释，决定是否在撤销假释的程序中将罪犯继续监禁。在听证后将作出决定。

② 但也并不绝对。例如，在美国的一些州，被假释者一旦被逮捕就自动被关押送回监狱，不需要听证审查案件。

犯的假释监督；若假释官提出建议，听证官对委员会则提交报告以便审查和安排。最后，由假释委员会决定是否撤销假释。若委员会未作出撤销之决定，则恢复对被假释者的监督；若作出此决定，被假释者将被送回监狱。罪犯可以提出上诉，但其上诉将受到上诉机构和委员会的审查。假若上诉被允许，罪犯则可获得新的听证或撤销原惩戒决定。预先听证和正式听证的具体程序运作可如下述：

第一，预先听证。

根据《公民权利和政治权利国际公约》之规定，任何因逮捕或拘禁被剥夺自由的人有资格向法庭提起诉讼，以便法庭能不拖延地决定拘禁他是否合法以及如果拘禁不合法时命令予以释放。故被拘押的假释犯应及时带见行使准司法权力的假释委员会委员，及时开启预先听证的程序。预先听证程序也是 Morrissey v. Brewer 案①中，美国联邦最高法院确定的两阶段撤销程序之一。但在罪犯声明放弃或又犯新罪时预先听证可以省略。当撤销听证先于对被假释人的刑事指控决定时，该听证不受影响予以进行。② 在被假释者因假释违反规定而被逮捕时，预先听证在羁押机关进行，但如果被关押的令状并没有给予违反假释监督规定或犯新罪的被假释人，假释机构组织的听证可不在羁押机关进行，但罪犯应当在撤销听证中被传唤。

预先听证的目的是确定被假释者是否具有违反假释条件的可能原因。在被假释人的请求下，提供被假释人违反假释条件不利信息的人要当场回答被假释人的问询。在听证官当场获取信息的基础上，决定对被假释人的拘禁是否继续。通常预先听证在被假释人被羁押 15 天内进行。③ 因此，在预先听证中，被假释者可以出席听证，同时被给予向假释官员提交证据，挑战被声称的违反证据和有限的对抗性权利，如交叉询问证人的权利，除非听证官认为如果证人的身份泄露，证人将受到伤害。罪犯也能够获得律师的帮助，尽管国家并未以宪法的高度要求提供律师。传闻证据在初步听证中可以适用，但传闻证据不能单独用来判断逮捕假释犯的合理原因。通常初步听证是一个相对正式程度很低的调查程序，并不需要在听证中实施所有发现案件事实的交互程序。

听证主持人将摘要记录有关可能理由的证据，并指出根据假释委员会的

① 408 U. S. 471(1972).

② Melson v. Sard ,402, f. 2d(d. c. cir,1968).

③ Howard Abadinsky, Probation and Parole: Theroy and Practice, Prentice Hall Inc 2001, p. 285.

决定扣留假释犯的原因。若听证官认为有充分的证据证实有条件释放或假释应撤销，撤销正式听证将进行。但可能的理由不是一个固定的标准，也不可能是一个高度的标准。[①]

同时，尽管被假释者希望假释权力机关应当在他们被送入监狱后的合理时间内举行假释撤销听证。但美国法院并不完全支持被假释者的愿望。例如，64 天的延迟并非是不合理的。甚至 8 个月的延迟也并非必然不合理。[②] 尽管被假释者声称他能与证人取得联系，因为这涉及需要验证证人是否知道还是拒绝到场，因此假释委员会具有裁量权。[③] 此外，众多的判例也使预先听证程序并不十分严格，如规定对预先听证进行口头通知就已足够。[④] 对抗不利证人的权利并不绝对，依照惯例的代替到场证据在适当的时候是被允许的。[⑤] 假释官的书面证言作为听证中的证据使用，并非违法正当程序权利。[⑥] 对证人进行对抗的正当程序权利在传闻证据介入后并未受到损害，因为证人不出庭具有正当理由。[⑦]

在预先听证后，假释委员会将作出决定报告，被假释人可以申请复查。

第二，正式听证。

假释正式听证在假释撤销中是不可或缺的程序。如果没有进行假释听证被假释者就被送回监狱，违反了正当程序。[⑧] 正式听证与预先听证的主持人必须分离。正式听证一般在预先听证举行后 90 天内进行。

假释正式听证依言词审查方式进行，听证主持人通常由假释审查委员会派遣的调查员担任。假释撤销听证中，证人需在听证会上宣誓，法律报告中要逐一记载证据。对被假释者违反假释条件提供不利信息的人员当场接受被假释者的询问。在假释官员当前，双方出示证据，并且要决定是否对被假释者继续拘留的令状具有合理的理由。如果没有控诉可成立，假释官员应直接安排将被假释者从拘禁场所中释放。

正当程序要求以程序确保违反规定的事实经查明客观正确，撤销的自由

---

① [美] 阿希尔·里德·阿马:《宪法与刑事诉讼基本原理》，房保国译，中国政法大学出版社 2006 年版，第 37 ~ 38 页。

② Hananhan v. Luther, 693, f, 2d(7th, cir, 1982).

③ Villarreal v. U. S. Parole Commisson, 985, f, 2d(5th cir, 1993).

④ Zittto v. Crabtree, 185, f. 3d(9th , cir, 1999).

⑤ Kell v. U. S. Parole Commisson , 26, f, 3d(10th , cir, 1994).

⑥ Williams v. Johnoson 171, f, 3d(5th, cir, 1999).

⑦ U. Sv. Kelley , 446 f. 3d. (7th cir, 2006).

⑧ Dewitt v. Ventetoulo, 6 f 3d (1st cir, 1993).

裁量权行使建立在准确对违反假释监督行为的认定之上。有两个因素需在任一案件决定的作出过程中进行考虑：一是被假释人是否做出了控诉的违法之事；二是不论是否做出了违反之事，存在有证实或减轻违反的实质性原因，可能使得撤销变得不恰当。一般认为在撤销程序中无须适用严格的排除证据规则。因为在假释撤销中适用排除规则会增加灵活性已经很强的听证的复杂性，反过来增加假释的成本。另外，对传闻的采纳也并非绝对，因为此时涉及罪犯已获得的有条件自由可能遭受失去，因此对其自由权利的最佳程序保障就是给予其律师帮助和盘问不利于证人的权利，故传闻证据不受限制的可采在此影响到程序公正而受到一定质疑。同时，在假释撤销程序中，假释委员会要求调查机构清楚明白地指出对被假释者所做“坏事”的合理怀疑，采优势证明标准。

正式撤销听证中的正当程序要求包括：如若委员会依赖被承认的虚假信息作出了否定假释的决定①，正当程序被违反。如果假释委员会使用了未经验证的传闻证据作为撤销假释的依据，或是总的来说缺乏证据的支持或本质上就缺乏基本的公正，正当程序亦被违反。② 此外，禁止被告在假释撤销听证程序中传召不利于证人已经违反了正当程序的规定。因为立法缺乏对否定这项权利的特定正当原因的规定。③ 当被假释者仅仅被给予与作出假释撤销密切相关证据的提要时，正当程序也被违反。④

同时，即使在正式撤销程序中正当程序的适用也具有不尽严格之处，如对于交叉询问的限制和对传闻证据限制性可采，另外也反映了被假释人仍处于半罪犯地位的状态，他的宪法权利受到限制。当假释官员不在场，但不在场的假释官员可提供书面证言在听证中作为证据使用，正当程序未被违反。因为听证官员的错误并不必然对决定的作出产生实质性和破坏性的影响。⑤ 正当程序并未因未允许罪犯对抗不利于他的证人而被违反，因为政府给出了正当理由。⑥ 当假释犯被否定了对抗和交叉询问不利证人的权利，因为撤销听证并不属刑事指控范畴，故正当程序并未被必然违反⑦。当囚犯无法证明

---

① Monroe v. Thigpen 932 f. 2d (11th cir,1991).

② Ash v. Reilly ,431 f. 3d (d. c. cir. 2005).

③ John v. U. S. Parole Commisson ,122 f. 3d (9th cir,1997).

④ Belk v. Purkett, 15, f,3d (8th cir,1994).

⑤ Morrissey v. 408 U. S. at 489; Williams v. Johnson, 171 f. 3d (5th cir,1999).

⑥ U. S. v. Martin, 382 f. 3d (8th cir, 2004).

⑦ Country v. Bartee ,808 f. 2d (8th cir,1987).

假释委员会依赖的是虚假信息时，正当程序也未被违反。[①] 当假释委员会未进行证据披露时不认为此举违反了正当程序。[②] 正当程序并不因使用了违反证据规则的证据而违反，因为囚犯在证据排除规则中的利益与政府不提出证人的正当理由相比而言是弱小的。[③] 此外，并不完全禁止单方接触。在假释委员会不恰当地与案件检察官举行单方面会议时，正当程序并未被违反。因为同时被假释者也有听证其案件的机会和为律师所代表的权利。[④]

对于撤销假释的正式决定，罪犯也可提出上诉或复查。

（2）审理。

如前述，大陆法系国家对假释撤销的审理程序与裁决程序差异不大。《法国刑事诉讼法典》第732条、第733条规定，执行法官撤销假释时，要听取检察官的要求和被判刑人的陈述说明以及被判刑人律师的说明，同时听取负责被判刑人社会回归与考验事务委员会的意见后进行。[⑤] 在假释决定尚未得到执行意见，被判刑人不再具备假释的法定条件时，也可撤销假释决定。[⑥] 因此，在一定情形下，法国的执行法官认定假释犯已不再具备假释法定条件，而不必听取包括假释犯及假释犯律师在内的相关人员的意见就可以作出撤销假释的裁定。在德国，假释撤销程序则如适用假释的裁决程序一样采用书面审理程序。葡萄牙的法官在接受提请权人撤销假释犯假释的请求后，必须确信听审或澄清或完善举证，或使刑罚措施生效或根据决定作出对假释者的命令是否是必要的。当法官作出这些预备性的决定之后，有3天的时间给予检察官准备，3天时间给予被指控人的律师准备，双方都被允许作出陈述。同时，检察官和被告律师可以就法官作出的是否撤销假释的决定提出上诉，上诉的理由可以包括事实或法律理由。最后，由3名法官组成的上诉法庭将作出最终判决。

综合而论，在假释撤销程序中，大陆法系国家以法院作为权力主体，基于司法权的中立超脱，在主体设置方面程序公正的意义更强；而英美法系国家在撤销程序的具体设置上较大陆法系国家更胜一筹，更能有效地保障人权，体现程序的独立价值。

---

① Admas v. Agniel ,405 f. 3d(8th cir,2005).

② Kell v. U. S. Parole Commisson 26 f. ed. (10th cir,1994).

③ U. S. v. Hall,419 f. 3d (9th cir. 2005).

④ Maddox v. Elzie , 238 f . 3d (d. c. cir. 2001).

⑤ 罗结珍译：《法国刑事诉讼法典》，中国法制出版社2006年版，第577～578页。

⑥ 罗结珍译：《法国刑事诉讼法典》，中国法制出版社2006年版，第578页。

第四章　我国减刑假释程序的现状

我国减刑假释程序发端于清末，但清朝政府、北洋政府或国民政府都未将其真正付诸实施。直至新民主主义革命和新中国成立后，减刑假释程序制度才得到了较大的发展。从历史线索梳理去，可发现在我国减刑假释程序制度的发展中一直存在着程序性质错位、具体程序失范等缺陷和症结。受制于陈旧观念和薄弱的历史基础，我国现今的减刑假释程序不论在立法层面还是实践等层面都存在着一些突出的问题。近年来，为了完善我国的减刑假释程序，学界和实务界进行了积极的思考和探索。

第一节　我国减刑假释程序的历史演变

一、古代恤刑程式简论

三王始有狱。夏、商、周已经存在监狱，圜土、钧台、夏台等都成为夏朝监狱的代称。至东汉，不少守令对于狱囚不像过去仅仅加以刑责，而是注意通过一些方式加强感化使狱囚良心发现，从而达到教育狱囚改过自新的目的。据《后汉书·虞延传》载，“建武初，仕执金吾府，除细阳令。每至岁时伏腊，辄休遣徒系，各使归家，并感其恩德，应期而还。有囚于家被病，自载诣狱，既至而死，延率掾吏殡于门外，百姓感悦之”。

（一）恤刑概述

1．普通恤刑

恤刑最初见于《尚书·舜典》：“惟刑之恤哉”，意指考虑到刑罚可能滥用失当，量刑时要有悯恤之意，使刑罚轻重适中。后世一般指对于老幼废疾者的减刑和对狱囚的悯恤。恤刑萌芽于西周，形成于春秋，理论化于汉代，法典化于唐代，并为其后的历代封建王朝所承袭推崇，将其内容不断补充、丰富和发展。我国古代法律因恤刑思想而在老人、妇女与幼童等弱势群体的对待上已经具备了极其深厚的人文思想底蕴。[①]

2. 特权阶层之恤刑

特权阶层的恤刑，主要指八议、官当、赎刑等制度。封建刑法中的八议起源于奴隶制时代的西周，经过秦汉封建王朝的改造与发展，到曹魏时正式入律。“以八辟丽邦法，附刑罚。”“诸七品以上三官及官爵得请者之祖父母、父母、兄弟、姊妹、妻、子孙，犯流罪以下，各从减一等之例。”[②] 而官当则是八议的延伸，以更全面地维护秦汉以来日益完善的官僚特权制度，如晋律有免岁比三岁刑的规定。[③] 魏则规定，“五等列爵及在官品令从第五，以阶当刑二岁，免官者三载之后听仕，降先阶一等。赎刑，夏朝即有之”。《尚书·吕刑》载，浦侯训夏赎刑作吕刑。赎刑的方法主要是以金、绢、铜等财物来抵消相应的主刑。

（二）恤刑之程式

1. 录囚

自西汉产生了录囚制度之后，魏、晋、隋、唐等历代皇帝均亲录囚徒。另外，地方官吏定期录囚自汉以后也从未中断，尤其是自唐朝以后又把录囚与行赦制度结合起来，将录囚作为宽赦的重要方式。

2. 赦免

赦，古语置也，为释放之意。起源于商周。商朝由商王掌管宽赦制度，凡当事人属于不识、过失及遗忘，均属于宽赦之列。后据《周礼·秋官·司刺》载，周朝有关赦免的适用范围和方式更加具体。掌三刺、三宥、三赦之法以赞司寇听狱讼。壹刺曰讯群臣，再刺曰讯群吏，三刺曰讯群民。壹宥曰不识，再宥曰过失，三宥曰遗忘。壹赦曰幼弱，再赦曰老旄，三赦曰蠢愚。自汉代始，赦宥的类型化划分更加清晰，主要分为有事赦宥和无事赦宥两类。有事赦宥指国家因皇帝登极、建立皇储之类重大活动而进行的赦宥；无事赦宥则根据对象的不同分为特赦、曲赦、别赦等种类。但赦宥作为国家权力的象征，均由皇帝直接掌管。

---

① 郑天龙：《论古代恤刑及其理论价值》，载《法制与经济》2008 年第 4 期。

② 长孙无忌等：《唐律疏议》，刘俊文点校，法律出版社 1999 年版，第 38 页。

③ 程树德：《九朝律考》，中华书局 2006 年版，第 234 页。

（三）我国古代未出现减刑假释的原因

1．强大的封建王权

君主具有至高无上的权力，掌管生杀大权。不管是录囚还是宽宥，体现的都是君主的仁慈，这种仁慈的背后是以维护君主的权威及其对社会的有效控制为目的，至于对罪犯本人权益的维护不在主观目的范围内，而仅仅是附带的工具效应。尽管古代也有对罪犯进行矫正的思想萌芽，但这种萌芽与强大的王权相比，几乎不能相提并论。因此，附生于人权与矫正基石之上的减刑假释制度必定与这种社会体制绝缘。

2．礼法融合

中国古代的法律，采取家族本位的原则。礼约束了人们的思想，成为基本的行为规范。[①] 因此贯穿于历代法制中的基本精神是法与礼的结合。礼法融合的结果之一是道德的法律化，道德具有了国家法律强制力的支撑，进而形成了泛伦理化的社会，支撑起中国古代超稳定的社会结构。此外，中国具有和合文化的深厚基础，对破坏社会和谐的罪犯以处罚之的报应观念深入人心。因此，关注罪犯权利的减刑假释异质权利文化没有生长的基根。

3．古代司法未取得完全独立的地位，使减刑假释制度失去制度环境

中国古代地方机构行政司法合一。县级机构，知县（县令、长）理司法，县级以上虽或设司法专官，然而受行政长官之统辖非并设机构。中央司法机构虽在通制上与行政机构分离，但其权力行使仍然受到皇权及行政权力的极大干预。而且司法机构的地位不高，如在元代司法权力就为行政权力所吸纳。此种状态下，在我国减刑假释制度根本不具有发展的制度环境。

二、近代发端与推进

（一）各阶段概述

1．清末发端

1905 年 11 月，清政府派载泽、尚其亨、李盛铎、戴鸿慈、端方等人考察日、美、德、法、意、比、奥及丹麦、瑞士、挪威等国。五大臣历经 7 个多月的考察游历，于 1906 年 6 月完成考察任务。考察理论是“各国政体，以德意志、日本为近似吾国。”建议清政府以同样王权强大、保留浓厚封建性的德国和日本为清末变法的借鉴样本。故清末的监狱改良主要以历史上深受儒家文化传统影响、文化传统较为接近的日本为模式，并聘请日本监狱学家

① 崔敏：《中国古代刑与法》，中国公安大学出版社 2008 年版，第 31 页。

小河滋次郎起草监狱法典。继而沈家本提出监狱改良理论，他以西方近代刑罚感化主义学说为监狱的宗旨，归纳出设置监狱“非以苦人辱人，将以感化人也”的结论。监狱必须始终以感化罪犯为归宿，只有对罪犯实施感化，才能收到“无妄费，无怨因，无旷职，事半功倍之效”。

因此我国历史上第一次出现的减刑制度规定于清末《大清监狱律草案》中，以特赦减刑或假释专设一章予以规定。其第220条规定：“特赦或减刑之申请书”须具下列文件。(1) 判决缮本；(2) 指挥行刑书之缮本；(3) 刑期计算书；(4) 户籍缮本；(5) 关于犯罪情形。本人品行，将来生计及其他可为参考之调查文件。而最早规定假释制度的是1911年1月25日颁布的《大清新刑律》。引进了大陆法系的原则和刑法制度，在第66条、第67条中对假释作了明确的规定。但《大清监狱律草案》与《大清新刑律》仓促早成，并未得以实施。

2. 北洋军阀政府时期的纸面繁荣

1912年《中华民国暂行新刑律》承袭了《大清新刑律》的规定。在北洋政府的刑事立法中，明确规定了假释制度。然而北洋政府时期的监狱法律内容繁杂，貌似完备的法律现象的背后是监狱的陈腐落后。

北洋军阀政府时期的减刑假释程序被规定为：特赦后的减刑主要适用于监狱中服刑良好的犯人，由最了解其在狱中表现的典狱长掌握。因此，申请特赦或减刑的权力归典狱长，而决定权归司法总长。假释是对服刑期间表现良好的犯人放其出狱后以观后效的一种手段，各省检察官或各监狱典狱长经申请，由主管行刑长官（司法总长）批准。假释释放时须在狱中执行仪式，由典狱长、教诲师训导，发给假释证书，发还代为保管的物品。[①] 但北洋军阀时期形式上成形的减刑假释制度同样并未得以真正实施。

3. 国民党政府时期的高悬恩典

国民党政府颁布的《中华民国刑法》第77条明确规定，“受徒刑之执行而有后悔实据者，无期徒刑逾十年后，有期徒刑逾二分之一后，由监狱长官呈司法行政最高官署，得许假释出狱，但有期徒刑之执行未满一年者，不在此限。对符合假释条件之犯人，经过监狱官会议多数同意后，由典狱长出具申请书，并填写该犯人的身份薄，呈高等法院转呈司法行政部核准”。1934年1月，司法行政部凋令各省高等法院首席检察官，“案查办理假释，除法定二条件外，尚有一实质条件，即证明本人出狱后之生计，后在足以信任之境

① 王利荣：《中国监狱史》，四川大学出版社1996年版，第190页。

遇，而能确保其为良民生活者。反之不得为假释之声请”①。

（二）对该阶段发展进程的评述

首先，清末减刑假释制的发端是中国刑罚近代化的重要标志。修律运动客观上推进了中国近现代法律的发展，但基于清朝修律是出于富国强兵、皇权自保的目的，并且处于严重的内忧外患之中，因此减刑假释制度也只能停留在纸面上。在北洋政府和国民党政府时期，在承继清末制度的基础上进一步完善了减刑假释的程序制度，但同样处于混战格局和强化权力的初衷，对于关注罪犯矫正和权利的减刑假释也就仅仅成为了民主、民权的象征。但客观上以法律规范意义而论，这一时期的减刑假释制度起到了较大的奠基作用，如现代我国台湾地区的减刑假释制度历经修改，但仍以该时期国民政府的立法为蓝本。

三、新民主主义革命时期的探索

首先，在第一次国内革命战争时期的革命根据地建立了劳动感化院。不仅减轻了政府的财政负担，更为重要的是通过生产劳动，改变了犯人长期蹲监的状况，既有利于犯人的身心健康，又能培养犯人的劳动习惯和劳动技能。

其次，在抗日战争时期，刑罚执行方面假释制度得以普遍实行。1938 年 9 月，陕甘宁边区高等法院发布了《关于各县羁押犯人的处理办法》的第五号通令，明确规定了假释的条件和对重大罪犯假释从严的原则。1942 年，晋察冀边区就作出过“对确有悔改表现，且执行徒刑满原判刑期二分之一以上者，可请示本会提前释放”的决定。1945 年，陕甘宁边区第二届司法会议上制定了单行的《陕甘宁边区假释条例》，使这一制度进一步制度化和法律化。②

最后，解放战争时期，1949 年 1 月《华北人民政府为清理已决及未决案犯的训令》规定，遵守监规，承认错误，积极从事劳动及经常学习帮助他人的罪犯的减刑由监所呈报原判司法机关减刑，转呈行署核准执行。同时规定监所对案犯合乎下列案件者，应具备理由报请该管司法机关，转呈行署核准假释：（1）对所犯罪行有深刻认识，且悔改有据者。（2）无期徒刑执行逾 8 年，有期徒刑执行逾 1/2 者。但半年以下有期徒刑不在此限。③

---

① 王利荣：《中国监狱史》，四川大学出版社 1996 年版，第 275 页。

② 张晋藩主编：《中国法制通史》第 10 卷，法律出版社 2003 年版，第 432 ~ 433 页。

③ 张晋藩主编：《中国法制通史》第 10 卷，法律出版社 2003 年版，第 637 ~ 638 页。

由此可见，在新民主主义革命时期我根据地及解放区的减刑假释程序制度不同于清末及国民党政府，已具有对罪犯进行实质化改造的特点。减刑假释程序程序制度逐步完备，积累了有益的经验。但带有战争时代的烙印，并且各地规则不尽统一。

四、社会主义减刑假释程序的建立与发展

（一）减刑假释程序初创期

我国社会主义减刑假释程序的初创期是从新中国成立至1979年旧刑法、刑事诉讼法制定的这段时期。我国减刑假释程序体系是以《中华人民共和国劳动改造条例》为基础，再以各种单行条例及司法解释为补充体系进行构建的。此外，将减刑假释明确视为国家对罪犯的奖励措施。

其法律规范层面脉络如下：首先，新中国成立后，在承继历史刑法制度的基础上，仍然将假释制度作为一种刑罚执行制度规定在一系列的单行法律法规中，并在实践中加以运用，如1952年10月3日《中央公安部、司法部关于各地监所移转后，明确法院、公安部门对监所的职责和工作关系的联合指示》规定，犯人的假释及减刑，监所应依据法令规定，提出意见，报同级法院核转各该上级审核执行。① 1953年《最高人民法院西北分院关于减刑问题的批复》规定减刑要经过一定的程序，即首先由主管人犯的机关提出减刑意见，经同级法院同意，报请上级法院决定。但同时也认可使用行政命令的形式。其后，在总结既往经验上，1954年9月政务院公布施行《中华人民共和国劳动改造条例》明确将假释作为一种刑罚执行制度，规定于第68条，“对减刑或假释，必须报请主管人民公安机关审批，并且送当地省、市人民法院批准后，宣布执行”。由此，奠定了新中国减刑假释程序的基本模型。但其缺陷在于假释的对象、条件、后果等均未予明确。后至公安部《劳动改造管教队工作细则》（试行草案）及《最高人民法院〈关于提前释放和假释问题的复函〉》中才作了具体补充。

此阶段的减刑假释程序具有五个特点：

第一，坚持减刑假释权属于司法权的观点，减刑假释案件由中级以上的法院进行审理。首先，为慎重考虑不赋予基层法院减刑假释案件的审判权。其次，以裁定方式作结，如《最高人民法院关于处理劳改犯减刑、假释案件应制作裁定书的复函》（1962年）中规定，处理劳改罪犯减刑、假释的案件，

---

① 王利荣：《中国监狱史》，成都：四川大学出版社1996年版，第311页。

应当在认真进行审查后作出裁定书，并发给被告。

第二，检察机关具有对法院减刑假释裁定的抗诉权。规定了在减刑假释诉讼中检察机关具有抗诉权力。

第三，监狱由公安部管辖转为司法部管辖。1983 年 8 月，劳改工作由公安部门移交给司法行政机关。

第四，减刑假释案件的提请方式经历了变化。初采由监狱向检察机关提请，检察机关再向法院诉讼的方式，如 1956 年《公安部关于在抗匪中表现好的犯人给予各种奖励原则的批复》中规定，减刑、假释均涉及法律，公安部门只能提供材料和意见，报请人民检察院审核，由他们提请人民法院依法判决，然后执行；后改为监狱向法院直接提请，如《公安部关于辽宁省公安厅劳改局对罪犯加减刑审核权限问题请示的批复》（1963 年）规定，由劳改单位报专署公安处同意后，送法院审核批准。

第五，假释监督由公安机关进行。如 1958 年《公安部关于加强对监外就医、监外执行和假释的犯人监督的通知》规定，假释的犯人有重新违法犯罪的时候，监督单位应当上报当地公安机关，依法进行逮捕和审理，并及时告知他的原押劳改机关。

可见，我国的减刑假释程序承继前苏联模式，决定权归属于法院；在扩大监狱权力及提高减刑假释程序效率的双重考量下，减刑假释程序由典型的公诉—审判的刑事诉讼模式转变为司法提请方式。

（二）减刑假释程序定型期

减刑假释程序定型期是由 1979 刑法、刑事诉讼法至 1997 刑法、刑事诉讼法实施之间的时期。1979 年公布的《中华人民共和国刑法》、《中华人民共和国刑事诉讼法》在总结以往实践经验的基础上，借鉴各国的立法经验，对减刑假释制度做了系统的规定。1997 年《中华人民共和国刑法》、《中华人民共和国刑事诉讼法》又根据实践和社会历史条件的变化，对减刑假释制度进行修改，使其更加完善。

这个时期的减刑假释程序在承继前时期的基本格局上，程序更加细化。首先，对法院调查核实案件的方式作了规定，如《最高人民法院〈全国法院减刑、假释工作座谈会纪要〉》（1989 年）规定，审理减刑假释案件，要认真审查罪犯确有悔改或立功表现的具体事实。要有重点地选择一些案件，深入劳改单位核实，了解罪犯在执行期间的改造情况。其次，对检察机关针对监狱的监督权范围作了细化规定。例如，在 1987 年《人民检察院劳改检察工作细则（试行）》及 1995 年《最高人民检察院关于执行〈监狱法〉有关问题的通知》中规定检察机关可对监狱的思想教育、劳动改造等实体矫正及出入监等程序矫正措施以及罪犯处遇进行监督。监督的途径包括听取情况介绍，调阅有关文件和档案材料，召开座谈会、调查会、个别谈话，讯问犯人，察看警戒、监管设施和生产、生活场所等。再次，1994 年《监狱法》对减刑假释案件的审限作了规定，但对死刑缓期减为无期徒刑的审限规定付之阙如。最后，1990 年司法部出台了《司法部关于计分考核奖罚罪犯的规定》的通知，构建了监狱量化减刑实质条件的基本方式。

此阶段减刑假释程序在获得一定发展的同时，也具有明显的缺憾。表现在对罪犯的主体尊重不够，权利保护不尽周全，如不承认罪犯的上诉权利。在 1980 年《司法部关于对罪犯依法减刑或假释所作出的裁定可不交代上诉权利的批复》中，认为罪犯在减刑假释中不具有上诉权利。并且认定减刑假释案件为一审终审，检察机关提起抗诉，为审判监督程序，不尽合理。[①] 此外，在 1997 两法修订时，曾考虑将减刑假释提请权交与检察机关，后因考虑程序简便而作罢。

（三）减刑假释程序快速发展期

这一时期为新法实施至今。减刑假释程序更加系统科学，更为注重保障人权。首先，在狱内推进狱务公开，以聘请执法监督员等方式加强对监狱矫正工作的监督。[②] 司法部出台的《监狱提请减刑假释工作程序规定》规定了提请减刑假释的报批层级及公开公示程序、设立减刑假释评审委员会及通报接受检察机关监督的程序。其次，在检察监督方面，通过 2001 年《最高人民检察院关于监所检察工作若干问题的规定》、2007 年《最高人民检察院关于减刑、假释法律监督工作的程序规定》及 2008 年《最高人民检察院监狱检察办法》三个司法解释大为细化了检察监督程序。其特点在于在稳定调查权范围的基础上扩大了调查途径，如增加列席减刑假释评审委员会发表检察意见等方式；在对监狱发纠正违法通知书的程序中设置了复议复核机制，补充了对应减刑假释而监狱未提请的案件的检察建议监督方式，填补了立法空白；在《监狱检察办法》中补充了检察机关在法院听证中发表意见并进行庭审监督的程序。最后，在假释监督层面，随着 2003 年《最高人民法院、最高人民检察院、公安部、司法部关于开展社区矫正试点工作的通知》及 2007 年补充

① 参见 1989 年《最高人民法院〈全国法院减刑、假释工作座谈会纪要〉》及 1987 年《人民检察院劳改检察工作细则（试行）》。

② 参见 2001 年《司法部关于在监狱系统推行狱务公开的实施意见》。

通知的出台，其较旧有机制有了较大的变化。假释考验期的监督机关由公安机关转变为司法行政机关，公安机关退居至协助的地位，并协力社会团体及志愿者，扭转警察国家的旧有模式，加强法治化的进程。此外，在1997年10月最高人民法院《关于办理减刑、假释案件具体应用法律若干问题的规定》中，对刑法典中涉及减刑假释的若干术语进行了解释。

（四）评述

首先，我国社会主义减刑假释程序是在改造战犯的经验基础上建立起来的，主要是移植和借鉴前苏联的相关制度。在前期，就减刑假释程序是诉讼还是非诉讼的定位曾有摇摆，但其后确认减刑假释程序为司法核准程序。其次，随国际人权公约的订立以及对罪犯主体地位的逐步重视，修正了落后的国家恩赐观念，在保障罪犯及相关权利人的程序权利方面大为增强，如提请程序公开、公示程序中保障异议、罪犯的申诉救济等。此外，检察法律监督权力逐步强化，构建了减刑假释程序全程监督模式；假释监督主体得以合理设置以符合国际通例。但同时，程序缺失影响程序公正及减刑假释制度功能的情况明显存在，如被害人参与机制阙如、罪犯在法院司法程序中的参与权和陈述权未得以充分保障等。

五、我国减刑假释程序发展史总评

通过对历史的回顾与考察可见，首先，我国减刑假释程序的发展体现了行刑人道的进步。在我国古代社会，尽管有恤刑、录囚、恩赦等宽缓制度，但其施用不过是展示皇威和封建等级制的方式而已，以人权和民主为内在属性的减刑假释没有生长的空间。减刑假释是清末移植外来法律文化制度的舶来品。受制度文化的影响，一直到第一次国内革命时期，减刑假释程序发展均停滞不前，属于停留在纸面上的恩赐宣言，在实践上并没有大量的适用及经验的积累。自根据地时期始，减刑假释程序制度才开始获得缓慢的发展，至20世纪70年代真正得以在中国定型，80年代之后获得了较大的发展。其进路揭示了内在的动因，即从漠视行刑人道到开始注重，并逐步推进发展。行刑人道从广义上包含了行刑个别化和社会化的基本内容，是减刑假释发展的基点。因此，我国减刑假释程序制度史就是一部行刑人道的发展史。

其次，缺乏整体科学的法律规范体系。从清末减刑假释制度在我国大地首次出现至今一百多年间，减刑假释制度本身未得到刑事法界乃至社会的重视，减刑假释程序制度始终处于不够完备的状态之中。突出表现在缺乏有效的权利保障机制、监督程序失范等方面。例如，缺乏对罪犯申请权、有效参与权、陈述权、上诉救济权等权利的充分保障；对于被害人知情权、陈述权等的权利保障更是空白。检察监督表面上具有泛化的监督功能，但未生根于诉讼职能之上的一般监督很难真正实现监督目标。

此外，实践中减刑假释程序性质错位。受强大行政权力量的历史传统影响，行政权对行刑阶段的渗透强过司法权的监督，故事实上我国减刑假释程序名为司法权，实为司法行政权。

第二节　我国减刑假释程序的现状

一、基本现状概况

我国对减刑假释本质的基本认识为奖励说。受制于报应观念的倚重、程序观念的缺乏以及历史基础的薄弱，发展较为缓慢，总体上我国现行减刑假释程序仍处于落后状态。

在立法层面，减刑假释法律规范主要见诸《刑法》第78~86条；《刑事诉讼法》第221条、第222条。具体的程序规定内容仅为由执行机关提请，法院组成合议庭审理，检察机关具有发出书面纠正意见的权力。此外，《监狱法》第30~34条规定了中级人民法院和高级人民法院的审理分工，减刑假释案件的审理时间、假释撤销审理和法院重新审理的程序。这些粗略的规定远未覆盖减刑假释程序的全部领域，因此缺乏可操作性。于是为了增强程序适用的可操作性，大量的司法解释和监狱法规应运而生，如《最高法人民法院关于办理减刑、假释案件具体应用法律若干问题的规定》、《最高人民法院关于如何适用刑事诉讼法第二百二十二条的批复》、《最高人民检察院关于减刑、假释法律监督工作的程序规定》、《司法部关于监狱系统在执行刑罚过程中实行“两公开、一监督”的规定》、《监狱提请减刑假释工作程序的规定》等。这些司法解释和法规在一定程度上细化了减刑假释提请审理程序及监督程序。但仍然未具体规定减刑假释提请时间、具体审理程序、救济方式等方面内容。

在实践现状层面，首先，行刑机关在减刑假释程序中占据了主导性较强的地位。何时提请，提请哪些罪犯给予减刑假释，均由行刑机关决定。其重要的原因是现行的实体标准百分考核制的认定权力掌握在行刑机关手中，法院缺乏监督权能，检察机关的监督也很难深入到对罪犯的日常表现考核环节中。其次，核心程序裁决程序采书面审理的方式。在审理过程中，既不听取罪犯、被害人的意见，也不充分听取公诉机关的意见，审理不够公开和透明。

最后，在对假释犯的考验期监督中，根据《最高人民法院、最高人民检察院、公安部、司法部关于开展社区矫正试点工作的通知》的规定，改由司法行政机关主管，但日常监督工作包括哪些内容，监督行为如何实施等一系列具体问题都还悬而未决。实践中多停留在定期报到、能找得到人的粗浅层面上。在社会组织和个人协助监督方面，多以招募志愿者的方式，但一是数量较少，二是志愿者参与假释监督工作多凭热情和兴趣，往往未经过专门的培训。此外，由于假释的适用率本来就很低，故假释撤销的适用更是少之又少。对于因假释犯违反监督管理规定而应当收监的，多由行刑机关通知法院，法院直接作出书面裁定决定对假释犯收监执行。

二、存在的具体问题

（一）观念层面

1．报应理念的深植

在我国的刑事司法中，以牙还牙似的朴素报应观念仍有巨大的影响力。我国刑事司法导向中仍有极深的基于道德和社会正义而起的报应情结。在重社会伦理和等级秩序的传统文化理念的支配下，对于接纳矫正罪犯的刑罚目的存在心理上的抗拒。此外，中国诉讼文化是以维护社会秩序和现有统治格局为核心的，具有相当的封闭性，对于需要反审社会和宽容人道精神的罪犯矫正及权利保障同样具有排异性。因此，不难理解移植矫正的异质法律文化制度因存在与传统文化的强烈反差而导致心理上的隔膜。以刑罚理论表述之，即我国在观念上已经开始逐渐接受对罪犯矫正是社会责任的观念，但司法体系并没有完成由关注客观罪行到关注主体犯罪人的基本转换，报应理念仍是我国行刑的主导观念。所以，就行刑实际而言，对于报应与功利、惩罚与矫正的并重和平衡还存在一定的偏向。在报应理念的深植之下，建立在矫正罪犯，防卫社会实证刑罚观之上的减刑假释的构建和实施必然受到冲击，减刑假释正当程序的缺乏也当然涵括在受冲击范围内。

2．行政优位观念嵌入刑事执行

在行政官断案、司法部门听命于封建行政权力体系的历史传统上，我国行政强势地位突出，司法权对于行政权具有相当大的依附性。在进行司法独立的诉讼改造之后，这种印记仍有较深的体现，表现在两权并存的刑事行刑阶段，行政强势甚至减弱了执行对裁决的附属特性。在此状况下，行刑机关与罪犯的法律人格很难处于平等的地位，两者之间的平等权利义务法律关系也难以建立。故即使依法规定减刑假释程序为司法模式，在存在行政越位的情况下，实际上也是行政优位。

3．矫正理念的悖论

在18世纪监狱改良运动的推动及刑事实证派防卫功利的理论支撑下，对罪犯矫正改造成为了矫正设施行刑的重要内容和目标。受国际潮流的影响，我国在立法上也将矫正改造作为刑罚的目的内容。但就矫正理念如何彰显存在一定的认识误区。我国长期是将矫正与劳动改造相等同，认为罪犯劳动态度端正，劳动成效显著，即能从劳动改造中“重生”①；由于思想矫正长期被定义为政治说教，导致对于矫正科学性、系统性和社会性的认识不足，产生偏差。所以出现了矫正理念与实践之间的背离。这种异化和背离突出体现在个别监狱追求经济利益的价值目标实质上超越了矫正目标；以计划经济体制下的管理方式主导行刑，如在减刑假释程序中设置行政比例；监狱封闭有余而社会的矫正协助参与及监督不足等方面。科学矫正理念无法在行刑中充分贯彻的尴尬局面极大地影响了减刑假释的适用。首先，影响减刑假释适用标准的判断。减刑假释都需要罪犯呈现出自新的改善，特别是假释的适用，需要监狱协助罪犯进行充分的假释前准备，制订假释计划规划假释犯假释后的生活等，而监狱在偏离矫正理念下的行刑行为无法以制订矫正计划、设定矫正项目、开展心理辅导等方式促使罪犯自新，从而影响到减刑假释标准的满足。此外，注重对罪犯进行如何适应社会的理性培养，但忽视或缺乏罪犯复归社会的过渡性环节，即“实践环节”，缺乏复归社会的基本制度支撑。② 其次，影响到减刑假释程序的设置。在现代行刑理念滞后、矫正措施封闭匮乏的情况下，导致减刑假释程序设置在提请以及执行等子程序体系中社会化、民主性及人权保障程度受到影响。

4．轻程序的观念陈见

倚重实体真实是大陆法系国家的司法传统。为改造重客观真实而轻程序适用的弊端，大陆法系国家借鉴英美法系国家正当程序的合理内核，在刑事审判程序中注入对抗因素，加大控辩双方的平等武装并限制法官的主动调查权力，因而在一系列司法改革之后，大陆法系国家的庭审方式已经有了显著的变化，一些国家如意大利、日本在改造之后还形成了混合模式。但在刑罚变更程序中，由于不强调对抗，因此近年来西方国家的司法改革除了日本移

---

① 1964年7月公安部召开的第六次全国劳改工作会议中第一次明确提出劳动改造概念。指明了我国劳动改造罪犯工作的任务、方针、政策、原则等。指出“改造与生产相结合，改造第一，生产第二”的劳改工作方针。

② 谢望原、卢建平：《中国刑事政策研究》，中国人民大学出版社2006年版，第463页。

植假释委员会制建立地方更生委员会而彻底改造了减刑假释程序之外，其他国家的司法改革都未触及这一特别的审理程序，故可以说在减刑假释程序中轻程序的陈见较刑事审判而言，表现得更加突出。我国同样存在着轻程序的观念积弊，在以还原客观真实的诉讼观主导下，程序工具价值大大超越独立价值。减刑假释程序中程序构造的非理性以及程序设置的粗疏，正是偏轻程序功能的显见。在程序保障实体功能受限之外，减刑假释实体标准的主观化与模糊化进一步加深了司法判断的难度。因此，实体结果的主观性大为增强，而程序过程的客观性又无法保障，司法公正遭受质疑。

5. 弱小的个人权利观念

在我国刑事诉讼中，个人权利的保障价值让位于社会秩序和集体人权的价值，对行刑中罪犯的权利关注和保障力度更为缺乏。我国的传统观念将减刑假释视为国家的恩惠或奖励，在此观念的支配下，减刑假释程序更多地被视为国家的权力审查程序，而罪犯个人的权利主要就是等待权力机关给予其公正的结果。在程序过程中，特别是在现有的审理阶段，罪犯本人几乎没有参与性，也没有陈述意见的程序机会。即使在提请阶段的公示异议以及探索性的裁前公示异议程序中，罪犯本人也没有辩驳的程序机会和权利，期待的只能是所谓理应善意和公正的国家权力机关，即行刑机关和审判机关给予其公正对待。因此，罪犯个人权利的弱小直接贬损其在程序中的主体地位。

（二）*法律规范层面*

首先，在实体规范层面。第一，实体条件的实现标准难以查明。我国减刑的条件之确有悔改表现和假释的不再危害社会的标准给司法判断增添了难度。这里存在三个悖论：其一是大增裁判主体的自由裁量权，从而出现被滥用的风险。其二是为了限制权力被滥用，我国绕开程序规制，而是主要采用细化实体条件的方式即百分考核制。而细化后实体条件的判断权力主体者是提请者监狱而非裁决者法院，造成形式权力与实质权力的错位。其三是对于诸如给予罪犯假释的主观性预后判断，由于作出裁决的程序过程太过简略，不具有公开透明性难以得出假释裁定系完成程序过程之后的理性结论，故假若罪犯假释后出现新的违法犯罪，对公正的质疑往往施于裁决者法官身上，法官将接受诘难。为避免处于不利状态，法官对假释的适用必然陷入谨慎紧张的状态之中。第二，缺乏对假释的预后保障计划规定，如假释计划，罪犯获得社会安置的重返计划等，以及罪犯假释条件一刀切，既与行刑个别化的原则不相符合，又不利于对假释犯人身危险风险的控制以及监督措施的制定。基于此，严重影响到假释准备程序、假释监督条件设定及监督程序。第三，我国对于累犯及被判处10年有期徒刑以上的暴力犯罪分子不适用假释的立法规定违反人权及平等保护原则，亟待修订。第四，减刑假释制度属于刑事法的重要制度内容，其应在基本法即刑法、刑事诉讼法或刑事执行法的层面之上。而我国现今基于基本法层面的减刑假释制度规范缺乏可操作性，以司法部部门规章的方式规定了减刑假释的实质标准百分考核制度，这在立法规范层次上有失妥当。

其次，在程序规范层面。第一，减刑假释程序主要散见于刑法、刑事诉讼法、监狱法和各种司法解释之中。由于基本法的规定不系统，监狱行政法律规范充斥其中，显现出各种突出问题，如以《监狱法》来规定法院的审理期限和检察院的抗诉权限。从直接效果上，显现出内容与规范层次的不协调；从程序机能上，也是造成司法行政化弊端的重要原因。此外，另一突出异化是导致本仅具补充解释功能的司法解释挑起了大梁。不仅补充法律规范的空白，在某些情形下也超越了基本法的立法规定，因而引发矛盾，如行刑机关监狱与法院之间的权力隐形对抗。第二，就减刑假释案件具体审理方式、审理过程、审理程序内容以及参与人的程序权利保障规定均不够明确。基于罪犯主体地位而产生的基本程序权利如陈述权及申请公正审理权往往失却保障。在此种状况下，全国的法院系统办理减刑假释案件的方式百花齐放。近年来，为增强减刑假释案件程序的公正公开并加强人权保障，各地都在探索减刑假释听证或减刑假释案件开庭审理方式，但统一性的减刑假释案件审理程序规范亟待出台。第三，诉讼监督程序软化。因我国较多地突出了行刑阶段的独立性，基本隔离了监狱与法院就具体行刑行为之间的附属监督关系，在刑罚变更程序中法院也仅具有裁判权，而无其他的监督权力，因此，我国法院不具有行刑监督主体地位。检察机关成为我国在行刑阶段唯一的法定监督机关，基于大监督权的设置，检察机关既负责对监狱的监督，也对法院实施监督。但同时如此广泛的监督权力却缺乏行使的有效方式和路径。在减刑假释提请程序中，检察机关对监狱的同步乃至事前的监督较为薄弱，以事后监督为主要方式的监督方式减损了监督的效能。在审理程序中，检察机关对法院的监督只是限于发出书面监督意见。这种程序既不能使法院的重新审理程序上提，也不能使原审合议庭成员回避，更不能确保监督效果的实现。因此，监督程序软化的弊端暴露无遗。第四，缺乏减刑程序及假释撤销具体程序。我国理论上认为减刑是对过去一定服刑时间内良好表现的奖励，不能因为减刑后的不良表现而撤销，因此未设定减刑撤销程序。另对于假释也无撤销程序的具体规定。由此，否定了人身危险性的变化特质，将其机械和恒定化违反行刑规律，减损了行刑理性。减刑假释撤销程序的阙如，在实践上也产生了一系列问题，如以获得减刑假释为功利目的的减刑之后抗拒改造、假释后违背监督条件甚至潜逃等。故减刑假释撤销程序的欠缺是减刑假释程序体系的重大残缺。

因此，减刑假释法律规范体系系统性科学性不足、反认识规律的立法指导思想、重大程序制度的缺失以及具体程序规则的空白，是减刑假释程序法律规范层面的四个重大缺陷。

（三）司法适用层面

1. 重减刑轻假释

我国平均假释率1996年为2.08%；1997年为2.9%；1998年为2.06%，1999年为2.11%，2000年为1.63%；2001年为1.39%。2000年西方国家数据，美国为25%；加拿大为76%，澳大利亚为48%，法国为63%，俄罗斯为48%。[①] 另据第19届亚太地区矫正管理者会议数据，新西兰的假释比例最高，其次为中国香港地区48.4；澳大利亚36.3；泰国32.2；中国澳门地区25.3；菲律宾20.6；日本11.6；韩国4.5；我国大陆地区为2.4，在13个国家和地区中列倒数第四。[②] 而我国全国的年平均减刑率大致在20%～35%之间，有的省份最高达到42%。2002年1月至2004年4月，全国监狱系统共办理减刑987200余件，办理假释55700余件，办理减刑与办理假释之比近似17∶1。此外，某省2008年减刑案件数量为21786件，假释案件数仅为315件。尽管仅有300余件，但已较2006年的212件、2007年的123件增加了数倍。由此可见，第一，我国的假释率在国际范围内位于落后水平。假释率过低的现象暗含着追求行刑的即时效益，而忽略社会长远效益的短视现象。[③] 第二，我国的减刑适用远比假释适用更为广泛。主要的影响因素包括其一，受传统观念的束缚。我国传统的报应理念延伸于矫正领域，更宜于接受阶梯性的减刑，而具有将假释放等同于真释放的认识误区，故导致假释的适用受限。其二，减刑的适用不需社区制度配套环境，不需变更监禁场所，因此更为简便。其三，减刑的实体标准有了百分考核而显得更具操作性和可量化，反观假释则缺乏测量量化之预测手段。其四，减刑的适用更多是以维持监管秩序为考虑出发点，而假释本是减少监禁人口的最佳方式，但囿于程序操作

---

① 戴艳玲：《中国监狱制度的改革与发展》，中国人民公安大学出版社2004年版，第165、166页。

② 冯卫国：《亚太地区监狱情况最新统计资料》，载《中国监狱》2000年第1期。

③ 王利荣：《行刑法律机能研究》，法律出版社2001年版，第16页。

的缺陷及配置制度的缺乏被束之高阁。此外，在不完备的假释实体程序法律背景下，各地法院实施细则中的诸多特别程序规定更令假释适用举步维艰。例如，黑龙江省高级人民法院在实施细则中规定，法院在核准罪犯假释时，要征求被假释者户籍所在地的公安派出机构的意见，并要求其家属在申请书中签署“同意假释，假释后负责监控”的意见，管片民警签字，居委会还要出具证明等。由于公安机关警力紧张，社会基层组织建设薄弱，如此复杂的程序实际上难以执行。故假释作为较减刑更为有利于实现罪犯再社会化目标的制度在我国却遭受了冷遇。这种状况不符合现代行刑的发展趋势，亟待改善。其完善切入点除了合理化实质条件以外，尤为重要的就是完善假释程序及构建配套制度。

2. 批发式的减刑假释“司法审批”

首先，减刑假释作为一项重要的刑事司法制度，其在法院的适用并非受到充分的重视。其具体体现在：第一，审判人员和机构不专业。在国外，执行阶段的法官具有专业性，是专门的法官分类，而在我国普遍是由刑事法官进行减刑假释案件的审理。此外，审理机构并非是专门法庭，而是并合在刑庭或审判监督庭内进行。第二，减刑假释案件的审理工作未受到充分的重视。例如，以35件减刑假释案件折抵一件刑事案件计算办案数量；由于减刑假释案件集中在中级法院之上，故中级法院和高级法院法官的审判压力极大，审判人员超负荷审理减刑假释案件的问题突出。例如，某省高级人民法院2名法官年均审理1400余件减刑假释案件；某市中级人民法院法官4人办案小组年均审理5000余件减刑假释案件。在案多人少的压力之下，提高效率成为急迫的需求，如C市中级法院采用了填充式的裁定书以节省办案时间。由此，效率与公正的平衡很难兼顾，同时也很难就完善减刑假释审理程序作更多的理性思考。

其次，减刑假释的审理在一定程度上受制于提请方监狱机关。其具体体现在：第一，如前述，法院作出减刑幅度或作出假释裁定的重要依据是百分考核标准。由此，法官对减刑假释案件看似有大的自由裁量权空间，但其实受到百分考核实施机关监狱的牵制处于被动状态。在此出现了法官自由裁量权的悖论。对法官自由裁量权的限制不是以程序理性或立法机关的正式法律进行，而是以建议机关的行政规章予以约束，直接的后果就是审理的形式化。建议权越位于实质裁决权，而裁决权则沦为“橡皮图章”。第二，由于几乎割断了审判权和行刑权的关系，法官对监狱没有监督权力，因此，查明案件事实的调查权力事前或事后行使困难，而基于减刑假释证据形成时限的特殊性，在审理中的事后查明难度极高。基于此，某些法院直接将调查权委以行刑机关，对审查中的异议事实由行刑机关查明出具调查笔录进行说明，这种授权更扩张了建议方的权力，加剧了审理程序的行政异化。此外，在旧有的模式下减刑假释审理采书面审理方式系秘密程序，法官不与罪犯见面，罪犯也没有口头或书面陈述意见的机会；口头证言基于证人不出庭难以通过询问方式加以验证，书面证据和鉴定意见的情况也相似。此外，被害人更缺乏到场陈述的权利，律师帮助权更是可望而不可即。而检察机关作为监督监狱行刑的国家机关，其同步监督权力也还在完善之中，故对监狱的制约有限。

最后，批发式的审理方式。监狱是以季度或上下半年进行核报，以提请审理。这种批发式的提请方式的弊端在于：一不利于实现行刑个别化原则；二批发式是便于狱政管理的角度进行，忽视了罪犯个人权利的保障；三给法院的审理带来沉重负担，加剧了审理的形式化。因为法院对于成批书面审核的案件，难以有效行使调查权发现问题。对一个经济规模人口数量中等的城市而言，一次批发的减刑假释案件少则也有近千件，在一个月审限内审结对于审判人员而言无疑疲于应付。

3．检察监督权能相对失灵

据统计，现今全国有监所检察干警 1.2 万人，派出检察院 82 个，派驻检察室 3507 个，派驻检察干警 8200 人，已对全国 95% 以上的监管场所实现了派驻检察，并且还设有派驻回避、派驻任期等制度。另根据最高人民检察院 2008 年度的工作报告显示，从 2004 ~ 2008 年 5 年间全国检察机关共对人民法院不当的减刑、假释裁定和暂予监外执行决定提出纠正意见 1074 件。可见，第一组数据显示了检察机关对监狱等行刑机关的监督力量的配备状况。与大量的人力、物力资源投入形成反差的是检察机关对行刑机关特别是在减刑假释提请程序中行刑机关行刑行为的监督还比较形式化；第二组数据更是较为直接地说明了检察机关对法院减刑假释裁定监督效能不高的情况。例如，某省 2008 年全年的减刑案件就超过了 2 万件，而在 5 年间全国检察机关的监督案件数仅为千件左右，不是说明减刑假释程序公正度已高不存在监督的必要，而是说明检察权能的配置和实现还不够科学和完善。

（四）配套制度环境层面

1．累进处遇制的建构不全

行刑核心制度累进处遇制在我国的构建尚处于起步阶段。减刑假释与累进处遇制联系紧密。在成熟的行刑机制中，减刑与假释均设置在累进处遇的主干之上。累进处遇制的不完善状态影响了减刑假释功能的发挥。其原因主要在于在累进处遇中的人格评估、人身危险性评估等一系列的科学测量方式尚未建立，导致教育刑的基础标准无法量化，建立在此之上的减刑假释制的核心人身危险性变化评估只能成为经验作业。此外，我国行刑社会化机制同样停留在初创阶段，社会力量无法进入行刑机关进行矫正协助，导致行刑机关封闭性过强而阻碍外部有效监督。

2. 社区监督体系的缺漏

我国社区矫正行刑制度刚刚起步，假释监督主体由警察机关变更为司法行政机关，但其监督程序体系远未充分建立。体现在监督主体协作网络模式尚未构建，具体监督程序未予设置、社会组织和个人参与监督和帮助的渠道尚不畅通等诸多方面。反观社区刑罚体系设置较为完备的国家，社会组织和志愿者是假释监督重要的主体力量。例如，据日本2002年的统计资料，日本共有保护司（由法务大臣委托的民间自愿者）49003名，活动在904个保护区。有更生保护法人团体163个。此外，还有被称为兄弟姐妹会BBS 581个，会员人数6100名，更生妇女保护会1332个，会员人数200445名。[①] 而我国相形见绌。总体而言，既有我国市民社会大环境发育不成熟的影响，也有司法行政机关监管力量待加强的因素，还有对于假释犯在考验期帮助需要的重视度不够等方面的缘由。

三、原因分析

（一）固守减刑假释奖励刑罚观

在奖励说的影响下，罪犯等参与人的权利赋予是一个可自由裁量的弹性领域。此外，基于我国缺乏武装个人权利体系对抗国家公权力的司法传统，并且在重实体、轻程序的诉讼观支配之下参与人程序权利体系保障极为欠缺。在行刑阶段，除了罪犯成为了为社会所遗忘的人之外，被害人也同时处在关注视线之外，减刑假释程序中对于被害人的程序权利保障几乎为零。所以，我国现今基本上不存在减刑假释程序权利控权机制，这对于实现程序的正义价值极为不利。

（二）权力错位的主体配置关系

原有模式下司法行政关系错位的关节点在于减刑假释案件审理方式模糊，不公开的书面审理中法官仅对执行机关的建议书与报送的罪犯表现材料进行形式上的审查判断，调查权行使梗阻，相关参与人的意见陈述权无法保障，

---

① 鲁兰：《日本行刑和更生保护体制纵横》，载《犯罪与改造研究》2003年第10期。

因此一则罪犯行刑表现的功利性虚假性风险会在书面审查中具有更大的隐蔽性；二则不通过直接言词对书面证据审查的信度必须建立在证据客观真实，资格能力无怀疑的前提基础之上。一旦这一链条断裂，将导致法官裁决的依据基础错误。因此，可将审判模式的异化总体上归因于三个方面：一是在权力配置上，行政与司法构造关系不尽合理，直接导致两者的力量对比出现悖论。二是在减刑假释程序中，法院及检察机关对整个提请程序包括减刑假释的证据产生过程监督缺位。法官的职权调查本应在减刑假释程序中得以强化以确保实现程序公正，而现实的情况却大为弱化导致司法权的行使失去主导控制，同时不听取意见的非言词程序背离程序公正价值。三是检察监督权对行刑机关及法院的实化度不够，缺乏刚性。

此外，还有一个重要的影响因素即是前屡有提及的百分考核制，具体规定在1990年《司法部关于计分考核奖罚罪犯的规定》中。基本内容是将考核分为思想改造和劳动改造两部分共计100分，实行日记载、周评议、月公布的制度，经过原始分、标准分、核算分两次换算得出罪犯的最终分数，以此作为减刑假释的排名依据，再根据比例从高至低选取，类似于行政竞争机制。百分考核制成为了监狱系统行刑的重心，被作为反映人身危险性程度的量表使用，由此专家评估鉴定罪犯人身危险性程度机制的建设都显得不甚急迫。从客观上说，百分考核制作为量化工具，能对罪犯起到一定的激励向善的作用，并且对维持良好的监管秩序产生正向效应。但百分制的弊病也极为突出。首先，在于百分考核的基本功能是以分考核、以分折刑。量化基础较为薄弱，一则进行测验评论时要素不易客观和准确；二则有些改造情况不宜或很难运用定量考核方法来表现；三则如果没有对定量考核的结果进行定性的总结，此时的考核的结果也就不完全准确。① 此外，百分考核对关联因素的量化统计方式和过程未经过科学的测算和论证。因此，百分考核反映罪犯的人身危险性程度变化的准确度受到质疑。② 其次，对于罪犯的人身性危险

---

① 刘金林：《海峡两岸刑罚执行制度之比较研究》，台湾五南图书出版社2007年版，第80~81页。

② 关于对计分考核制度弊端的评析：1. 计分考核制度不能充分调动绝大多数罪犯的积极性。2. 考核分与刑事奖励之间在定性和定量的关系上不够完善。3. 对刑事奖励之一减刑的控制力薄弱。4. 计分考核制度的联系性和延续性差。陈梦琪：《上海市罪犯记分考核制度的实践与思考》，载《犯罪与改造研究》2003年第10期。或1. 没有从定性和定量的结合人手确定科学标准，以分计期缺乏法律支撑。2. 计分考核对劳教人员的加、扣、奖分的幅度缺乏可行性研究，不同等级处遇人的分值没有拉开档次。3. 缺乏一部全国系统、统一的规章制度。4. 计分考核没有与分类分级管理等级处遇、奖惩有机结合起来，形成两张皮。陈海鸥：《当前考核奖惩制度存在的缺陷及改革建议》，载《犯罪与改造研究》2006年第3期。

程度评估是一个综合立体的体系，涵括了罪犯的基本情况、个性特征、行为表现以及生活环境等多种因素，而百分考核仅以行为表现的得分来作出对罪犯人身危险性程度变化的整体判断，显然不具有合理性。最后，百分考核的准确性同时也受到监管人员主动性判断的制约。这种失去外部监督的主动性对考核结果的客观性产生影响。此外，罪犯之间的互相监督以及借助行政公开方式如公示异议的监督始终处于监狱封闭的环境中，显得功效并不显著。因此，百分考核作为判断罪犯人身危险性的依据之一是适宜的，但将其作为危险性判断的唯一依据，则显出合理性不足。在减刑假释程序中，百分考核制作为核心机制运行是行政权力冲击司法权的重要因素，行刑机关官员对分数的控制从某种程度上意味着变相地以言代法。

（三）脆弱的检察监督权力

在减刑假释提请程序中，我国的现状是采科层式的行政审批制。以百分考核为中心建构程序体系，诸如行刑机关将罪犯计分考核奖罚办法、考核标准、考核结果和减刑假释的条件、程序予以公示；计分考核日记载由被考核人、考核狱警、考核人监区领导同时签字认可、原始分日公示、周评议、月小结、标准分月公示以及审核复议制度；提请阶段对于拟减刑假释名单三榜公示，即分监区公示、监区公示、监狱评审委员会评审公示。如此而言，我国监狱对减刑假释的提请审批和内部监督程序较为严格，但还在罪犯减刑假释中频频出现监督失范、监狱腐败的问题。[①] 事实上，刑事程序法与司法体制之间具有唇亡齿寒的关系。在公、检、法三机关的关系出现问题，上下级司法机关的关系存在异化现象的情况下，立法者所设计的几乎所有的刑事程序都很难逃脱被规避的命运，这是中国刑事程序失灵的又一规律。[②] 因此，在减刑假释程序中，监狱缺乏足够有效的外部监督是根本原因，检察监督权力的低效行使效能是这一根本原因中的重要方面。

通观我国的行刑权力的配置，检察机关是唯一的监督主体。但检察机关的监督权较为脆弱。我国检察机关的监督事实是执检分离式，即未规定检察机关在行刑中的具体职能。但检察机关监督权的有效行使，必须依托于具有紧密联系的执检一体中检察机关的各项具体诉讼职能。故由于在行刑具体执行中检察机关没有指挥权、具体实施权；检察机关无程序启动权对法院的裁

---

① 近年来，减刑假释程序中的腐败现象层出不穷。例如，广西罗城监狱、河池地区中级人民法院47名干警收受贿赂，形成流水作业，先后违法为206名服刑人员办理减刑、假释或保外就医，涉案金额达200多万元，引起社会广泛关注。

② 陈瑞华：《刑事诉讼的中国模式》，法律出版社2008年版，第300页。

定也无抗诉权，监督权缺乏诉讼职能的基础，看似宏大实则天然单薄包括获得有效信息权能、调查权能、审查权能、建议权能等在内的检察监督权能无法得到有效实现。由此在监督权行使中引发一系列问题，如检察机关监督的事后性、单一性、静态性；监督与参与相混淆等。同时，未生根的权力衍生出无法可依的尴尬局面。由于监管活动是刑罚执行的实际过程，其中的监管改造工作是刑罚变更执行的依据，对监管活动的监督应当是监督工作的主要内容。但是法律对此没有具体规定，造成无法可依。① 故另外，减刑假释监督中检察机关虽然拥有广泛的监督权力，甚至包含了对监狱职务犯罪的侦查权。但事实上，正是由于其行使权力的合法途径方式以及监督的权限边界模糊，导致行刑机关作为被监督者，一方面不会主动将减刑假释程序中的实质行为置于检察监督之下。检察权的有效行使依赖于充足而清晰的执行信息和行之有效的程序机制，一旦遇到实体权的抵制，加上程序机制不完善，监督权很容易被隔阻在外。② 另一方面检察机关本身的监督者也具有名不正、言不顺的心理劣势。此外，法院在审理减刑假释案件时，也并不必然征询检察机关的意见，使检察机关作为求刑权主体的地位未得以完整彰显。纠正违法意见缺乏法律强制性和执行力，监督力度有限。法律既没有规定被监督机关具有必须根据检察机关纠正违法通知书的要求纠正违法的义务，也没有规定被监督机关及其工作人员不纠正违法要承担的法律责任，这必然导致现有检察机关纠正违法方式的力度刚性不足，难以有效发挥法律监督的功效。

第三节 我国减刑假释程序发展的新探索

一、完善提请程序的探索

首先，有学者提出提请权归属于检察机关的观点。主要的主张包括：第一，减刑由服刑人员提出申请，执行机关审查后，收集有关材料，向人民检察院提出减刑建议书，同时提交有关罪犯服刑期间确有悔改或立功表现的证据材料。人民检察院收到上述材料后进行审查，并到监狱向拟减刑罪犯以及其他罪犯了解情况，认为符合减刑条件的，提起公诉。不符合条件，作不起

---

① 宋英辉、李忠诚主编：《刑事程序法功能研究》，中国人民公安大学出版社2004年版，第518页。

② 石秀丽：《论我国刑罚执行监督制度》，载《国家检察官学院学报》2005年第4期。

诉决定①。第二，减刑、假释的启动程序应当由检察机关主导，监狱等机关辅助。② 第三，陈卫东教授主编的《模范刑事诉讼法典》第623条提出，执行机关向检察机关提出减刑建议书及证据材料。若罪犯认为其符合减刑条件而执行机关不向人民检察院提出减刑建议的，可以直接向人民检察院递交减刑申请及相关证明材料。人民检察院在15日内作出是否同意的决定。必要时可以向拟减刑罪犯以及其他罪犯了解情况。若检察机关驳回减刑建议，执行机关可申请复议一次③，即以检察机关的事先同意作为启动减刑假释程序的关键要件，在此出现了主体分离，一是实质性的提请权归属于检察机关；二是形式上的提请权仍由监狱方行使。

比较以上三种论说，基本观点相似，即由罪犯个人或执行机关提请检察机关审查，由检察机关向法院提请减刑假释。但第一种观点将检察机关提请减刑假释视为刑事公诉，显属不当。减刑假释程序并非求刑量刑的刑事审判构造，因此检察机关的提请权显然不是公诉权本身。第二种观点明确了监狱与检察机关的主从关系，但就主从关系如何体现具体程序如何设置未见阐述。第三种观点设置了执行机关向检察机关的复议程序及罪犯的救济程序较为周全。而检察机关提请说的主要依据是：第一，减刑假释是刑罚变更执行系刑事诉讼活动，故应当贯彻各机关分工负责，互相配合，互相制约的原则。第二，检察机关具有求刑权。检察机关提请减刑假释是落实求刑权和延伸公诉职能的需要。第三，检察机关提请是其履行监督职能，从权力配置格局上解决检察机关监督滞后的需要。

其次，实务界及学界提出改善行刑机关提请程序的主张。第一，S省M市中级人民法院通过调研提出改善监狱提请的具体程序方式。在监狱减刑假释评审委员会评审之前，由专家提供罪犯人身危险性评估表，并通知被害人给予被害人意见陈述权；给予罪犯参与陈述权，并为罪犯提供法律帮助。此外，有学者提出在提请阶段，保障罪犯的知情权、申请权、申辩权、提出异议权、申请复核或复议权、质证权、请求听证权等权利。④ 第二，建议以罪犯的个人申请作为监狱依职权提请的前置程序。第三，创建减刑假释监督委

① 彭海青：《我国减刑程序的诉讼化回归路径初探》，载戴玉忠、万春主编，《刑事诉讼法再修改与检察监督制度的立法完善》，中国检察出版社2008年版，第318～324页。

② 万毅：《程序如何正义——中国刑事诉讼制度改革纲要》，中国人民公安大学出版社2004年版，第342页。

③ 陈卫东主编：《模范刑事诉讼法典》，中国人民大学出版社2005年版，第651页。

④ 于同志、陈伶俐：《论减刑程序的正当化》，载《中国刑事法杂志》2006年第3期。

员会等新的监督机构。例如，河南省开封市鼓楼区人民检察院，在监狱成立减刑假释监督委员会。委员会由鼓楼区检察院驻狱检察室和监狱纪检监察门分别抽调人员共同组成。对监狱分监区、监区、职能科室等机构提请减刑假释评审委员会等审查减刑假释的程序进行现场监督。

以上的一些观点主张在监狱的提请程序中增加专家对罪犯人身危险性的评估程序、增强罪犯及被害人的参与权利以及改造提请程序为两步式，即罪犯个人申请后监狱提请、完善检察监督等。其要义在于促进提请程序的公开透明化，以程序控权和权利控权两个方面确保提请权力正当合法行使。此外，完善监狱提请程序的前提基础在于不变更现有由监狱提请减刑假释的基本格局。而保留监狱提请权的理由在于：第一，监狱具有行刑主体地位，由其充当刑罚变更程序的提请方具有合理性。第二，我国检察机关不具有指挥或实施刑罚执行的职能，在现有的监督权模式下不宜成为直接的提请方。至于公诉权能的延伸，因为减刑假释程序与刑事审判程序的性质不能等同，严格意义上说其并不为诉讼，故检察机关的职能应在审理程序中以发表意见的方式实现，而不应以直接提请的方式进行。第三，在提请程序中完善检察机关的监督效能。此外，监狱本身也在加强内部监督机制的建设。例如，在调研中发现，某省 CN 监狱以全面审查和个案督查方式加强对减刑假释的监内控制。全面审查指进行逐案逐卷详细审查；个案督查则是派专人深入基层了解罪犯改造情况，对拟呈报假释的罪犯派专人到所在监区调查民警和罪犯的反映。仅 2008 年，监狱自行撤销拟提请减刑案件 57 件。呈报中院后，又发现罪犯新的或遗漏的不符合减刑假释条件的情况而撤销减刑建议 8 件。

综上所述，将提请权赋予检察机关或在保持现状的情况下完善监狱提请程序是完善提请程序体系的两种基本观点。两种观点相较，赋权于检察机关的观点更为合理。主要理由首先在于加强对监狱的外部监督，有利于改善监狱等行刑机关权力封闭行使的状况，继而拉动行刑个别化社会化等基本行刑矫正内容的实行，改变权力配置板结的现象。其次在于权力制衡的良性机理，在于权力有秩序、有主次地混合交叉与控制。将提请权赋予检察机关，有利于提请与裁决程序的衔接。在提请程序中，检察机关为主导；在裁决程序中，检察机关则为程序建议者。司法权与行政权的力量对比失衡关系首先在权力配置上得到了矫正。最后，将提请权赋予检察机关，有利于在明晰其诉讼职能的基础上，正确界定检察机关的监督权能范畴。此外，我国行刑权与审判权的附属关系不够明晰，法院基于行刑权的行使无制约机制也是减刑假释审理法官调查权能作用有限的重要原因。故在减刑假释程序中，可以将法院的调查权能向前延伸，一方面是全面行使调查权的需要；另一方面也是重要的司法监督方式。

二、完善审理程序的探索

第一，在审判机构方面，一些地方法院探索设立专门机构。例如，湖南省长沙市中级人民法院设立刑罚变更执行庭。① 此外，有学者提出基层法院也可进行减刑假释案件的审理，以在各个审级的法院中合理分担减刑假释案件的审判压力。

第二，关于审理方式和审理程序的改革摸索。其一，推进实施公示制和有条件的公开听证制度。早在1999年，湖南法院就开始推行减刑假释案件听证制度。2004年最高人民法院在开展全国减刑假释专项检查后，要求全国法院对减刑、假释案件一律实行公示制度和有条件的公开听证制度。广东、湖南、河南、海南、湖北、云南、北京、福建、四川、山东等多个省市进行探索实践，还总结经验出台了减刑假释听证规范性文件，如四川省高级人民法院出台《关于审理减刑、假释案件听证程序的规定》；厦门市中级人民法院出台《听证案件审理范围标准》②；山东省高级人民法院出台《办理减刑假释案件实施细则规定》等③。2009年7月在全国部分法院减刑、假释工作座谈会上，进一步明确并强调减刑、假释案件一律进行公示制度，所有职务犯罪减刑、假释一律实行公开听证制度，重大、有影响的减刑、假释案件实行陪审制度或接受人民监督员监督。其二，关于设立裁前公示和裁后回访程序制度。现今全国一部分法院已在审理中建立了裁前公示程序，有的法院还建立了裁后回访的程序制度。例如，《四川省高级人民法院关于审理减刑、假释案件裁前公示的规定》中规定：任何人均可以电话投诉或投递书面材料等方式对裁前公示内容提出意见。公示期满后，人民法院应派专人开箱取件。人民法院对收集的意见和信件应认真进行调查核实或转交有关机关调查。济源市中级人民法院《审理减刑、假释案件的工作细则》中规定人民法院可以对

---

① 黎军：《对长沙市中级人民法院设立减刑假释审核独立机构的思考》，http://www.dffy.com/faxuejieti/xs/200702/20070201194506-3.htm，2009年8月10日访问。

② 规定对假释的案件、执行机关以重大立功为由提请减刑的案件、执行机关提出减刑建议超出法定幅度的案件和检察机关对执行机关建议减刑、假释提出异议的案件一律实行听证。

③ 其第46条规定，审理减刑、假释案件，可以采取书面审理或者听证审理两种方式。下列案件可以听证审理：（一）罪犯有重大立功表现的；（二）提请减刑、假释幅度较大的；（三）对缓刑罪犯提请减刑的；（四）在罪犯犯罪地或者在罪犯服刑地有较大影响的；（五）合议庭认为需要听证审理的其他案件。

被减刑假释的罪犯进行回访和考察。其三，延伸法官的调查权并明确调查权行使的方式。例如，明确法官根据需要可向管教干部、罪犯本人、其他犯人调查核实情况；设立法官入驻监狱监督制。例如，山西太原率先实行法官入驻监狱制。法官每月至少两天在监狱或看守所办公，以加深了解监所里的情况。①

第三，完善对参与人的程序权利保障。法院审理减刑案件应当通知服刑罪犯、被害人、证人等诉讼参与人出庭。保障罪犯的程序权利，包括知情权、要求公开审判权、申请回避权、获得法律帮助权、参与法庭调查权、最后陈述权、对不服裁定的上诉权等内容。② 被害人则具有知情权、获得法律援助权、申请回避权、陈述等具体权利。

第四，完善审判监督程序。现今减刑假释案件实则是“一审终审”加纠正违法意见的检察监督格局。在裁后监督程序不健全的情况下，一些地方法院系统增强了法院内部的层级监督。例如，广东省高级人民法院《关于办理减刑、假释案件实施细则》中规定，上级法院或本院院长发现减刑、假释裁定不当的，应当重新组成合议庭，并在一个月内依法作出裁定。

第五，保障法官裁量权的合法行使，破除假释问责制。例如，有的省法院在制定的规范性文件中指出，只要法官综合考察罪犯犯罪的性质、情节、原因、主观恶性、社会危害程度和罪犯身体条件、假释后居住、生活的社会、家庭环境等因素，结合罪犯的一贯表现，进行了有理有据的分析认定；审理程序合法，假释裁定就是正当的。不论罪犯在假释期间的表现如何，都不能问责法官。

此外，在减刑假释程序中，还出现一些新的方式或制度。例如，广东省为了提高审理效率，增强法院调查权和检察机关同步监督权，利用信息技术，联网监狱、法院和检察院共同开发适用办案软件，自动生成裁决书。南京市社区矫正组织参与假释听证会，法院、社区与罪犯三方签订假释协议，设置假释考验期保证金或保证人制度。

从以上完善减刑假释审理程序及权利保障的探索可见，第一，还原减刑假释审理的司法属性是完善减刑假释程序的主要内容。其间包括扩大法官查明案件事实的调查权，增强减刑假释案件审理程序的公开透明、设置交互性

---

① 《太原率先施行驻监法官制》，http://www. zaobao. com/special/china/cnpol/pages2/cnpol090418d. shtml，2009 年 9 月 16 日访问。

② 祁云顺：《论我国减刑、假释程序的重构》，载《河北法学》2008 年第 6 期。

程序；突出刑罚执行法官的专业属性等。第二，大力加强参与人的权利保障。赋予罪犯、被害人等参与人基本程序权利，以实现程序公正的内在价值。第三，关注和思考法官自由裁量权的正当合理行使问题。一是进一步为法官的非理性责任松绑，二是就解除百分考核制对法官行使自由裁量权的钳制，改变法官裁决的被动局面进行探索。第四，在假释案件审理中增强假释审理前、审理中和审理后的监狱、法院、社区组织的衔接，并在假释协议中制定个性监督条件，以体现行刑个别化社会化原则。但同时，在这些探索中也出现一些“歧路”，如设置假释监督保证金或保证人制度，本意在增加假释犯遵守假释监督条件的内在压力以及建构外部责任。但缺陷较为明显：首先，以假释为例外限制假释的适用，与增大假释适用率的改革方向不相符合，客观上也导致一些罪犯本具有假释条件而因外部其他因素如经济条件的限制而被剥夺假释权利，为假释制度蒙上欠缺公正平等的阴影。其次，假释考验期制度包括对假释犯的监督和帮助两大基本目标，保证金或保证人制度重在增强假释犯对监督的服从性，而忽视监督保护机构、监督保护程序以及增强假释犯再适应社会的心理能力重建等监督保护计划的设定，一定程度上背离了罪犯重返社会的矫正目标。因此，这种机制不甚合理。同样对于自动生成裁决书的流水线式操作创新，虽有利于信息及时化及提高审理效率，但同时也进一步加大了法院受监狱行刑牵制的被动性，因为离开了深入的调查，证据信息本身的真伪很难验证。同时对于检察机关而言，以联网审查行刑信息的方式作为检察监督的主要方式，无疑只是一种表皮功夫。

三、完善检察监督程序的探索

在司法实务层面，检察监督的完善主要是探索建构检察监督的事前和事中监督模式，如以上海为代表的同步检察模式设置。《上海检察实务手册》第1334条规定，驻监检察室应当对监狱报请人民法院裁定减刑、假释的案件实行同步监督。检察机关对减刑假释案件的每一程序和环节，随时可以提出检察意见。审判机关审理减刑假释案件时理应重视检察意见。再如江苏的事前监督模式。建立重点个案监督案卷。检察机关出具书面检察意见层报审查，及时纠违。此外，还有如重庆检察机关在假释考验期中的监督方式创新：建立社区矫正检察官办公室，与司法行政机关、居（村）委会、警务室建立联络员制度，协助建立社区民警、矫正工作人员、居（村）委会负责人、监护人、邻居“五管一”的帮教小组。2007年最高人民检察院出台的司法解释《关于减刑、假释法律监督工作的程序规定》明确了检察监督的程序和内容，将检察监督的完善推向了新阶段。此外，还有一些地区的检察机关就完善纠正违法通知书机制进行了积极的探索，如强调被监督主体的接受义务，并在纠违环节设置复议复核程序。

因此，近年来各地对检察监督的同步化和全面化进行了一些有益的探索。针对我国检察监督中存在的问题，合理完善的方向是明确检察监督的内容、方式、边界以及增强检察监督的刚性。实现综合改善目标的路径，一是在立法层面赋予检察机关在行刑阶段的诉讼职能、明确监督范畴；二是在配套程序制度层面上完善监督效能。

此外，我国的假释撤销采考验期形式，而减刑撤销则处于空白阶段。就减刑撤销程序设想方面，近年来改革建议还停留在理论论说层面。代表性的观点如建议设立减刑预告制。其要义是由法律法规预先作出规定，对所有被判处有期徒刑或无期徒刑减为有期徒刑对罪犯预先按比例计算出拟减刑期，只要他在服刑的全过程能遵守法律和监规狱纪，自觉参加劳动并接受教育改造，就可以被减去预先核定的刑期。[①] 除此之外，还有设置考验期、合同制等观点。综合比较撤销的基础和方式，我国设立减刑考验期制更为合理可行。理由在于：首先，减刑合同制在缺乏整体契约观念而重国家权力的我国要加以接受和适用具有障碍；其次，预告制重在对罪犯形成强制心理压力，督促其良好表现。对于维持监内良好秩序有裨益，但就刺激罪犯的从善动因、激发自觉实施良好行为却显得功能不足。对于大陆法系国家适用的复查制，因我国法院对监狱的监督机制断裂，故没有实现的条件。反观减刑考验期，对于刺激罪犯的改造动力具有及时性和持续性，对于减刑的未来改革如少减多次也具有生命力和适应性。

---

① 马进保：《预告减刑制：矫正理论的最佳实践方式》，载《犯罪与改造研究》2003年第3期。

第五章　我国减刑假释程序的重构

重构我国的减刑假释程序是一个涵括制度环境与具体程序、立法规范与司法适用的宏微观兼具系统工程。确立以公正与人权保障为核心的重构理念，在明晰减刑假释程序基本原理的基础上，立足本土实际选取改革进路。同时，明确具体程序设计的基点和重心，借鉴域外先进经验，建构出具有中国特色的减刑假释实施程序是最终结论。

第一节　重构的总体理念

首先，确保减刑假释程序的公正性。公正是减刑假释程序最为重要的内在价值。同时，有公正的程序才能保证减刑假释制度功能目的的有效实现。确保减刑假释程序的公正，需确保各权力机关的权能定位在减刑假释程序中科学适宜，减刑假释程序构造合理。在相应减少对抗因素的基调上确保程序中立无偏私、多方参与、理性自治和及时终结。

其次，强化减刑假释程序的人权保障性。在减刑假释程序中，凸显人权保障的价值，一是彰显减刑假释本身所蕴涵的人道性的需要；二是推进减刑假释权利化进程的需要。强化罪犯等参与人的程序主体地位，切实保障相关参与人的主要程序权利。

最后，增强减刑假释程序的社会参与性。减刑假释的理论基础是刑法实证学派理论。其基本要点在于刑罚不是一种本能或原始的同态报复，而是以改造罪犯保全社会为出发点，强调社会效用显示更深层次社会理性的措施。减刑假释遵循行刑个别化和社会化的基本原则。因此，减刑假释程序应凸显出较强的开放性和社会性。增强减刑假释程序的社会参与性，要体现在减刑假释程序的各个环节中。例如，在提请程序中，增强社会组织和个人的参与与监督；在裁决程序中，增大参审制的适用和专家顾问人员的咨询作用；在监督程序中，社会力量可广泛参与，对假释犯进行监督并提供帮助；在撤销程序中，为法官作出裁决提供调查报告和参考意见。

第二节 重构的基本思路

一、模式抉择

（一）行政模式中国移植之假说

近年来，我国在减刑假释权性质的论争中，一些学者特别是监狱法务方面的学者赞同减刑假释权是行政权而非司法权的论点。力建将减刑假释权力改归行刑机关行使或将减刑假释程序改革的走向导向英美法系国家的委员会制①。改变我国减刑假释司法权的传统，移植行政权力模式在我国是否适当，作为重构减刑假释程序的重要前提问题值得论证。

首先，在典型的行政模式下，减刑假释权力完全由行刑机关行使。其利在于有助于增强行刑机关的积极主动性和调查矫正计划措施的及时性。行刑机关作为罪犯人身危险性程度变化的直接感受者，对罪犯何时进行减刑假释及如何设定监督条件方面具有判断优势；此外，能够提高程序效率。但行政模式的弊端也是显而易见的：判断权和执行权合一将具有权力滥用的极大风险；罪犯的主体地位在强大的单方行政权力面前难以体现，与司法作为权力救济方式而平等化公权与私权的方向相背，行政模式加剧行政权力机关与罪犯个人地位的不对等，某种程度上是反人权的逆流。特别是在我国，监狱行刑的行政行为不具有可诉性，因此无法得到司法救济，故这种行政审批模式具有较强的行政权力扩张吞噬个人权利的风险。另外，就刑事权内部的关系而言，我国的行刑权并不是对审判权的附属性过强，反而是行刑权失控于审判权，由此导致出现审判弱势的反常局面。因此，增强审判权对于行刑权的控制应是理性地选择结论。因此，减刑假释程序作为刑罚变更的特殊程序是审判权控制监督行刑权的重要方面，若将减刑假释权赋之行刑机关，其结果

---

① 陈锋：《假释权的定位与我国假释制度的完善》，载《中国监狱学刊》2005 年第 6 期。鲁兰博士在其著《中日矫正理念与实务比较研究》一书中也持相同观点。

必然是“强者愈强，弱者愈弱”，在背离行刑规律的路上渐行渐远。[①] 同时，这种模式对于检察监督权力的行使也会造成障碍并导致监督功能减损。因为对于完全自治的行政权力，检察监督作为外部的监督形式，对于密集闭合性的权力体系进行监督的难度可想而知。此外，国外的行政审批式减刑假释程序良性运行具有有限政府及保障个人权利实现为本源的基本法律文化理念和制度为支撑以及较为完善的监狱外部监督机制及行刑个别化、社会化的矫正体系为保证，因此可以扬长避短。而在我国这些都还属于有待完善的内容。采行政模式的国家都已意识到此种模式的弊端，而以假释委员会等方式进行了改良。综上所述，行政审批制的减刑假释模式并不是我国减刑假释程序改造的优化选择。

其次，对于近年受理论界和实务界热捧的假释委员会制同样不应成为我国程序制度改造的合理选择。理由在于：第一，与行政模式的配套制度环境短缺相似，我国不存在司法审查等诉讼机制，故假释委员会制同样存在具有权力异化和人权保障失范的风险。此外，假释委员会是意在增强权力主体独立性的模式需要法治环境的保障。在不具备较为完备法治环境的社会中，由于缺乏有效的规制机制和人权保护，假释委员会的权力行使可能比传统权力主体如行政主体的权力行使更加无序。第二，我国属大陆法系国家，在司法传统上区分一般行刑行为和刑罚变更行为，刑罚变更行为属于审判权范畴。如果生硬地将刑罚变更权转给假释委员会，颠覆性的变化会给大众诉讼心理造成强烈的冲击和不适应。在大量借鉴吸取英美法系程序制度文化的大陆法系国家中，对于减刑假释的司法权属都不具有任何撼动。其主因就在于这种改变实质上超出减刑假释问题而牵涉整个行刑的权力配置格局和程序设置，与大陆法系国家的司法传统相冲突。其间仅有日本选择了移植假释委员会模式，其产物就是设立地方更生委员会来主管假释。[②] 但日本减刑假释程序改革的成功得益于多方面的综合因素。第一，日本是出狱人保护萌芽的先驱国家。世界上最早的出狱人保护思想出自于17世纪的日本和德国，而出狱人保护制正式起源则自18世纪后半期起始。故日本对于出狱人保护起源早，制度

---

① 如修改刑事诉讼法和刑法时，立法机关之所以没有采纳将减刑假释权划归行刑机关行使的意见，仍保留了报请法院裁决的方式，就是从权力制约的角度出发，考虑到在刑事司法权力配置中，法院监督是一个相当重要的环节。因此，权衡公正与效率两大价值目标，为确保减刑假释程序公正而作出的抉择。

② 改革后，在帮助罪犯重返社会，降低再犯率方面成效较为显著。例如，日本从1989年到1993年间，有91.6%的假释犯顺利度过了假释监督期；其中31.2%的人在假释监督期间表现良好，58%的假释犯在假释监督期间表现普通，1.0%的假释犯在假释期间表现不良，1.4%的假释犯没有被给予评定，只有7.1%的假释犯在假释监督期间被取消假释。

建设也较为完善。第二，日本行刑法律规范体系较为完备。1933 年颁布了《累进行刑处遇令》，第二次世界大战后至 1996 年间经历了 4 次大的修改。1950 年颁布《保护司法》，创立了现行保护司制度的基础。1966 年又对《监狱法实施规则》进行了修改，赋予了罪犯开放处遇，尊重罪犯的合法权利，并在监狱内模拟社会环境对罪犯进行个性化改造。此外，还有《假释和保护观察法》、《犯罪者预防更生法》等法律规范，故日本狱内假释准备、假释审查及假释监督帮助程序互相衔接，形成了严密的体系。所以，观念先导、较为完备的法治环境和制度体系为日本移植假释委员会制度提供了良好的土壤。第三，美国法律文化对日本的影响极深。其间有第二次世界大战后美式文化渗入的重要原因，如在此时期尊重人权和法治主义逐渐成为日本司法改革的原则，由此确立了“行刑设施中的被收容者，也是国民的一分子，当其合法权益受到侵害时应当寻求法律救济”以及“监狱法是罪犯的大宪章”的精髓的观念。[①] 还有日本对于强者的膜拜更为准确地说对美国法律制度的推崇仿效也成为了引入假释委员会的重要观念原因。进一步说，这种对美国制度的推崇备至不仅是法学家阶层的思维方式，而且深深植入了日本民众的观念之中。由此可以理解为何日本如此顺利地构造混合刑事诉讼模式以及假释委员会作为异体植入后并未出现排异反应。而对于中国，除了这种前提的观念制度条件不具备外，传统文化中对英美文化的排斥也使得假释委员会制如若引入，其适应性令人担忧。

最后，就我国的法律传统文化心理而言，大多数实务工作者均将减刑假释视为司法权，而非行政权。例如，笔者所作调查问卷的结果所显示：

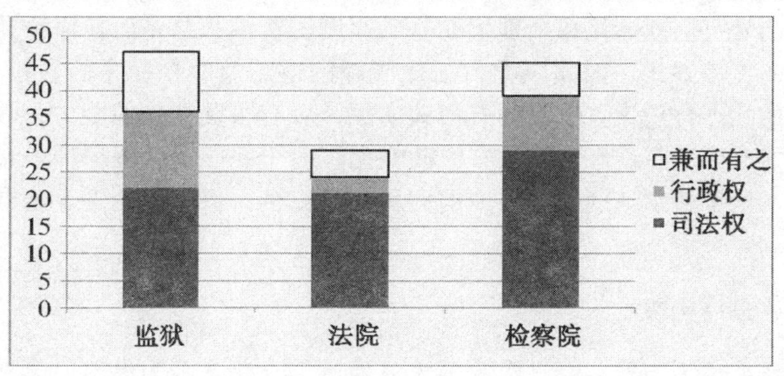

注：2009 年 9 月，笔者就减刑假释程序中的相关问题对 C 市监狱、法院和检察机关

---

① 鲁兰：《日本行刑和更生保护体制纵横》，载《犯罪与改造研究》2003 年第 10 期。

分别进行了问卷调查。共计发放问卷125份，有效回收121份。其中向监狱发放问卷50份，收回47份；向法院发放问卷30份，收回29份；向检察机关发放问卷45份，收回45份。

所以，移植假释委员会制改变减刑假释权属整体格局的设想也是一场证伪。行政模式和委员会模式都不适合我国。

（二）司法模式之保留

保留司法模式，并大力完善减刑假释程序将是我国减刑假释程序改革之路的合理方向。减刑假释程序的完善主要包括四个方面的内容：一是科学确定各主体的程序角色，并理性确立各具体程序中权力主体的职能边界和权力联结形式，以优化程序构造形式；二是凸显对参与人权利保障，并合理构建权力监督制约机制；三是根据减刑假释程序少对抗多协作的总体特点，找准减刑假释程序系统内各种类型程序的差异，在遵循法律理念和传统的基础上完善具体程序。

此外，扭转我国减刑为主、假释为辅的行刑政策格局，改造为假释为主、减刑为辅。假释制度与减刑制度相比，如美国学者所言，假释之应用须包括三大根本要素：一是在监受刑人当教育之，以备再入社会；二是在监受刑人，当由假释审查委员会对各个人慎重审查；三是出狱人监察员之人数，当足供不断地有效地监督之。[①] 因此由于具有社区监督帮助的程序设计，故罪犯更易顺利度过危险期重新融入社会，从而有效减低再犯率，实现刑罚防卫社会的目标。此外，罪犯假释适格性的条件较减刑的标准为高，为了达到假释条件，监狱需要对罪犯进行个别化矫正，并协助罪犯做好预后的工作生活计划，故更能凸显行刑社会化和个别化的基本原则。所以，总体而言假释是实现刑罚目的的更优方式。因此应大力强化假释的适用及假释程序的完善。另外，将假释的标准合理化，修改为有悔改实据，具有再社会化的能力；减刑的实体条件修改为具有良好表现并有悔改实据，对于在职业课程培训中有突出的表现的，给予特别减刑。取消减刑假释行政比例，保障罪犯平等获得减刑假释的权利。

二、总体构想

以系统论为指导，以日本等国家或地区的立法实践为借鉴，建立健全清

---

① 蔡墩铭：《刑法总则论文选辑（下）》，台湾五南图书出版公司1984版，第926页。

晰完善的减刑假释程序法律规范体系。[①] 不仅应关注每种程序的设置，而且更应关注程序之间的联系，注重发挥程序的整体效用。

第一，总体上增强对行刑机关外部监督程序的设置。这种外部监督体系主要包括三个方面：一是建构严密的行政督察机制；二是改革检察监督权能；三是在减刑假释程序中强化法院的司法监督。首先，加强外部监督是国际社会狱务改革的动向。例如，英国国务大臣任命视察委员会，视察委员会可以随意进入监狱任何部分，会见每一个囚犯，随时查阅监狱案卷；俄罗斯设立监狱督察委员会。[②] 我国可设立如行刑机关视察专员等行政机构或官员对行刑机关实施行政督察。其次，进一步构建检察机关对减刑假释制度相关行刑领域的全面全程监督。最后，向前及向后延伸法官的事实调查权限，增强审判权对行刑权的监督。此外，也要强化各机构间的良好合作关系。例如，借鉴我国澳门地区法院、监狱及社会重返厅罪犯档案信息共享密切协作配合机制，实现各职能机构间的信息资源共享。

第二，改变现有刑事审判庭或审理监督庭审理减刑假释案件的现状，尊重执行阶段法官与一般刑事案件法官知识储备和审判经验不同的客观事实，满足专业化的需求，借鉴大陆法系国家的普遍做法设立专门的刑罚执行庭和刑罚执行法官，专事减刑假释案件审理。在减刑假释审理程序中确保法官能够充分听取各方意见。保障罪犯申请回避权、参与权等基本程序权利，同时保障被害人的知情权和参与权。此外，允许罪犯或被害人等参与人获得法律帮助和权利救济。

第三，建构以司法局社区刑罚执行机构为主体的假释监督体系，充分吸纳私人组织和个人参与对假释犯的监督帮助；同时，警察机关退居协助地位，在提供国家强制力方面发挥作用。例如，当假释犯的人身危险性增大不能保

---

① 如日本关于刑罚执行的法律规范齐全，并且互相衔接。《累进处遇条例》规定了囚犯的处遇；《假释和保护观察法》规定了假释前和假释后监督；《犯罪者预防更生法》则规定了假释委员会对假释的具体听证程序。法国虽然没有刑事执行法典，但其刑事诉讼法典将减刑假释程序规定得极为清晰可行。再如我国台湾地区“监狱行刑法”及其施行细则规定了假释的具体条件和适用程序；“行刑累进处遇条例”及其施行细则规定了假释的适用对象；“保护管束规则”及“保安处分执行法”规定了对假释出狱人的预后保障；“少年事件处理法”确立了对少年犯适用假释的特别规定；“假释审查规则”对现行“刑法”和“监狱行刑法”进行了补充。

② 加强对行刑机关的监督是国际通识。例如，联合国《囚犯待遇最低限度标准规则》第55条规定，主管当局所派富有经验的合格检查员应按期检查监所。他们的任务是特别确保监所的管理符合现行法律规章，实现监所及感化院的目标。总体而言，在英美法系国家对监狱等行刑机关的监督主要是社会监督和司法监督；大陆法系国家则重在发挥法院与检察院的监督职能。

证在撤销程序中到案时，由当地警察机构协助社区刑罚执行机构将假释犯押解回监狱等候撤销审理。另外，建立假释考验期中对假释犯的监督程序和处置程序。

此外，从根本性改革角度出发应修订刑事诉讼法或制定刑罚执行法，确立检察机关在刑罚执行中的指挥地位。将减刑假释提请权改归检察机关，从而实现检察机关对行刑机关行刑行为的指挥监督真正到位。同时，解决检察机关在减刑假释审理中提请方和监督方的角色冲突问题，理顺减刑假释程序主体之间的关系。

第三节 重构的具体进路

一、现行法律框架内程序修补进路

现行法律框架内的程序修补进路，是在减刑假释程序中，维持行刑机关提请、法院裁决、检察机关进行法律监督的基本构造格局框架内进行减刑假释程序完善的路径。

（一）优化提请程序

首先，改进百分考核制，增加人身危险性、罪犯人格等评估科学化评估机制。[①] 百分考核制的考核内容较为广泛，涵括了罪犯狱内表现的各个方面，在评估罪犯人身危险性状况上确实发挥了一定作用。根据笔者的实证调查结果，多数监狱工作人员也认同以百分考核制作为衡量罪犯人身危险性变化程度依据的合理性，并认为百分考核制需以细化考核内容或增加考核指标的方式进行量化完善。因此，可见其一完全弃用百分考核制显得理由不够充足；其二亟待进一步增强百分考核制的科学合理性，以增强其作为罪犯减刑假释依据的可靠性。此外，鉴于有关百分考核计分的程序异议机制功能发挥不够有效，故可增设回避程序、听证程序等新的程序内容和方式，以利于各方权

① 还有一个前提问题就是监狱行刑应切实以增进罪犯再社会化，防卫社会为基本目标。由单纯的监管惩罚转变为积极设置培训课程、开展职业训练、开展心理辅导项目、实施矫正计划等作为行刑的主体内容，帮助罪犯戒除恶习，重建罪犯的正常健康人格，增强罪犯的职业技能，为其重新融入社会做好积极准备。此外，另一特别值得关注的问题是为了扭转监狱基于经济利益追求而忽视罪犯矫正的行刑异化，应切实做到监企分离，确保监狱的行刑产出是降低再犯率保护社会免受犯罪的侵袭，而非经济效益的数字体现。从而使监狱将重心放于矫正个别化和社会化之上，劳动由改造的目的归位于改造的手段。

利的平衡保障。

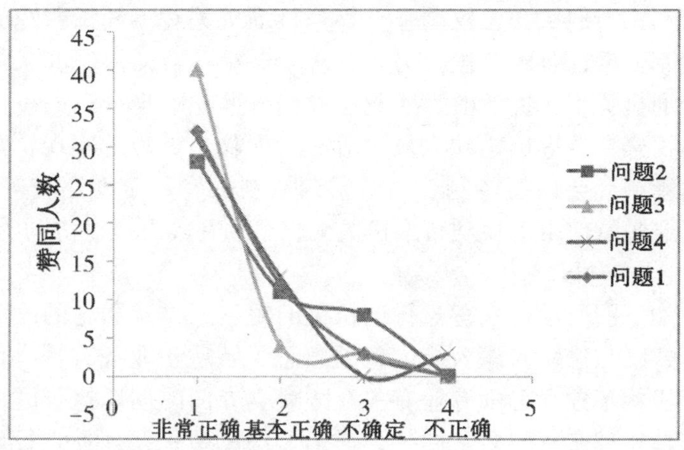

问题1，百分考核对狱政管理很有意义。

问题2，百分考核结果的公平度高。

问题3，百分考核对罪犯的激励作用大。

问题4，百分考核能真正起到衡量罪犯改造效果的作用。

注：2009年9月，笔者就减刑假释程序中的相关问题对C市某监狱发放问卷50份，收回47份。

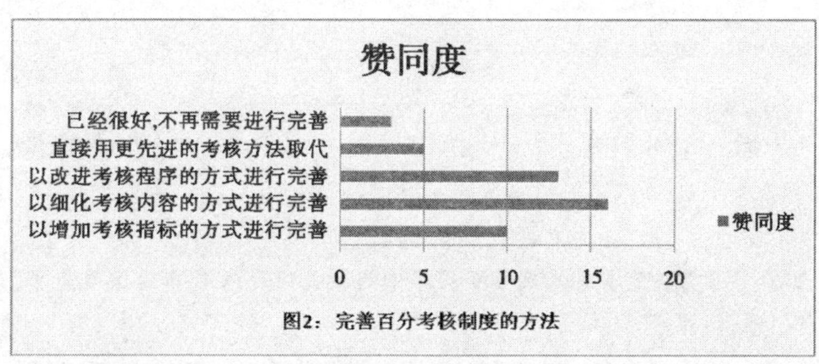

图2：完善百分考核制度的方法

注：2009年9月，笔者就减刑假释程序中的相关问题对C市某监狱发放问卷50份，收回47份。

其次，为弥补百分考核制的局限性，须以科学量表、因子测评等评估手段为重要内容，连同百分考核结果作为是否给予罪犯减刑假释的基础。故对于罪犯人身危险性变化或表现情况评估活动建构相应的程序。

最后，给予罪犯较为充分的程序权利保障。在提请阶段，着重保障罪犯的陈述意见权和救济权。陈述意见权，是基于罪犯的主体地位故对于日常考核计分、人身评估以及立功奖励等事项有权表述个人主张和维护个人合法权益的必要权利，行刑机关无权剥夺，并且行刑机关对不利于罪犯的评断结论必须有事实有依据，合理合法。另外，对于罪犯符合减刑假释条件应当被减刑假释而行刑机关不予提请的，罪犯有权向驻监检察室、行刑机关的上级部门以及监狱视察专员等机构和人员申诉。为保障申诉权的实现，建立驻监检察室公开信箱制、会谈接待制、主管部门或视察专员定期巡查等具体制度。同时，对于罪犯行使申诉权利行刑机关无权干预并具有提供协助的义务。

（二）完善审理程序

首先，如下图所示，法官对行刑机关的矫正工作及罪犯的改造情况并不十分熟悉。这既与法院未深入行刑机关熟悉了解矫正业务有关，也与法院减刑假释审理机构不独立、不专业有关。故设立专门的刑罚执行庭由执行法官进行减刑假释审理实有必要。此外，增强司法民主化并且契合行刑社会化之原则，设立一定数量的专家或民众陪审员参与减刑假释案件审理。设置刑罚执行委员会，由行刑机关人员、专家等成员参加；同时设置罪犯重返社会委员会，由社区刑罚执行人员、保护组织成员等参加，帮助法院处理有关矫正监督方面的事务。此外，建立矫正专家库，为法官提供罪犯人身危险性认识、人格评估等专家意见。

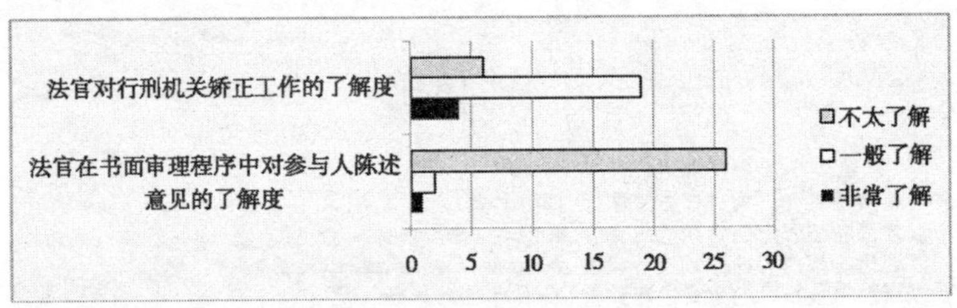

注：2009年9月，笔者就减刑假释程序中的相关问题对C市法院进行了问卷调查。发放问卷30份，收回29份。

其次，构建会商式的减刑假释案件审理程序。基于各方矫正目的的一致性，减刑假释以会商式的程序进行，更有利于实现减刑假释的目标功能。另外，对于职务犯罪案件、具有重大影响的案件、放宽减刑间隔期案件、罪犯重大立功案件以及提请假释等案件均应采取开庭审理的方式；对其他一般减刑案件则采取书面审理方式。在书面审理中，法官若无特殊原因须与罪犯见面，听取罪犯的意见陈述，并可向罪犯提问，以观察罪犯的状况。同时，笔者赞成一定程度上扩大减刑假释案件的开庭范围，但开庭程序可以简化，以平衡公正与效率价值。

最后，给予主要程序参与人如罪犯和被害人较为充分的程序权利保障。如前所述，这种程序权利保障主要包括律师帮助、意见陈述、救济机制等方面。如下图，强化参与人的程序权利保障得到了审判法官较为一致的认同。

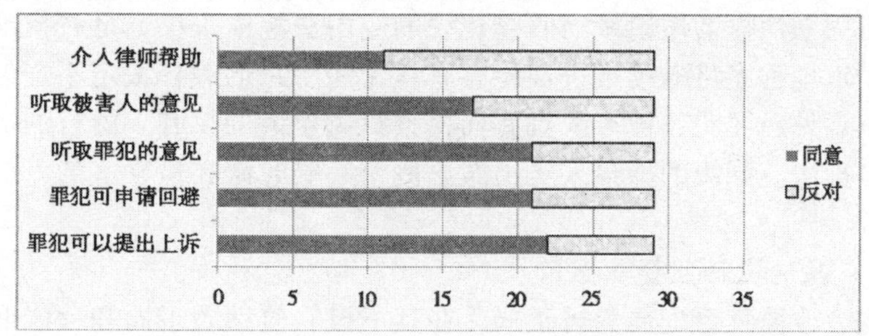

注：2009 年 9 月，笔者就减刑假释程序中的相关问题对 C 市法院进行了问卷调查。发放问卷 30 份，收回 29 份。

因此，具体的庭审程序可设置为：对于开庭审理的案件一般应在罪犯服刑的场所进行。现有的与公示制相结合的程序方式可以保留。主要包括审前公示和裁前公示两种方式。审前公示是法院开庭审理前就罪犯名单及减刑假释事实及证据在罪犯服刑所在监狱进行公示，对于公示有异议的可向法院口头或书面陈述意见，也可向法院申请出庭作证，经审查法院认为有正当理由的应当批准。裁前公示则是法院作出减刑假释裁定前，以公示方式再次听取意见。若无基于国家安全或保障个人隐私的必要，开庭审理应以公开方式进行。开庭前的 3 日内法院发布审理预告，通知检察机关、罪犯及其法律帮助人、被害人等人员参与，并公布时间地点。所有罪犯均有听审之权利，行刑机关无不当干预的理由，罪犯向行刑机关提出听审请求后，行刑机关应协助罪犯行使该权利。在审理中，首先由法官宣布合议庭组成人员及检察人员名单，告知罪犯具有申请回避权、提交有利证据权、质证权以及陈述辩论的权利。先由罪犯进行陈述，再由行刑机关发表提请减刑假释之意见，并提供相关证据；申请出庭之证人出庭陈述接受询问，法院收到的书面意见也应在庭审中提出并予质证。法官对罪犯人身危险性评估产生疑问的，可在矫正专家库名单中选派专家重新进行评估鉴定。被害人具有知情权，提出证据权、陈述意见等程序权利保障，在法官的允许下可向证人提问并陈述观点。在调查程序进行完毕后，若有必要，可由行刑机关、罪犯或被害人再次补充或重申其意见。最后，设置检察机关单独发表意见程序，由检察官针对提请裁决程序是否合法以及基于原控诉方的地位对于罪犯罪行的社会危害程度和其人身危险性之改善综合平衡考量结果进行意见陈述。法官在征询刑罚执行委员会意见后作出裁决。裁决中应载明减刑假释的刑期起止以及考验期的起止。减刑假释案件的审理期限为1个月，特殊情况可再延期1个月。若在审理过程中行刑机关书面提请撤销减刑假释建议的应由法院审查决定是否批准，若不予批准，审理程序将继续推进。检察官认为法院减刑假释裁定不当的，提出书面纠正意见；罪犯、被害人具有向检察机关申诉的权利。由行刑机关所在地、与审理法院同级的检察人员出席法庭，必要时派驻检察室的人员可一并出庭。

（三）改进假释监督与撤销

首先，改监狱管理局为矫正局，在其下设立监狱矫正局和社区刑罚执行局两个平行机构，分管监狱行刑和社区行刑两大部分。① 其中社区刑罚执行局在行政区划内各个片区设立派出机构。法院裁定给予罪犯假释后，及时通知社区刑罚执行机构，其将分派监督人员负责假释犯的接收及日常监督工作。② 其次，扩充广泛的社会主体参与假释监督。行刑社会化需要国家和市民社会两个系统的双向支持，特别是来自于市民社会的支持。故假释监督观护程序中社会力量的参与将发挥重大作用。一是协助社区刑罚执行人员构建监督程序。社区刑罚执行人员与被假释人的人数对比总是悬殊的。例如，有的社区刑罚执行人员同时要负担上百件案件，社会组织和个人可以协助社区刑罚执行人员完成定期报到、家访、心理矫正等程序。二是提供广泛的帮助支持，创建良好社区环境，帮助被假释人顺利回归社会生活。被假释人在假释出狱初期，往往会遇到生活困难、就业艰难、社会关系瘫痪、心理阴影等困难障碍。此时，社区组织和人员可以创建多种帮助方式，如提供就业培训、帮助修复假释犯的家庭关系等，帮助假释犯安全度过危险期。因此，应大量吸纳私人组织和个人协助社区刑罚执行机构对假释犯在考验期内进行监督和

---

① 有观点从法院主导的角度认为可将矫正机关设在法院，由有资质的评估人员和社区督导人员组成。陈立峰、高晓峰：《香港社区矫正的介绍及其对内地的借鉴》，载《浙江万里学院学报》2006年第6期。其与法国执行法官负责刑罚执行的模式相似。但因我国法官不具备监督行刑机关的法定职能，故不适宜于我国。我国监督假释犯假释考验期行刑的社区刑罚机构还是应设置于司法行政机关之下。

② 2003年《最高人民法院、最高人民检察院、公安部、司法部关于开展社区矫正试点工作的通知》中将假释视为社区矫正的内容之一，并明确社区矫正的主管机关是司法行政机关，实质上已经超越了刑法第85条假释监督由公安机关负责的规定。2003年在5个省市社区矫正试点，2005年又增加12个省市扩大试点，故现今全国已有17个省市进行社区矫正试点。广泛的试点铺开，为司法行政分支机构负责假释监督具体事务提供了经验先导和组织机构准备。

帮助。三是，科学构建监督权主体系统，即以社区刑罚执行人员为中心，社会帮扶机构和社区志愿者为辅助，警察机构为保障的新型社区监督体系。强化矫正队伍的专业性和多元化，为假释犯复归社会提供全面的监督和帮助。此外，关注被害人的权益保护，建立通知机制和保护机制，力争转化被害人为罪犯矫正的有益力量。再次，初步明晰和健全监督程序，以实现假释犯在假释考验期期间的矫正效果。最后，建立假释撤销审理程序。假释撤销审理程序应比假释裁决程序更为严格和正式。增强假释撤销程序的对抗性质，定位为准审判。切实保障参与人的申请回避权、律师帮助权、质证权、陈述辩论权等基本程序权利。同时，假释犯、被害人或其他相关人员具有向检察机关申诉的救济权利。

（四）强化检察监督

首先，根据实证调查的结果，相当数量的检察官认为现今检察监督中的重难点主要是监督滞后和监督权限内容缺乏法律明确规定等问题。强化检察监督，首先是改变检察监督的滞后性，实化检察监督的内容和途径。检察机关具有法律监督者的地位，故其有权对行刑机构包括社区行刑机构的场所、罪犯、监管人员以及物品进行合法的以调查为目标的一切行为。检察机关在行使刑事执行法律监督职权时，为能全面深入地了解情况，查清事实，可以随时向任何一个行刑机关请求调阅有关的文件及罪犯的档案，根据需要也可以向有关人员调查取证、勘查现场、提讯囚犯、检查羁押罪犯的场所等。检察人员深入罪犯劳动、生活、学习现场，通过设立检察信箱、谈话、座谈等形式，了解罪犯计分考核、奖惩记录等罪犯改造表现情况，并及时对监狱提请减刑假释罪犯的材料依据进行审查监督，以实现检察监督的同步性。因此，在减刑假释提请程序中，检察机关对行刑机关送交的提请减刑、假释书面材料具有审查权，具有列席行刑机关提请减刑、假释会议，发表检察意见的权力。对于减刑假释不当或应当减刑假释而行刑机关未提请的，具有督促行刑机关终止或予以提请的权力。其次，增强检察人员对减刑假释审理的监督，重点体现在监督合议庭组成人员是否合法，参与审理的人员是否符合规定，提请机关出示的证据材料是否确实充分，庭审程序是否合法、参与人的程序权利是否得到有效保障等几个方面。最后，强化检察机关纠正违法通知书及书面纠正意见的法律刚性。其一对于检察机关提出的纠违意见，行刑机关必须接受并纠正，但可以申请复议复核。其二比照抗诉程序，检察机关向法院提出的书面纠正意见上提一级，由上一级法院复审。此外，为增强检察机关对社区刑罚的监督，检察机关还可以以刑罚执行监督处取代现有的监所部门，一是适应对假释监督等社区刑罚监督的需要。二是契合行刑社会化原则下指挥实施刑罚的需要。刑罚执行处下设立分支机构分派至各监狱及各片区社区刑罚执行中心，对减刑假释实施实地实时监督。

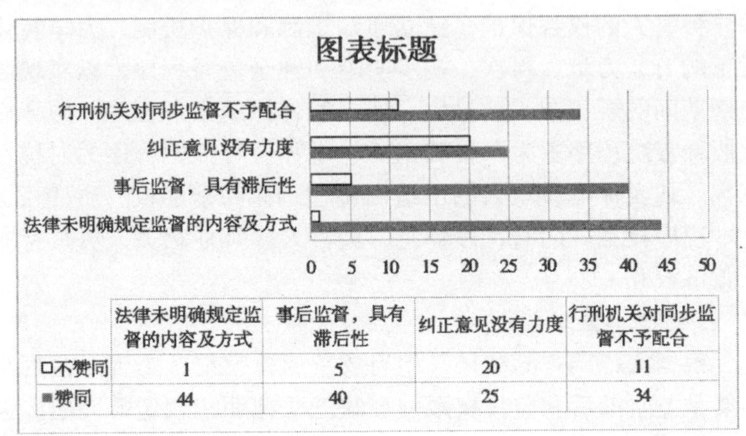

	法律未明确规定监督的内容及方式	事后监督，具有滞后性	纠正意见没有力度	行刑机关对同步监督不予配合
□不赞同	1	5	20	11
■赞同	44	40	25	34

注：2009年9月，笔者就减刑假释程序中的相关问题对C市检察机关进行了问卷调查。共计发放问卷45份，收回45份。

二、根本革新进路

根本革新进路，是以优化减刑假释程序构造和具体程序设计为出发点，突破我国现行法律的框架和规范而设计的新的程序实施方案。

（一）构建减刑假释程序的新构造

检察机关在减刑假释程序中的定位从某种程度上说决定了减刑假释的总体构造。笔者认为减刑假释程序的理想构造应为：检察机关与行刑机关之间是指挥执行与具体实施的关系，检察机关与法院之间是提请审理与审理裁决的关系。故检刑关系是司法行政性的主从关系，检法关系则是特殊诉讼关系。同时，罪犯、被害人等程序参与人在减刑假释程序中享有广泛的权利内容，这种程序权利的确立得以对抗公权力的滥用。

而之所以要卸去检察机关的法律监督权，而将其定位于刑罚执行指挥机关，原因主要在于：第一，法律监督权的原型是一般监督权，以监督立法、行政、司法机关及其工作人员的执法行为是否合法为主要内容。我国抽离了原苏联的一般监督权模式，但同时又将检察权定位为法律监督权。[①] 因此这

① 洪浩：《论我国检察监督制度局限性及其重构》，载《武汉大学学报》2008年第3期。

本身是一种高低错位的权力配置关系，相悖于基本司法规律。第二，且不论英美法系国家检察机关行刑阶段的无权状态，抑或纵观大陆法系各国的行刑检察权能模式，即使在检察权力主导属性最强的国家，在减刑假释程序中检察官的权力行使对象也主要为行刑机关，相对于法院则为建议者的程序定位。故而包括抗诉救济权利在内的一系列程序权力仅为检察机关履行司法程序职能所必需。例如，在德国，检察官是刑罚执行的主体，体现在三个方面：检察官是生效判决交付执行的主体；检察官是刑罚执行的指挥者；在监禁刑的变更执行程序中，刑罚执行法官在变更执行之前应当听取检察官的意见。在日本，检察官具有监督裁判所和监督裁判执行的职能，同时，检察官具有请求裁判所正当适用法律的权限。在减刑假释程序中，对罪犯是否可以假释以及何时开始假释均由检察官向刑务所长提出意见。但不论是德国或日本，检察官无一例外均不具有减刑假释决定权和司法监督权。第三，在审理程序中检察机关在监督行刑机关和审判机关的基础上再履行司法职能，二重性难以调和易产生角色分裂，不符合基本诉讼原理。故淡化检察大监督理念回归检察权本源，继而赋权检察机关具体司法职能，不失为遵从司法规律，理清减刑假释程序构造优化程序效能的根本举措。

（二）裁决程序改革进路

1．提请程序

首先，行刑机关对罪犯入监之时即发放减刑假释权利告知书，详细告知罪犯减刑假释的条件标准和程序。在罪犯入监初期、入监中期、出监前期进行罪犯人身危险性程度评估。由检察机关指挥，行刑机关具体实施获取的减刑假释的调查资料主要包括以下四个方面：一是由专家小组出具的人身危险性评估报告。二是体现罪犯日常劳动生活表现情况的百分考核得分。[①] 三是罪犯在矫正计划及职业课程培训中的表现情况。四是若适用假释，还需依据再犯预测表的测评、假释计划以及罪犯原社区的刑罚执行机构出具的罪犯社会调查情况报告等材料。

其次，在罪犯将具备减刑或假释适格条件的前一个月内，由行刑机关对罪犯进行程序行使预告，并帮助罪犯申请减刑假释。如果罪犯选择放弃此权利，行刑机关应进行后果风险提示。在罪犯正式提出申请后即进入行刑机关

---

① 在保留百分考核制的基础上进行一定的完善，如细化罪犯每个改造进步行为的分值实现对罪犯考核的量化；完善对罪犯考核的程序确保公开、公正、透明。此外，由驻监检察官、视察督察员、有关专家等组成行刑监督委员会，委员会中不应包含行刑机构方人员。对罪犯在考核程序中的异议、人身危险性评估程序中的异议以及矫正计划得分异议进行调查处理。

审查环节。可保留目前监内提请程序之合理因素，分监区提请后，报狱政部门再提请减刑假释评审委员会审查，后由监狱长会议决定是否提请检察机关审查。在此流程之间包括三次公示，即监区公示、减刑假释委员会公示及提交建议前的公示。公示异议程序均由无监狱管理人员参加的行刑监督委员会处理。为了调查事实，委员会具有与之相适应的调查权限，监狱具有接受和配合的义务。此外，对于监狱等行刑机关作出不予建议决定的，罪犯可以申请复议或向行刑机关的上一级部门申请复核，在复议复核中保障罪犯陈述意见的权利；同时，罪犯或可向行刑监督委员会提出申诉，行刑监督委员会介入调查，若行刑监督委员会认为应当提出而行刑机关决定不予提出的，行刑机关必须向行刑监督委员会提交附有理由的书面报告，同时，行刑监督委员会有权向行刑机关的上级部门反映情况。

第三，检察机关受理行刑机关的提请建议后，行使调查权，可以向行刑机关调阅资料、走访监舍，询问同监罪犯及相关证人。对于专家提交的人身危险性评估报告等证据材料具有合理怀疑的还可要求专家说明情况，若有必要可要求重制。在检察机关的审查环节中，若无特殊情况，须与罪犯会面，以交谈方式了解罪犯的心理言行情况，并进行矫正教育。若为提请假释的可以帮助罪犯进一步完善假释及生活准备计划。如有必要，检察机关还可征询被害人的意见。检察机关在 15 日之内作出是否最终提请的决定。对于行刑机关提请而检察机关未予准许的，行刑机关可向检察机关提出复议复核申请。

2. 裁决程序

第一，被判处管制、拘役罪犯的减刑或有期徒刑 5 年以下罪犯的减刑假释可由基层法院审理。被判处 5 年以上有期徒刑或无期徒刑罪犯的减刑假释由中级以上法院审理。

第二，在庭审中检察机关举示证据，罪犯、被害人等参与人对证据进行质证，法官以询问、鉴定、搜查等方式行使调查权。法庭以查明的案件证据和事实为依据作出裁定。体现宽严相济的行刑政策，综合考虑罪犯罪行的社会危害性程度以及罪犯人身危险性的变化程度，在法定期间内裁定是否减刑假释、减刑的幅度以及假释考验期的长度。在裁定中还须具体说明依据的证据事实、运用的法律条款以及逻辑推演的过程，并且说明听取罪犯陈述的程序过程及罪犯的意见陈述内容。审理的结果须及时送达检察机关、罪犯、行刑机关等参与人。同时，检察机关具有抗诉权利；罪犯具有上诉权利，被害人具有向检察机关申诉的权利。

第三，在假释案件中，拟接收罪犯的社区刑罚机构可以参加，并可提交调查报告，并就调查报告的内容情况作出说明。在裁定假释之后，罪犯与法院签订假释协议，明确监督条件以及违反监督条件的后果。

（三）监督程序改革进路

罪犯减刑考验期的监督由检察机关指挥监狱等机构具体实施。罪犯假释考验期的监督由检察机关指挥社区刑罚执行机构具体实施，警察机关和私人保护帮助组织作为辅助。减刑考验期的监督程序与行刑程序差别不大。而假释考验期的监督程序主要包括假释犯向社区刑罚执行机构的报到程序、定期报告程序、被要求时到场程序以及监督主体实施家访程序、调查程序、巡查程序、帮助辅导程序等涉及对假释犯进行监督和保护各个方面的程序内容。在假释犯违反监督条件或实施新的违法犯罪时，监督主体将启动处置程序。处置程序中又包括多个程序内容，如口头或书面训诫程序、变更假释监督条件程序、紧急拘押程序以及启动撤销程序。启动撤销程序应只是故意犯罪或严重违反监督条件不得已的最后处理方式。因为把轻微违反假释条件的行为作为撤销假释的强制性根据不具有合理性。假释的撤销应当以罪犯以其行为表明其具有人身危险性为要件，而轻微或偶然违反假释条件的行为并不能证明罪犯具有人身危险性。① 训诫程序主要以听证的方式进行，由社区刑罚执行官员主持，假释犯具有到场陈述和申辩的权利。对假释犯的训诫听证和结果记录将存入假释犯的监督档案，若假释犯再有违规行为将被撤销假释时，这些书面记录就可作为其在考验期表现的证据材料使用。变更监督条件程序须在检察官到场的情况下取得假释犯的同意，并且应向法院报告。紧急拘押程序是在假释犯将被撤销假释并具有严重的人身危险性有立即关押的必要时，将假释犯押解回原服刑机关的程序，由警察机关协助刑罚执行部门实行。撤销程序则由检察机关向法院提请。

（四）撤销程序改革进路

减刑撤销由行刑机关人员向检察官报告并建议，检察官主持召开听证。假释撤销由社区刑罚执行人员向检察官提出撤销建议，检察官主持召开撤销听证会。罪犯、被害人有权到场提交证据，质询不利证据、陈述意见及获得法律帮助。经听证程序后检察官作出是否提请的决定并附理由。监狱行刑人员、社区刑罚执行人员及罪犯均有请求复查或上一级检察机关刑罚执行监督部门重新召开听证会的权利。同时，被害人具有申诉的权利。如果在减刑或假释撤销建议听证中作出建议撤销的最终听证决定，检察机关立即向法院提

① 柳忠卫：《假释撤销条件比较研究》，载《现代法学》2006 年第 1 期。

请撤销。当罪犯犯新罪或被发现漏罪且符合撤销的情形被检察机关起诉时，建议撤销的检察听证可予省略。

减刑假释撤销案件应由合议庭进行公开开庭审理，并贯彻直接言词原则。设置庭审前的准备期间，检察官作出建议撤销的证据材料向罪犯及其律师披露。开庭后，由法官告知权利，罪犯可申请法官或检察官回避；检察官宣读撤销建议，并举示证据，罪犯及律师可质证并提交新的证据；当检察官提出了证据披露中未事先存在的新证据时，罪犯方可申请证据准备时间。证人、鉴定人出庭接受询问。法官根据案件的具体情况决定证人出庭顺序及各方对证人的询问顺序，并参与调查询问。被害人也可发表意见，罪犯具有最后陈述的权利。法官依据调查中采信的证据以优势证明标准作出是否撤销减刑假释的裁定，并在裁定中阐释认定的事实、适用法律理由。此外，在作出裁定前，法官应征询刑罚执行委员会或罪犯重返社会委员会的意见。对于法官的裁定，罪犯可上诉检察官可抗诉，被害人也可申请检察官抗诉。

参考文献

一、中文类参考文献

(一) 著作类

[1] 陈敏:《减刑制度比较研究》,中国方正出版社,2001年版。

[2] 邓辉辉:《既判力理论研究》,中国政法大学出版社2005年版。

[3] 常怡主编:《民事诉讼法学》,中国政法大学出版社2002年版。

[4] [俄] H. Φ. 库兹涅佐娃、И. M. 佳日科娃主编:《俄罗斯刑法教程》(总论),黄道秀译,中国法制出版社2002年版。

[5] 刘仁文、王祎等译:《美国模范刑法典及其评注》,法律出版社2005年版。

[6] 张文学主编:《刑罚执行变更理论与实务》,人民法院出版社2000年版。

[7] [日] 大谷实:《刑事政策学》,黎宏译,法律出版社2000年版。

[8] 马克昌主编:《刑罚通论》,武汉大学出版社1995年版。

[9] 储槐植:《美国刑法》,北京大学出版社1996年版。

[10] [美] 克莱门斯·巴特勒斯:《矫正导论》,孙晓雳等译,中国人民公安大学出版社1991年版。

[11] 陈兴良主编:《刑法适用总论》(下卷),法律出版社1999年版。

[12] 李贵方:《自由刑比较研究》,吉林人民出版社1992年版。

[13] 吴宗宪等:《非监禁刑研究》,中国人民公安大学出版社2003年版。

[14] 刘强:《美国社区矫正的理论与实务》,中国人民公安大学出版社2003年版。

[15] 柳忠卫:《假释制度比较研究》,山东大学出版社2005年版。

[16] 谢望原:《欧陆刑罚制度与刑罚价值原理》,中国检察出版社2004年版。

[17] 俞静尧:《刑事执行权机制研究》,群众出版社2005年版。

[18] 陈卫东主编:《模范刑事诉讼法典》,中国政法大学2005年版。

[19] 陈兴良:《本体刑法学》, 商务印书馆 2001 年版。

[20] 丁道源主编:《中外假释制度之比较研究》, 台湾中央文物供应社 1987 年版。

[21] 张甘妹:《刑事政策》, 台湾三民书局 1979 年版。

[22] 潘华仿:《外国监狱史》, 社会科学文献出版社 1994 年版。

[23] 许福生:《刑事政策学》, 中国法制出版社 2006 年版。

[24] 韩玉胜等:《刑事执行法学研究》, 中国人民大学出版社 2007 年版。

[25] 胡聪:《监狱行刑的经济分析》, 群众出版社 2008 年版。

[26] 徐静村主编:《中国刑事诉讼法(第二修正案)学者拟制稿及立法理由》, 法律出版社 2005 年版。

[27] [美] 米尔伊安 · R. 达玛什卡:《司法和国家的多种面孔——比较视野下的法律程序》, 郑戈译, 中国政法大学出版社 2004 年版。

[28] 冯卫国:《行刑社会化研究——开放社会中对刑罚趋向》, 北京大学出版社 2003 年版。

[29] 龙宗智:《刑事庭审制度研究》, 中国政法大学出版社 2001 年版。

[30] 龙宗智:《相对合理主义》, 中国政法大学出版社 1999 年版。

[31] 孙长永:《探索正当程序: 刑事诉讼法比较专论》, 中国法制出版社 2005 年版。

[32] 马克昌等主编:《刑法学全书》, 上海科学技术文献出版社 1993 年版。

[33] 林山田:《刑罚学》, 台湾商务印书馆 1983 年版。

[34] 高一飞:《刑事简易程序比较研究》, 中国方正出版社 2002 年版。

[35] 左卫民:《价值与结构——刑事程序的双重分析》, 法律出版社 2003 年版。

[36] [意] 贝卡利亚:《犯罪与刑罚》, 黄风译, 中国大百科出版社 2005 年版。

[37] 邱兴隆:《关于惩罚的哲学—刑罚根据论》, 法律出版社 2001 年版。

[38] [意] 恩里科 · 菲利:《犯罪社会学》, 郭建安译, 中国人民公安大学出版社 2005 年版。

[39] [英] 葛德文:《政治正义论》, 商务印书馆 1997 年版。

[40] 邱兴隆:《刑罚的哲理与法理》, 法律出版社 2003 年版。

[41] [挪] 安德聂斯:《刑罚与预防犯罪》, 钟大能译, 法律出版社 1983 年版。

［42］陈兴良：《刑法的人性基础》，中国方正出版社 1999 年版。

［43］邱兴隆、许章润：《刑罚学》，中国政法大学出版社 1999 年版。

［44］［美］戈尔丁：《法律哲学》，齐海滨译，生活·读书·新知三联书店 1987 年版。

［45］马克昌主编：《近代西方刑法学说史略》，中国检察出版社 2004 年版。

［46］陈士涵：《人格改造论》，学林出版社 2001 年版。

［47］［美］约翰·罗尔斯：《正义论》，何怀宏等译，中国社会科学出版社 1988 年版。

［48］［古希腊］柏拉图：《理想国》，郭斌和等译，商务印书馆 1986 年版。

［49］罗伯特·考特、托马斯·尤伦：《法和经济学》，张军译，上海人民出版社 1999 年版。

［50］［美］博登海默：《法理学——法律哲学与法律方法》，邓正来译，中国政法大学出版社 2004 年版。

［51］于海：《西方社会思想史》，复旦大学出版社 1993 年版。

［52］［法］孟德斯鸠：《论法的精神》（上册），张雁深译，商务印书馆 1995 年版。

［53］邓正来：《哈耶克法律哲学研究》，法律出版社 2002 年版。

［54］［德］卡尔·马克思、弗里德里希·恩格斯：《马克思恩格斯全集》（第 1 卷），人民出版社 1995 年版。

［55］张文显：《二十世纪西方法学思潮研究》，法律出版社 2006 年版。

［56］［英］霍布斯：《利维坦》，黎思复等译，商务印书馆 1985 年版。

［57］［奥］凯尔森：《法与国家的一般理论》，沈宗灵译，中国大百科全书出版社 1996 年版。

［58］［法］米海依尔·戴尔玛斯—马蒂：《刑事政策的主要体系》，卢建平译，法律出版社 2000 年版。

［59］韩轶：《刑罚目的的建构与实现》，中国人民公安大学出版社 2005 年版。

［60］郭理蓉：《刑罚政策研究》，中国人民公安大学出版社 2008 年版。

［61］谢望原、卢建平：《中国刑事政策研究》，中国人民大学出版社 2006 年版。

［62］张甘妹等：《再犯预测之研究》，台北法务通讯杂志社 1987 年版。

[63] 杨春洗等主编:《刑事法学大辞书》,南京大学出版社 1990 年版。

[64] 陈兴良:《刑法哲学》,中国政法大学出版社 2004 年版。

[65] 鲍圣庆:《减刑、假释的理论与实践》,吉林人民出版社 1992 年版。

[66] [苏] A. H. 特拉伊宁:《犯罪构成的一般学说》,王作富等译,中国人民大学出版社 1958 年版。

[67] 曲新久:《刑法的精神与范畴》,中国政法大学出版社 2000 年版。

[68] 邱兴隆:《罪与罚演讲录》,中国检察出版社 2000 年版。

[69] 陈兴良:《刑法的价值构造》,中国人民大学出版社 1998 年版。

[70] 力康泰、韩玉胜:《刑事执行法学原理》,中国人民大学出版社 1998 年版。

[71] 张全仁主编:《监狱行刑学》,中国物价出版社 2003 年版。

[72] 翟中东:《刑罚个别化研究》,中国人民公安大学出版社 2001 年版。

[73] [德] 李斯特:《德国刑法教科书》,徐久生译,法律出版社 2000 年版。

[74] 陈兴良主编:《宽严相济刑事政策研究》,中国人民大学出版社 2007 年版。

[75] 王志亮:《外国刑罚执行制度研究》,广西师范大学出版社 2009 年版。

[76] 李建军、李立宏:《刑事诉讼价值论》,中南大学出版社 2006 年版。

[77] 宋英辉:《刑事诉讼目的论》,中国人民公安大学出版社 1995 年版。

[78] [美] 哈罗德 · J. 伯尔曼:《法律与革命——西方法律传统的形成》,贺卫方等译,中国大百科全书出版社 1993 年版。

[79] [美] 大卫 · E. 杜菲:《美国矫正政策与实践》,吴宗宪等译,中国人民公安大学出版社 1992 年版。

[80] 陈瑞华:《刑事审判原理论》,北京大学出版社 2003 年版。

[81] 锁正杰:《刑事程序的法哲学原理》,中国人民公安大学出版社 2004 年版。

[82] [古希腊] 亚里士多德:《政治论》,商务印书馆 1935 年版。

[83] 司法部编:《外国监狱法规汇编》,社会科学文献出版社 1988 年版。

[84] [美] 阿希尔 · 里德 · 阿马:《宪法与刑事诉讼基本原理》,房保国译,中国政法大学出版社 2006 年版。

[85] 朱华荣主编:《各国刑法比较研究》,武汉出版社 1995 年版。

[86] 宋英辉等:《外国刑事诉讼法》,法律出版社 2006 年版。

[87] [美] 罗伯特 · J. 威克斯主编:《各国矫正制度》,郭建安等译,中国政法大学出版社 1988 年版。

[88] 翟中东主编:《自由刑变革——行刑社会化框架下的思考》,群众出版社 2005 年版。

[89] 潘华仿主编:《外国监狱史》,社会科学文献出版社 1994 年版。

[90] 谢佑平:《刑事救济程序研究》,中国人民大学出版社 2007 年版。

[91] [美] 约翰 · 亨利 · 梅利曼:《大陆法系》,顾培东、禄正平译,法律出版社 2004 年版。

[92] 樊崇义主编:《诉讼原理》,法律出版社 2003 年版。

[93] 王名扬:《英国行政法》,北京大学出版社 2007 年版。

[94] 崔敏:《中国古代刑与法》,中国公安大学出版社 2008 年版。

[95] 王利荣:《中国监狱史》,四川大学出版社 1996 年版。

[96] 张晋藩主编:《中国法制通史》,法律出版社 2003 年版。

[97] 陈卫东:《程序正义之路》,法律出版社 2005 年版。

[98] 曲新久:《刑事政策的权力分析》,中国政法大学出版社 2002 年版。

[99] [法] 托克维尔:《论美国的民主》,高牧缩译,商务印书馆 1988 年版。

[100] 何家弘主编:《检察制度比较研究》,中国检察出版社 2008 年版。

[101] 邓正来:《市民社会理论的研究》,中国政法大学出版社 2002 年版。

[102] [荷] 皮特 · J.P. 泰克:《欧盟成员国检察机关的任务和权力》,吕清、马鹏飞译,中国检察出版社 2007 年版。

[103] [英] 洛克,《政府论》,商务印书馆 2006 年版。

[104] 周永坤:《规范权力》,法律出版社 2006 年版。

[105] 谢鹏程主编:《前苏联检察制度》,中国检察出版社 2008 年版。

[106] 冯建仓主编:《中国监狱服刑人员基本权利研究》,中国检察出版社 2008 年版。

[107] 谢佑平主编:《刑事诉讼国际准则研究》,法律出版社 2002 年版。

[108] 房保国:《被害人的刑事程序保护》,法律出版社 2007 年版。

[109] [德] K. 茨威格特、H. 克茨:《比较法总论》,潘汉典等译,法律出版社 2004 年版。

[110] 卞建林主编:《刑事证明论》,中国人民公安大学出版社 2004 年版。

［111］翁岳生主编：《行政法》，中国法制出版社 2002 年版。

［112］汪海燕：《刑事诉讼模式的演进》，中国人民公安大学出版社 2004 年版。

［113］［美］约翰·V. 奥尔特：《正当法律程序简史》，商务印书馆 2006 年版。

［114］徐亚文：《程序正义论》，山东人民出版社 2004 年版。

［115］魏小娜：《刑事正当程序原理》，中国人民公安大学出版社 2006 年版。

［116］郭建安主编：《西方监狱制度概论》，法律出版社 2003 年版。

［117］王宏玉：《非监禁刑问题研究》，中国人民公安大学出版社 2008 年版。

［118］［法］卡斯东·斯特法尼：《法国刑事诉讼法精义》，罗结珍译，中国政法大学出版社 1999 年版。

［119］［德］克劳思·罗科信：《刑事诉讼法》，吴丽琪译，法律出版社 2003 年版。

［120］黄永：《刑事证明责任分配研究》，中国人民公安大学出版社 2006 年版。

［121］甘雨沛、何鹏：《外国刑法学》，北京大学出版社 1984 年版。

［122］戴艳玲：《中国监狱制度的改革与发展》，中国人民公安大学出版社 2004 年版。

［123］王利荣：《行刑法律机能研究》，法律出版社 2001 年版。

［124］刘金林：《海峡两岸刑罚执行制度之比较研究》，台湾五南图书出版 2007 年版。

［125］陈瑞华：《刑事诉讼的中国模式》，法律出版社 2008 年版。

［126］宋英辉，李忠诚主编：《刑事程序法功能研究》，中国公安大学出版社 2004 年版。

［127］万毅：《程序如何正义——中国刑事诉讼制度改革纲要》，中国人民公安大学出版社 2004 年版。

［128］力康泰、韩玉胜：《刑事执行法学原理》，中国人民大学出版社 1998 年版。

［129］程树德：《九朝律考》，中华书局 2006 年版。

［130］长孙无忌等：《唐律疏议》，刘俊文点校，法律出版社 1999 年版。

［131］王锷：《〈礼记〉成书考》，中华书局 2007 年版。

［132］［德］托马斯·魏根特：《德国刑事诉讼程序》，岳礼玲、温小洁译，中国政法大学出版社 2004 年版。

［133］吕忠梅主编：《美国量刑指南》，法律出版社 2006 年版。

［134］吴宗宪：《当代西方监狱学》，法律出版社 2005 年版。

［135］［法］卢梭：《社会契约论》，商务印书馆 2003 年版。

［136］［英］休谟：《人性论》，商务印书馆 1980 年版。

［137］黄兴瑞：《人身危险性的评估与控制》，群众出版社 2004 年版。

［138］何海波：《司法审查的合法性基础》，中国政法大学出版社 2007 年版。

［139］［日］松尾浩也：《日本刑事诉讼法》，张凌译，金光旭校，中国人民大学出版社 2005 年版。

［140］史广全：《礼法融合与中国传统文化的历史演进》，法律出版社 2006 年版。

［141］韩玉胜主编：《刑事执行制度研究》，中国人民大学出版社 2007 年版。

［142］陈瑞华：《刑事诉讼的中国模式》，法律出版社 2008 年版。

［143］潘国、罗伯特·麦尔：《美国矫正制度概述》，华东师范大学出版社 1997 年版。

［144］鲁兰：《中日矫正理念与实务比较研究》，北京大学出版社 2005 年版。

［145］刘强：《美国刑事执法的理论与实践》，法律出版社 2000 年版。

［146］田文昌：《刑罚目的论》，中国政法大学出版社 1987 年版。

［147］谢望原：《刑罚价值论》，中国检察出版社 1999 年版。

［148］李文健：《刑事诉讼效率论》，中国政法大学出版社 1999 年版。

［149］［美］迈克尔·D. 贝勒斯：《程序正义——向个人的分配》，邓海平译，高等教育出版社 2005 年版。

［150］［法］米歇尔·福柯：《规训与惩罚》，刘北成、杨远婴译，生活·读书·新知三联书店 2003 年版。

［151］俞荣根：《儒家法思想通论》，广西人民出版社 1992 年版。

［152］李交发：《中国诉讼法史》，中国检察出版社 2002 年版。

［153］［英］丹宁勋爵：《法律的正当程序》，李克强等译，法律出版社 1999 年版。

［154］张绍彦：《刑罚实现与革命》，法律出版社 1999 年版。

[155] [美] 安德鲁·冯·赫希：《已然之罪还是未然之罪》，中国检察出版社 2001 年版。

(二) 论文类

[1] 袁登明：《减刑权归属之探讨》，载《中国监狱学刊》2002 年第 1 期。

[2] 康润森：《论减刑》，载《政法论坛》1987 年第 5 期。

[3] 王利荣：《减刑运作与刑罚合理弹性》，载《云南大学学报》2001 年第 1 期。

[4] 储槐植：《美国监狱的善行折抵制度》，载《外国监狱资料选编》下册，中华人民共和国司法部编，群众出版社 1988 年版。

[5] 陈朴生：《累进处遇》，载司法部编：《外国监狱资料选编》下册，群众出版社 1988 年版。

[6] 张甘妹：《累进制度与受刑人自治制度》，载司法部编：《外国监狱资料选编》下册，群众出版社 1988 年版。

[7] 杨联华：《不定期刑的起源及运用》，载《法学杂志》1986 年第 2 期。

[8] 郭明：《减刑的刑理分析与程序修正》，载《中国监狱学刊》2003 年第 2 期。

[9] 李黔豫：《我国减刑制度司法实践的反思和探讨》，载《中国监狱学刊》2003 年第 3 期。

[10] 易志华：《预告减刑制：矫正理论的最佳实践方式》，载《犯罪与改造研究》2003 年第 3 期。

[11] 陈瑞华：《司法权的性质——以刑事司法为范例的分析》，载《法学研究》2005 年第 5 期。

[12] 邵名正、于同志：《论刑事执行权的性质及理性配置》，载《中国监狱学刊》2002 年第 5 期。

[13] 陈瑞华：《通过法律实现程序正义—萨默斯程序价值理论的评析》，载《北大法律评论》1988 年第 1 卷。

[14] 宋世杰、彭海青：《试论对减刑、假释程序的重构》，载《社会科学家》2004 年第 3 期。

[15] 柳忠卫：《美国行刑社会化的历史解读和现实启示》，载《云南大学学报》2004 年第 3 期。

[16] 孙雯：《论行刑个别化原则之确立》，载《安徽警官职业学院学报》

2002 年第 1 期。

[17] 许永勤、陈天本：《刑罚执行中的人身危险性研究》，载《中国人民公安大学学报》2006 年第 3 期。

[18] 林亚刚，何荣功：《论刑罚适度与人身危险性》，载《人民司法》2002 年第 11 期。

[19] 卢建平：《社会防卫思想》，载高铭暄、赵秉志主编：《刑法论丛》(第 1 卷)，法律出版社 1998 年版。

[20] 韩玉胜、沈玉忠：《再犯预测机制—假释适用中不容忽视的命题》，载《中国监狱学刊》2007 年第 1 期。

[21] 张亚军：《论社区矫正中的人身危险性评估》，载《河南公安高等专科学校学报》2008 年第 6 期。

[22] 宋胜尊、吴炳林：《罪犯危险性评估》，载《中国监狱学刊》2004 年第 5 期。

[23] 周振想：《论刑罚个别化原则》，载高铭暄、赵秉志主编：《新中国刑法学五十年》(中册)，中国方正出版社 2000 年版。

[24] 马长生：《假释制度比较研究》，载《法治论丛》2004 年第 5 期。

[25] 武玉红：《行刑社会化的内涵构成及实施载体》，载《华东政法学报》2008 年第 4 期。

[26] 冯卫国：《行刑社会化的内涵解读》，载《犯罪与改造研究》2003 年第 7 期。

[27] 杨寅：《普通法传统中的自然正义原则》，载《华东政法学院学报》2000 年 3 期。

[28] 汪建成、余诤：《海峡两岸假释制度比较研究》，载《法学论坛》2001 年第 3 期。

[29] 王利荣：《论行刑权运作的两种趋势》，载《政治与法律》2001 年第 3 期。

[30] 施鹏鹏：《法国检察制度》，载石少侠主编：《检察论丛》第 12 卷，中国检察出版社 2008 年版。

[31] 司绍寒：《德国刑事法律概览》，载《德国法研究》2007 年第 3 期。

[32] 沃纳·罗特：《德国的监狱制度与罪犯人权》，载白泉民主编：《中外刑罚执行监督与人权保障》中国检察出版社 2008 年版。

[33] 周伟、张雪妲：《论刑罚变更执行的检察监督研究》，载石少侠主编：《检察论丛》第 12 卷，检察出版社 2008 年版。

[34] 陈国庆:《欧洲各国检察官在刑事司法制度中的作用》,载《中国刑事法杂志》2001 年第 1 期。

[35] 石秀丽:《论我国刑罚执行监督制度》,载《国家检察官学院学报》2005 年第 4 期。

[36] 陈剑:《试论假释制度的完善》,载《公安研究》1999 年第 4 期。

[37] 夏红、李志勇:《刑事正当程序宪法化初论》,载《大庆师范学院学报》2006 年第 6 期。

[38] 李忠诚:《减刑假释应当由检察机关统一提出》,载《检察日报》2005 年 9 月 16 日第 3 版。

[39] 司法部赴德国社区矫正培训团:《德国社区矫正概览》,载《中国司法》2005 年 11 期。

[40] 刘晓梅:《意大利刑罚执行制度中的社区矫正及其对我国刑罚制度改革的启示》,载《犯罪研究》2005 年第 4 期。

[41] 司法部基层工作指导司社区矫正工作处:《关于澳门社区矫正和香港更生康复工作研讨会有关情况及思考》,载《人民调解》2008 年第 1 期。

[42] 刘强:《对美国社区矫正管理机构和人员配备的借鉴与思考》,载《犯罪与改造研究》2007 年第 4 期。

[43] 冯卫国:《亚太地区监狱情况最新统计资料》,载《中国监狱》2000 年第 1 期。

[44] 鲁兰:《日本行刑和更生保护体制纵横》,载《犯罪与改造研究》2003 年第 10 期。

[45] 陈梦琪:《上海市罪犯记分考核制度的实践与思考》,载《犯罪与改造研究》2003 年第 10 期。

[46] 陈海鸥:《当前考核奖惩制度存在的缺陷及改革建议》,载《犯罪与改造研究》2006 年第 3 期。

[47] 于同志、陈伶俐:《论减刑程序的正当化》,载《中国刑事法杂志》2006 年第 3 期。

[48] 彭海青:《我国减刑程序的诉讼化回归路径初探》,载戴玉忠、万春主编:《刑事诉讼法再修改与检察监督制度的立法完善》,中国检察出版社 2008 年版。

[49] 祁云顺:《论我国减刑、假释程序的重构》,载《河北法学》2008 年第 6 期。

[50] 马进保:《预告减刑制:矫正理论的最佳实践方式》,载《犯罪与

改造研究》2003 年第 3 期。

[51] 陈锋:《假释权的定位与我国假释制度的完善》，载《中国监狱学刊》2005 年第 6 期。

[52] 鲁兰:《日本行刑和更生保护体制纵横》，载《犯罪与改造研究》2003 年第 10 期。

[53] 陈立峰、高晓峰:《香港社区矫正的介绍及其对内地的借鉴》，载《浙江万里学院学报》2006 年第 6 期

[54] 柳忠卫:《假释撤销条件比较研究》，载《现代法学》2006 年第 1 期。

[55] 洪浩:《论我国检察监督制度局限性及其重构》，载《武汉大学学报》2008 年第 3 期。

[56] 郑天龙:《论古代恤刑及其理论价值》，载《法制与经济》2008 年第 4 期。

[57] 万安中:《论中国古代监狱管理制度的沿革及其特征》，载《广西社会科学》2000 年第 6 期。

[58] 何正平、胡燕:《从西方程序公正的演进逻辑看我国程序公正制度的建设》，载《四川师范大学学报》2009 年第 2 期。

[59] 于华江:《论程序公正在英美证据法中的意义》，载《中国人民公安大学学报》2003 年第 2 期。

[60] 陈卫东等:《德国刑事司法制度的现在与未来》，载《人民检察》2004 年第 11 期。

[61] 杨国章:《论减刑假释监督》，载《中国刑事法杂志》2004 年第 5 期。

[62] 冯俊海:《对执行监督体制的思考》，载《山东审判》2005 年第 4 期。

[63] 吕泽华等:《论我国刑罚执行体系与检察执行监督体制》，载《西部法学评论》2009 年第 1 期。

[64] 孙启亮:《刑罚执行监督制度国际借鉴与启示》，载《湖南工业职业技术学院学报》2007 年第 3 期。

[65] 毛建岳、李忠强:《刑罚执行中检察监督的实现与完善》，载《政治与法律》2008 年第 11 期。

[66] 刘京华:《减刑假释制度的发展趋势和利弊》，载《北京政法职业学院学报》2005 年第 2 期。

[67] 陈永生:《中国减刑、假释程序之检讨》，载《法商研究》2007 年第 2 期。

[68] 章梅娟:《减刑制度中引进听证程序的几点法理思考》，载《行政与法》2008 年第 3 期。

[69] 朱伟临:《减刑制度与罪行相适应原则》，载《中国监狱学刊》1997 年第 6 期。

[70] 方明、王振:《论刑罚执行监督的完善》，载石少侠主编:《检察论丛》第 12 卷，法律出版社 2008 年 4 期。

[72] 朱伟临: 《论我国罪犯减刑假释制度的变革》，载《刑事法学》1996 年第 2 期。

[73] 陈敏:《减刑制度与罪刑相适应原则的整合》，载《中国监狱学刊》1999 第 4 期。

(三) 其他类

[1] 罗结珍译:《法国刑事诉讼法典》，中国法制出版社 2006 年版。

[2] 黄风译:《意大利刑事诉讼法典》，中国政法大学出版社 1994 年版。

[3] 徐久生、庄敬华译:《德国刑法典》，中国方正出版社 2004 年版。

[4] 李昌珂译:《德国刑事诉讼法》，中国法制出版社 1995 年版。

[5] 黄风译:《最新意大利刑法典》，法律出版社 2007 年版。

[6] 黄道秀、李国强译:《俄罗斯联邦刑事诉讼法典》，中国政法大学出版社 1999 年版。

[7] 张明楷译:《日本刑法典》，法律出版社 2006 年版。

[8] 郭建安译:《加拿大矫正与有条件释放法》，中国政法大学出版社 2001 年版。

[9] 罗结珍译:《法国新刑法典》，中国法制出版社 2003 年版。

[10] 赵国强主编:《澳门刑法》，中国民主法制出版社 2009 年版。

[11] 薛波主编:《元照英美法词典》，法律出版社 2003 年版。

[12]《上海社区矫正试点报告》，http://www. lawtime. cn/info/lunwen/xingfaxsssflw/2007012060852_6. html。

[13] 黎军:《对长沙市中级人民法院设立减刑假释审核独立机构的思考》，http://www. dffy. com/faxuejieti/xs/200702/20070201194506 -3. htm。

[14]《太原率先施行驻监法官制》，http://www. zaobao. com/special/china/cnpol/pages2/cnpol090418d. shtml。

[15]《监狱黑幕! 美兰监狱原政委钟星光受贿案》，http://news. 0898.

net/2005/03/24/160863. html。

[16]《监狱长帮编立功材料，大连“黑老大”案震惊中央》，http://gzsb. gog. com. cn/system/2003/11/06/000492547. shtml。

[17]《英国监狱史上首次全部满员，司法部希望少关人》，http://news. qq. com /a /20080224/000924. htm。

[18]《最高人民法院将在全国各高、中级人民法院开展减刑、假释工作专项大检查》，http://law. baidu. com/pages/chinalawinfo/5/34/cdc9692e3d5fa824c2c8c7e7de0769c7_0. html。

[19]《四川新规：将减刑假释审理定性为司法行为》，http:// www. legaldaily. com. cn/zmbm/2009 - 06/11/content_1103756. htm。

[20]《曲沃监狱成立提请减刑假释评审委员会》，http://www. legaldaily. com. cn/bm/2003 - 07/08/content_36553. htm。

[21]《最高法院要求所有职务犯罪减刑假释一律实行公开听证》，http://www. whsfzb. gov. cn/Broadcast/broadcastview. aspx? infoId = 00851。

[22] 陈学权：《刑事程序权利宪法化的意义》，http://www. xinhuawz. com/detail. asp? mailid = 1473。

[23]《黑老大坐牢如度假，减刑假释暗藏权钱交易》，http:// news. qq. Com /a/ 20090922/000494. htm。

[24]《对罪犯减刑假释规定比例的质疑》，http:// cnprison. com/ Theoretics/ 2005 - 9 - 15/99BDCFAA - 0AC6 - 47F1 - 9A4E - BB42CEEE4AB1. Html。

[25]《社区矫正“特殊”的隔壁邻居》，http://www. sichuandaily. com. cn/2005/06/08/20050608300054175826. htm。

[26]《1.4 亿剥离监狱企业 我市监狱和监狱企业正式分家》，http:// news. sina. com. cn/c/2003 - 11 - 14/03391115022s. shtml。

[27]《开封鼓楼：创新减刑假释监督模式》，http:// news. sina. com. cn/o/ 2009 - 05 - 30/080015705166s. shtml。

二、外文参考文献

（一）著作类

[1] Howard Abadinsky: Probation and Parole: Theroy and Practice, Prentice Hall Inc, 1997(2001).

[2] Harry E. Allen, Chris W. Eskridge, Edward J. latessa , Gennaro F. Vito: Probation and Parole in America, the Free Press1985.

[3] James A. Inciardi:Criminal Justice,Academic Press. Inc 2005.

[4] United Nations Department of Social Affair: Parole and Afer - care,United Nations Publication 1954.

[5] Nicola Padfield :Who to Release? Parole,Fairness and Criminal Justice, Willan Publishing 2007.

[6] Daniel Glaser:the Effctiveness of a Prison and Parole System, the Bobs - merrill Company 2002.

[7] Barbara A. Hudson: Penal Policy and Social Justice, Macmillan Press ltd,1993.

[8] Brad M. Bogue, Anjali Nandi,Arthur E. Jongsma,Jr. :the Probation and Parole Threatment Planner, John Wiley & Songs,Inc 2000.

[9] Paul Kershaw :Carefair Rethinking the Responsibilities and Rights of Citizenship,UBC Press 2005.

[10] Frank E. Ximring & Gordon Hawkins:the Scale of Imprisonment,the University of Chicago Press 1991.

(二)论文类

[1] Alexander K. Mircheff:" California Forgoes Meaningful Judical Review of Parole Denials" ,Loyola of Los Angeles Law Review ,vol. 32 ,August 2006.

[2] Stephen Shute:"Does Parole Work? The Empirical Evidence from England and Wales",Ohio State Journal Criminal Law,vol. 5,Fall 2004.

[3] Charles E. Greef:"Sentencing—Withholding Good Time Credit from Prisoners Awaiting Appeal". Texas Law Review,vol. 8,January 1973.

[4] California Department of Corrections and Rehabitation:"Parole Suitability Deteraminations in California Ambiguous Arbitrary and Illusory ",Southen California Review of Law and Social Justice,vol. 14,Summer 2008.

[5] John Marshall:" Putting Parole Back on the Table: An Efficiency Approach to Georgia's Aging Prison Population",Law Journal,vol. 19(2008).

[6] Bret Keisling :"Cimaszewski v. Pennsylvania Board of Probatition and Parole,Annual Survey of Pennsylvania Administrative Law" , Widener Law Journal vol. 19,2006.

[7]Declan Haun:"Release on Parole: Gambling with Community Safety or Effective Risk Management?", Victoria University of Wellington Law Review,vol. 24, September,2008.

[8] Angela Hudacko :"Probation and Parole Detar v. Pennsylvania Board of Probation and Parole :Redefining Liberty ,Annual Survey of Pennsylvania Administrative Law" ,Windener Law Journal ,vol. 27(2007).

[9] AmandaL. Banfiel:"Layne v. Ohio Adult Parole Authority :Case Involving the Interpretation of Stateand Federal Statute",Ohio Northern University Law Review,vol. 5,2003.

[10] Christopher Sheridan:"Zadbydas v. Davis: the Judicial Parole Program for Dangerous Criminal Aliens", Whittier Law Review Fall vol. 10,2002.

[11] RogerHood:"Sex Offender Semerging from Long – term Imprisonment", British Journal of Criminology, vol. 13,Spring,2002.

[12] Sabrina C. C. :"U. S. Superme Court Requires Parole Eligibility Disclosed in Capital Cases",Lawyers Journal vol. 10, May,18,2001.

[13] Michael J. Ashe, Jr:"Prison Reform: Commission on Safety and Abuse in America's Prisons: Oversight and Accountability in Corrections", Washington University Journal of Law Policy, vol. 24,Winter, 2006(22).

[14] Reginald A. Wilkinson、Gregory A. Bucholtz、Gregory M. Siegfried: "American Penal System Prison Reform Through Offender Reentry: a Partnership Between Courts and Corrections", Pace Law Review,vol. 18,Spring, 2004.

[15] Joseph N. Rupcich:"Abusing a Limitless Power: Executive Clemency in Illinois", Southern Illinois University Law Journal, vol. 15,Fall 2003.

[16] Bruce Zucker :"A Triumph for Gideon: The Evolution of the Right to Counsel for California Parolees in Parole Revocation Proceedings", Western State University Law Review,vol. 22, 2001.

[17] Molly M. Gill:"The Prisoner's Perspective on the Commutation Process", Federal Sentencing Reporter,vol. 8, 2003.

[18] Amber Peterson:"Parole Revocation and the Exclusionary Rule Irrational Support under Lying a Rational Decision in Pennsylvania Board of Probation and Parole v. Scott", Arkansas Law Review,vol. 16, 1999.

[19] Joan Petersilia:"Parole and Prisoner Reentry in United States", Crime and Justice ,vol. 6,1999.

[20] Timothy P. Cadigan:"The Whole Community Corrections Picture", Federal Probation, vol. 11,June,1998.

[21] Mike A. Cable:"Iimiting Parole: Required Consideraction of Statements

and Recommendations Received by the Parole Board", Pacific Law Journal, vol. 12, Spring, 1997.

[22] James M. Binnall: "Deterrence Is Down and Social Costs Are Up: A Parolee Revisits Pennsylvania Board of Probatition and Parole v. Scott", Vermont Law Review, vol. 35, Fall 2007.

(三)其他类

[1] Piersi Edit: The Oxford Enlish Dictionary vol. 2, Oxford : Oxford University Press 2003.

[2] "Title 42 USC Section 1983 Information", http://www. Famil yrightsassociation. com/ info/ law/title42sec1983/.

[3] CDCR: "Correctional Peace Officers", http:// en. wikipedia. org/ wiki/ California_ Department_of_Corrections_and_Rehabilitation#Parole.

[4] "American Probation & Parole Association and Project Safe Neighborhoods", http:// www. appa – net. org/psn/default. html.

[5] Texas Board of Pardons and Paroles: "Members of the Texas Board of Pardons and Paroles", http://www. tdcj. state. tx. us/bpp/brd_members/brd_members. html.

[6] "Probation and Parole Statistics", http://www. ojp. usdoj. gov/ bjs/pandp. htm.

[7] "Certificate of Employability", http://www. bop. state. ia. us/coe. Asp.

[8] the U. K. Parole Board: "Policy and Guidance", http://www. paroleboard. gov. uk/ policy _and_guidance/.

后　记

本书是在我博士论文的基础上修改而成的，也是三年博士研究生学习留下的一个难忘的印记。

作为办案一线的检察实务工作者，我非常珍惜回母校攻读博士学位的求学机会。三年的时光如白驹过隙，在如饥似渴的学习与繁忙的工作交替中急倏而过。三年的学习收获的不仅是知识，还有从诉讼法学名家们授业解惑中所领略的严谨的治学态度和科学的治学方法，更有从教授们言传身教中体悟的处世准则和人生智慧。这种收获与教益将鞭策我勤勉奋进，不断求索。

一路走来，心底满溢感激之情，此刻想说的除了感谢还是感谢，因为正是有了恩师们、领导们和家人的热情鼓舞、大力支持和无私帮助，我才能始终保持昂扬饱满的精神状态，妥善化解工学之间的矛盾，如期完成学业。

首先要感谢我的导师龙宗智教授。恩师对我一直鼓励关怀有加，时常鞭策我潜心学业，扩宽视野，对接理论与实践写出有价值、有新意的文章，使我丝毫不敢有懒惰之心，竭尽全力利用所有有效时间投入于学业中。从博士论文的选题、谋篇布局直至内容提炼，龙老师都倾注了心血。老师提出的许多敏锐中肯的意见令我茅塞顿开，受益匪浅。

感谢徐静村教授多年来对我的悉心教诲和无私帮助。在求学过程中，徐老师对我的学业和生活都给予了极大的鼓舞与帮助。徐老师博大宽厚的待人之道和诲人不倦的大家风骨当终生铭记。

感谢孙长永教授对我的鼓励关心与睿智点拨。在孙老师的严格要求和言传身教下，学习中我常感时间紧迫需不断扩充知识储备，以回应孙老师提出的各种问题。孙老师对论文的成稿也提出了许多真知灼见，令我豁然开朗，思路顿明。

分院的领导和同事们对我求学给予了极大的关心、支持和理解。他们的支持是我克服工学矛盾的信心与条件。特别是余捷检察长、陈胜才副检察长、李钺锋副检察长、刘建国主任、陈涛处长、张卫红处长等领导一直不断鼓励我克服困难，保障我集中写作的时间并为我收集相关数据资料提供便利。由衷地感谢他们！

博士论文答辩中，陈瑞华教授、王利荣教授等答辩委员会老师在肯定论文写作意义和质量的同时，从不同角度提出了许多精辟的修改意见，对论文的完善大有裨益。谨向他们致谢！

感谢高一飞和李昌林两位教授对我学业的指导帮助。此外，许多同窗好友如张吉喜博士、王剑虹博士、余为青博士、冯涛博士等对我的关怀和那份浓浓的友谊令我终生难以忘怀。

在本书付梓之际，感谢樊崇义老师奖掖后进，将本书欣然纳入其主编的诉讼法学文库予以出版。

在写作中，我深知自己的理论学术功底有限，文章的学术价值有限，但我的研究态度却不敢有丝毫的懈怠。难忘收集写作资料时北上北京，南下广州，每晚蛰伏于电脑前历时大半年；难忘论文集中写作的四个月时间里，每天写作 15 余个小时，不知度过了多少个不眠之夜，甚至有整整一个星期没有迈出过寝室的大门，因为伏案久坐而四肢浮肿；难忘成初稿后不间断的五次修改，每一次修改都冥思苦想、绞尽脑汁。尽管付出的努力无愧于心，但文章仍有些许遗憾之处，只有待在未来的研究中不断加以改进。

最后，家人的关爱与支持是我前行的动力，愿将本书出版的喜悦与他们一同分享。

孙　琳

2010 年 6 月于西南政法大学

诉讼法学文库书目

Ⅰ 刑事证据法原理与适用
Ⅱ 刑事诉讼法实施问题与对策研究
Ⅲ 刑事程序的法哲学原理
Ⅳ 视听资料研究综述与评价
Ⅴ 刑事司法体制原理
Ⅵ 刑事证人证言论
Ⅶ 刑事一审程序理论与实务
Ⅷ 非法证据排除规则研究
Ⅸ 美国的外国法院判决承认与执行制度研究
Ⅹ 我国未成年人刑事案件诉讼程序研究
Ⅺ 侦查程序原理论
Ⅻ 侦查讯问程序正当性研究
XIII 死刑案件程序问题研究
XIV 刑事上诉程序研究
XV 程序正义与刑事证据法
XVI 司法改革原理研究
XVII 刑事诉讼行为基础理论研究
XVIII 无罪辩护
XIX 刑事诉讼中的禁止双重危险规则论
XX 刑事证据可采性研究
XXI 刑事诉讼模式的演进
XXII 正当程序文献资料选编
XXIII 刑事程序法功能研究
XXIV 论行政诉讼审查标准
XXV 清末刑事司法改革研究
XXVI 民事诉讼标的论
XXVII 现代公诉制度研究
XXVIII 民事司法现代化的探索
XXIX CEPA 框架下的经贸争端解决机制与程序
XXX 证据能力论
XXXI 刑事诉讼主体论
XXXII 刑事程序性裁判研究
XXXIII 案件事实认定论
XXXIV 正当法律程序研究
XXXV 强制执行立法的探索与构建
XXXVI 行政行为的可诉性研究
XXXVII 清末民初刑诉法典化研究
XXXVIII 底限正义论
XXXIX 行政诉讼类型研究
XXXX 公诉权原论

诉讼法学文库 2006

1 刑事正当程序原理
2 自白制度研究
3 警察作证制度研究
4 司法公正的理念与制度研究
5 人本精神与刑事程序
6 刑事诉讼平衡论
7 刑事诉讼关系的社会学分析
8 刑事证明责任分配研究
9 刑事司法权力的配置与运行研究
10 行政诉讼原告论

诉讼法学文库 2007

1 刑事诉讼交叉询问之研究
2 检警关系论
3 鉴定结论论
4 检察职能研究
5 美国死刑程序研究
6 行政诉讼问题研究与制度改革
7 刑事司法民主论
8 被追诉人的宪法权利
9 刑事裁判权研究

诉讼法学文库 2008

1 论证据与事实
2 法院调解制度研究
3 弱势群体的法律救助
4 刑事赔偿制度研究
5 秘密侦查比较研究
6 非法证据排除规则：话语解魅与制度构筑
7 民事当事人证明权保障
8 现代社会中的诉讼功能
9 诉讼认识、证明与真实
10 中国刑事审前程序制度构建

诉讼法学文库 2009

1 检察官证明责任研究
2 刑事诉讼生态化研究
3 对质权制度研究
4 无效刑事诉讼行为研究
5 刑事诉讼中的财产权保障
6 论对抗式刑事审判
7 案件事实认定方法
8 中国区际刑事司法协助研究

诉讼法学文库2010

1 侦查程序诉讼化研究
2 媒体与司法关系研究
3 刑事诉讼中的公正审判权
4 证明标准研究
5 刑事诉讼客体论
6 审查判断证据
7 民事判决既判力主观范围研究
8 刑事诉讼程序的人性分析
9 检察监督与公诉职能关系论
10 中国检察制度改革与探索
11 证明力判定论
12 侦查学基础理论研究

诉讼法学文库2011

1 减刑假释程序研究
2 论刑事证据排除
3 刑事被害人作证制度研究
4 渎职罪定罪事实暨证据研究
5 民事既判力扩张问题研究